2판

사회복지정책론

정성배 · 김예경 · 김정현 · 신용식 · 이장욱 · 장창균 · 최정명

창지사

머/리/말

급변하는 현대사회에서 다루어지는 다양한 정책에서 사회복지정책의 영역은 그 범위와 역할이 점점 증가하고 있으며, 다양한 정책으로 실현되는 것을 실감하고 있습니다. 특히, 우리나라의 경우 사회복지정책은 전 세계에서 가장 두드러진 발전을 보인다고 해도 과언이 아닐 정도로 성장 속도가 크게 나타나고 있습니다. 거기다 사회보험, 공공부조, 사회복지서비스의 확대와 소득보장, 주택, 교육 분야도 사회복지정책으로 보는 견해의 증가 추세로 사회복지정책 교과목의 중요성을 알 수 있습니다.

사회복지정책론은 사회복지를 공부하는 사회복지학도들에게 가장 대표적인 필수 교과목 중 하나입니다. 실제로 사회복지정책론은 사회복지사 자격 취득은 물론 1급 사회복지사 시험과목에도 필수 교과목으로 지정될 만큼 그 중요성을 다시 한 번 확인할 수 있습니다.

본 저자들은 20여 년 이상 사회복지정책을 강의하는 동안 사회복지정책을 좀 더 쉽게 이해할 수 있도록 도움이 되는 교재를 만들기 위해 오랜 시간 연구하였습니다. 따라서 본 교재는 우리나라 사회복지정책 현실 상황에서 적용 가능한 실증학문에 기초자료로 활용되기를 기대하면서 다음과 같이 세 가지 방향에 주목하고자 노력하였습니다.

첫째, 교재 내용을 최대한 핵심적인 부분만 소개하였습니다. 기존의 수많은 사회복지정책론 교재가 있으나, 본 교재는 실제 대학에서 가장 중요하게 다루는 내용을 중심으로 본문의 양을 최소화하여 핵심적인 내용을 담을 수 있게 노력하였습니다.

둘째, 사회복지사 1급 시험을 대비하였습니다. 본 교재는 12개의 장으로 구성되어 있는데, 각 장이 끝날 때마다 연습문제를 제시하여 각각의 학습 내용을 피드백하는 데 도움이 되게 구성하였습니다. 또한, 사회복지사 1급 시험을 대비하기 위한 출제 경향에 맞춘 연습문제를 제시하면서 각 문제마다 정답과 해설을 소개하였습니다.

셋째, 해결문제와 토론문제를 제시하였습니다. 사회복지현장에서 다룰 가능성이 있는 다양한 이슈와 아젠더에 대한 문제해결과 토론과정에서 사회복지정책론 학습 내용이 참고가 되기를 기대하면서 각 문제를 구성하였습니다. 특히, 각 단원마다 중요하다고 여겨지는 내용을 중심으로 해결문제와 토론문제를 제시하여 자연스럽게 본문 내용의 복습 효과와 다양한 사회복지정책에 적용이 가능할 수 있는 근거를 마련하도록 노력하였습니다.

본 교재는 다음과 같이 4개 부, 12개 장으로 구성하였는데, 그 내용을 좀 더 구체적으로 살펴보면 다음과 같습니다.

제1부는 사회복지정책의 기본 개념과 역사로 구성하였습니다. 1장은 사회복지정책의 개념과 영역이란 주제로 선정하였습니다. 2장은 사회복지정책의 주체와 대상이란 주제로 선정하였습니다. 3장은 사회복지정책의 역사란 주제로 선정하였습니다.

제2부는 사회복지정책의 이론으로 구성하였습니다. 4장은 사회복지정책의 기능, 모형, 가치라는 주제로 선정하였습니다. 5장은 사회복지정책의 발달이론이란

주제로 선정하였습니다. 6장은 사회복지정책의 이데올로기란 주제로 선정하였습니다.

제3부는 사회복지정책의 과정과 분석평가로 구성하였습니다. 7장은 사회복지정책의 과정이란 주제로 선정하였습니다. 8장은 사회복지정책의 분석틀과 산출분석이란 주제로 선정하였습니다. 9장은 사회복지정책의 평가란 주제로 선정하였습니다.

제4부는 복지국가와 사회복지정책으로 구성하였습니다. 10장은 사회복지정책과 복지국가란 주제로 선정하였습니다. 11장은 사회보장과 사회보험이란 주제로 선정하였습니다. 12장은 사회복지정책과 공공부조라는 주제로 선정하였습니다.

본 교재가 사회복지정책을 공부하는 학생들에게 유용한 참고 서적으로 활용되기를 바라지만, 아쉬운 점이 많아 부끄러운 생각이 더 큼을 밝히지 않을 수 없습니다. 부족한 부분은 추후 수정하고 보완할 것이니 여러분들의 아낌없는 지적과 충고를 바랍니다.

끝으로 본 교재 집필에 참여해 주신 공동 저자 교수님들에게 감사의 인사를 드립니다. 또한, 여러 자료 정리 작업을 도와준 강다혜, 박상미, 송민재, 위환희, 허은서 학생에게도 진심을 다해 고마운 마음을 전하고, 창지사 임직원 여러분들께도 감사의 인사를 전합니다.

2025년 8월

대표 저자 정성배

목/차

PART 02 사회복지정책의 이론

PART 03 사회복지정책의 과정과 분석평가

CHAPTER 09 사회복지정책의 평가 • 189

Social Welfare Policy

PART 01

사회복지정책의 기본 개념과 역사

Social Welfare Policy

CHAPTER 01

사회복지정책의 개념과 영역

1 사회복지정책의 개념

사회복지정책은 '사회복지'라는 용어와 '정책'이라는 용어의 합성어이다. 사회복지정책의 개념을 정의하기 위해 사회복지라는 용어와 정책이라는 용어를 구별하여 살펴볼 필요가 있다. 따라서 사회복지와 정책의 개념을 각각 살펴보고, 이를 바탕으로 사회복지정책의 개념에 대해 알아보도록 하겠다.

1. 사회복지의 개념

1) 사전적 의미

사회복지란 영어 'Social Welfare'의 번역어로 '사회(Social)'와 '복지(Welfare)'가 합쳐져서 만들어진 용어이다. 사회는 두 사람 이상이 모인 집단으로 공동체의 의미를 함축하고 있다. 복지는 편안히 잘 지내는 상태 또는 만족스럽게 지내는 상태를 의미한다. 그러므로 사회복지의 사전적 의미는 지역이나 집단 속에서 사람들의 평안하고 만족스러운 상태 또는 행복한 상태라고 정의할 수 있다(권중돈 외, 2020).

즉, 사회복지의 사전적 의미는 사회적으로 행복한 생활 상태를 의미한다고 할 수 있고, 동시에 사회구성원 모두가 안정되어 평안한 상태에 도달하기 위한 사회적인 노력이라는 의미가 있다.

2) 정책적 의미

윌렌스키와 르보(Wilensky & Lebeaux, 1965)는 사회복지의 정책적 의미를 잔여적 복지와 제도적 복지로 구분하여 정의하였다. 잔여적 복지와 제도적 복지에 대해 자세하게 살펴보면 다음과 같다.

(1) 잔여적 복지

잔여적복지의 개념은 시장이나 가족에서 충족되어야 할 개인의 욕구가 충족되지 못하여 국가에서 보충적으로 제공하는 재화와 서비스를 의미한다(류연규, 2022). 예를 들면, 국민기초생활보장제도와 의료수급권자제도 같은 공공부조[1]를 들 수 있다.

즉, 잔여적 복지는 가족이나 시장과 같은 사회복지 공급 주체가 제 기능을 발휘하지 못할 경우 우리 사회가 그 대상을 선택하고 선별하여 사회복지를 제공하는 것을 의미한다.

(2) 제도적 복지

제도적 복지의 개념은 사회복지의 정상적 공급 구조가 제 기능을 발휘하지 못할 때에만 보충적으로 작동하는 것이 아니라 정상적인 제일선의 국민복지 기능으로서 작용한다고 보는 것을 의미한다(김종상 외, 2020). 예를 들면, 고용보험이나 국민건강보험과 같은 사회보험[2]을 들 수 있다.

즉, 제도적 복지는 현대사회에서 사회구성원 전체를 대상으로 보편적인 복지서비스를 누릴 수 있도록 제도적으로 보장하는 사회정책 기능을 의미한다.

2. 정책의 개념

정책의 개념에 대한 정의는 학자들의 관점에 따라 매우 다양하게 규정되고 있다. 여러 학자의 정책에 관한 대표적 정의를 살펴보면 다음과 같다(김종상 외, 2020 재인용).

---

1) 공공부조인 「국민기초생활보장제도」와 「의료수급권자제도」는 본 교재 제12장 '사회복지정책과 공공부조'에 자세한 소개가 있다.

2) 사회보험은 본 교재 제11장 "사회보장과 사회보험"에 자세한 소개가 있다.

① 라스웰(Lasswell, 1975)에 따르면 정책은 문제의 해결 및 변화를 유도하기 위한 활동을 가리킨다.

② 칸(Kahn, 1973)에 따르면 정책은 지속적인 계획, 미래의 의사결정의 지침이거나 결정의 연속선으로써 특수한 프로그램, 입법, 우선순위를 뒷받침하는 원리에 있어서 암묵적 혹은 명시적 중핵을 가리킨다.

③ 길버트와 테렐(Gilbert & Terrel, 2005)에 따르면 정책은 행위에 대한 명시적인 방침이나 지침을 가리킨다.

④ 포플과 라이닝거(Popple & Leighninger)에 따르면 정책은 의사결정에 있어 통일성의 유지를 목적으로 하는 원칙, 지침 혹은 절차를 가리킨다.

정리해 보면, 정책은 특정 목적을 달성하기 위해 행하는 행동들의 원칙, 지침, 일정한 계획, 조직화된 노력을 의미한다. 즉, 정책은 국가의 입장에서 국민의 욕구와 사회문제를 해결하기 위한 목적 달성을 따른 조직화된 노력이라는 개념 정의가 있고, 정책은 어떤 한 기관의 기관 운영을 위한 목적 달성을 위한 조직화된 노력도 포함한다.

3. 사회복지정책의 개념

1) 사회복지정책의 정의

사회복지정책을 사회복지와 정책의 개념으로 활용하여 정의하면, 사회복지정책은 사회복지를 위한 행동의 원칙이고, 사회복지를 수행하기 위한 의사결정의 지침이며, 사회복지를 실천하는 행동의 방향이라고 볼 수 있다(염일열·이승현, 2020).

즉, 사회복지정책은 사람들이 인간다운 생활을 영위할 수 있도록 한 국가나 정부가 다양한 재화와 서비스의 제공 및 관리를 바탕으로 사회구성원들의 기본적 욕구를 충족시키고 삶의 질을 향상시키기 위한 일련의 정책적 활동이라는 의미가 있다.

2) 사회복지정책의 특징

사회복지정책은 다른 정책들과 구분할 수 있는 특징들을 가지고 있다(오세영, 2021).

첫째, 사회복지정책은 사람들의 기본적인 욕구를 배타적으로 해결한다는 것이다. 모든 정책들은 기본적으로 그 목표를 사람들의 욕구를 해결하는 데 두고 있다.

둘째, 사회복지정책은 사람들의 욕구를 직접적으로 해결하고자 한다. 사회복지정책은 소득이 낮은 사람에게 직접적으로 현금을 제공하거나 질병이 발생한 사람들에게는 의료서비스를 제공하는 등 기본적인 욕구에 대하여 직접적으로 해결하려는 경향이 있다. 이러한 이유로 인해 사회복지정책은 경제정책과 구별된다.

셋째, 사회복지정책은 기본적 욕구를 공식적인 조직이나 제도를 통해서 해결한다. 전통적으로 정부의 각종 사회복지제도나 민간부문의 다양한 공식적인 사회복지조직에 의해 해결된다.

넷째, 사회복지정책은 기본적 욕구 가운데 소비적인 필요만을 해결한다. 사회복지정책들 가운데 소득보장 프로그램들은 대부분 수급자의 소비 능력을 높이는 데 주목적이 있다. 대표적인 예로는 국민연금이 있다.

정리해 보면, 사회복지정책의 특징은 무엇보다도 인간의 기본적인 사회적 욕구 충족과 관련이 있고, 사회복지정책이 인간의 기본적인 욕구를 개별적·직접적·비시장적으로 해결한다는 점에서 다른 정책과 차별된 특징이 있다.

2 사회복지정책의 영역

사회복지정책의 개념이 시대, 나라, 학자 등에 따라 다양하게 정의될 수 있듯이 사회복지정책의 영역 또한 다양하게 구분될 수 있다. 따라서 사회복지정책의 영역을 분야와 유형으로 나누어서 살펴보겠다.

1. 사회복지정책의 분야

1) 학자들의 견해

사회복지정책의 분야를 구분하기에 앞서 이에 대한 여러 학자들의 견해를 살펴보면 다음과 같다(양정하 외, 2020).

① 베버리지(Beveridge, 1942)에 따르면 빈곤, 질병, 무지, 불결, 나태를 사회악으로 규정하고 이들 5대 사회악의 퇴치가 사회복지정책의 목표라고 제시하고 있어서 사회복지정책의 영역으로 소득보장정책, 의료보장정책, 교육보장정책, 주택보장정책, 그리고 고용보장정책의 다섯 가지로 구분하였다.

② 디니토(DiNitto, 1995)에 따르면 사회복지정책의 영역으로 소득보장, 영양, 건강, 그리고 사회서비스의 네 가지로 구분하였다.

③ 마샬(Marshall, 1970)에 따르면 사회복지정책의 영역으로 소득보장, 보건의료, 대인적 사회서비스, 교육, 그리고 주택의 다섯 가지로 구분하였다.

④ 티트머스(Titmuss, 1969)는 사회복지정책의 영역에 조세정책을 칸(Kahn, 1979)과 힐(Hill, 1980)은 노동시장정책을 포함시킴으로써 사회복지정책의 영역을 보다 광범위하게 구분하였다.

이와 같이 다양한 학자들의 견해를 정리해 보면, 크게 소득보장, 의료, 주택, 교육, 대인 사회서비스(사회복지서비스)의 5개 영역 분야로 구분할 수 있다. 여기에 조세와 노동이라는 두 가지 영역을 추가하여 7개의 영역 분야로 구분할 수도 있다. 사회복지정책의 분야에 관한 내용을 〈표 1-1〉로 정리해 보면 다음과 같다.

〈표 1-1〉 사회복지정책의 분야

구분	분야	내용
광의	조세정책	소득재분배 목적의 누진과세, 부(負)의 소득세(INT), 저소득층 조세감면제도 등
	노동정책	고용보장제도, 직업훈련제도, 최저임금제, 산업복지 등
협의	소득보장정책	사회보험, 공공부조, 각종 수당제도 등
	의료정책	국민보건서비스(NHS), 사회보험(SHI), 국민건강보험(NHI), 의료보험, 의료급여, 공비(公費)부담제도 등
	주택정책	주택담보대출제도, 전세자금대출제도, 공공임대주택, 임대료 통제, 주택수당, 주거환경개선사업 등
	교육정책	영유아보육, 학교급식, 무상교육, 저소득층·재학생 학비지원, 산업체부설학교, 장학금제도 등
	대인 사회서비스 (사회복지서비스) 정책	아동 및 청소년 복지, 노인복지, 여성복지, 장애인복지정책 등

출처 : 김종상 외(2020). 사회복지정책론. 재구성.

2) 5대 사회복지정책

사회복지정책의 가장 대표적인 분야라 할 수 있는 5대 사회복지정책 분야인 소득보장정책, 의료정책, 주택정책, 교육정책, 대인 사회서비스(사회복지서비스) 정책에 대해 자세하게 살펴보면 다음과 같다.

(1) 소득보장정책

소득보장정책은 노령, 사망, 장애, 실업, 질병 등으로 인한 소득 중단 또는 감소에 대해 소득의 일부 혹은 전부를 보장해 주는 정책이다. 빈곤으로 인해 최소한의 기본 욕구를 충족하지 못할 때에도 일정 정도의 소득을 보장해 준다(류연규, 2022).

대표적인 소득보장 정책의 사례로 사회보험, 공공부조, 각종 수당제도 등이 있다.

(2) 의료정책

의료정책은 질병이나 부상 등으로 신체적·정신적 건강을 유지하는 것이 어려운 경우 의료서비스를 보장하는 것이다.

대표적인 의료정책의 사례로는 국민보건서비스(NHS), 사회보험(SHI), 국민건강보험(NHI)[3], 의료보험, 의료급여, 공공부조 등이 있다. 우리나라의 경우 국민건강보험과 공공부조, 의료수급권자제도 등이 있다.

(3) 주택정책

주택정책은 국민의 필수적 권리인 주거권을 보장하는 것이다.

예를 들면, 주택담보대출제도, 전세자금대출제도, 공공임대주택, 임대료 통제, 주택수당, 주거환경개선사업 등이 이에 해당한다.

(4) 교육정책

교육정책은 인적 자본 향상을 위해 적절한 교육환경을 제공하고 교육의 기회, 과정, 결과 등을 보장하는 것이다. 또한 교육의 불평등문제를 해소하여 삶의 질을 향상시키고 사회통합을 이루고자 한다(오세영, 2021).

---

3) 국민보건서비스(NHS), 사회보험(SHI), 국민건강보험(NHI)은 가장 대표적인 3대 보건정책으로 불린다. 국민보건서비스(NHS)는 영국의 무상의료보험제도이고, 사회보험(SHI)은 서유럽 국가들의 대표적인 사회보험 방식의 건강보험제도이며, 국민건강보험(NHI)은 대한민국의 국민건강보험제도가 대표적이다.

대표적인 교육정책의 사례로는 의무교육, 학교급식, 저소득층·재학생 학비지원, 산업체부설학교, 장학금제도 등이 있다.

(5) 대인 사회서비스(사회복지서비스) 정책

대인 사회서비스(사회복지서비스) 정책은 아동, 청소년, 노인, 장애인, 여성 등 사회서비스가 필요한 클라이언트들을 대상으로 개별적인 서비스를 제공하는 것이다. 예를 들면, 아동 및 청소년 복지, 노인복지, 여성복지, 장애인복지정책에 따른 구체적인 실천 서비스가 이에 해당한다.

2. 사회복지정책의 유형

사회복지정책은 정책의 특징에 따라 사회보험, 공공부조, 사회서비스와 같이 크게 세 가지 유형으로 구분 지을 수 있다. 일반적으로 대부분 나라가 공공부조와 사회보험의 두 가지로 구분하는데 우리나라의 경우 공공부조를 세분화하여 사회복지서비스를 추가한 것이다.

사회복지정책은 사회보장이란 용어와 동등한 의미를 가지는 경우가 있다. 하지만, 사회복지정책이 더 큰 의미이고, 사회보장은 사회복지정책의 일환으로 보는 견해가 더 크다. 우리나라의 사회보장은 사회보험, 공공부조, 사회서비스로 구분하기 때문에 사회복지정책의 유형도 사회보장의 유형과 같은 의미로 볼 수도 있다.[4] 사회보험, 공공부조, 사회서비스에 대한 내용을 자세하게 살펴보면 다음과 같다.

4) 사회복지정책의 유형이라 할 수 있는 사회보장에 대한 구체적 내용은 본 교재 제11장 "사회보장과 사회보험", 제12장 "사회복지정책과 공공부조"에서 자세히 살펴보겠다.

1) 사회보험

사회보험은 민간과 다르게 국가가 시행하는 보험이다.

우리나라의 경우 국민연금, 국민건강보험, 산업재해보상보험, 고용보험, 노인장기요양보험과 같이 다섯 가지의 사회보험을 시행하고 있다.

2) 공공부조

공공부조는 국가의 세금으로 그 재원을 마련하고, 대상자를 선별하여 복지서비스를 제공하는 사회복지정책 유형 중 하나이다.

우리나라의 경우 국민기초생활보장제도, 기초연금, 긴급지원제도 등이 있으며, 이는 매우 열악한 상황에 있는 국민을 선별하여 사회적 보장을 제공하는 것이다.

3) 사회서비스

사회서비스는 국민의 사회적 욕구와 사회적 문제를 해결하기 위해 국가가 제공하는 다양한 사회서비스 프로그램을 의미한다.

예를 들면, 여가 복지 프로그램(복지관, 경로당, 노인교실), 건강 가정 서비스, 청소년 복지 서비스, 문화센터 이용 서비스 등이 있다.

연습문제

1. 사회복지정책 5대 영역에 포함되지 않는 것은?

① 의료정책 ② 조세정책 ③ 주택정책 ④ 대인사회서비스 ⑤ 교육정책

2. 사회복지정책의 특징으로 옳지 않은 것은?

① 사회복지정책은 사람들의 기본적인 욕구를 배타적으로 해결한다.

② 사회복지정책은 사람들의 욕구를 간접적으로 해결하고자 한다.

③ 사회복지정책은 기본적인 욕구를 비시장적으로 해결한다.

④ 사회복지정책은 기본적 욕구를 공식적인 조직이나 제도를 통해서 해결한다.

⑤ 사회복지정책은 기본적 욕구 가운데 소비적인 필요만을 해결한다.

3. 다음의 사회복지정책과 관련된 개념 중 가장 큰 단위부터 순서대로 나열한 것은?

ㄱ. 사회보장 ㄴ. 사회보험 ㄷ. 공공부조 ㄹ. 사회복지서비스

① ㄱ-ㄴ-ㄷ-ㄹ ② ㄴ-ㄷ-ㄹ-ㄱ ③ ㄷ-ㄹ-ㄱ-ㄴ

④ ㄹ-ㄱ-ㄴ-ㄷ ⑤ ㄴ-ㄱ-ㄷ-ㄹ

〈정답 및 해설〉

1. 정답 : ②

해설 : 가장 기본적인 사회복지정책 다섯 가지는 소득보장정책, 의료정책, 주택정책, 교육정책, 대인 사회서비스(사회복지서비스)정책이 있고, 더 넓은 의미로는 조세정책과 노동시장정책이 포함될 수 있다.

2. 정답 : ②

해설 : 사회복지정책은 사람들의 욕구를 직접적으로 해결하고자 한다. 사회복지정책은 소득이 낮은 사람에게 직접적으로 현금을 제공하거나 질병이 발생한 사람들에게는 의료서비스를 제공하는 등 기본적인 욕구에 대하여 직접적으로 해결하려는 경향이 있다.

3. 정답 : ①

해설 : 사회보장은 사회복지정책의 일환으로 보는 견해가 더 크다. 우리나라의 사회보장은 사회보험, 공공부조, 사회서비스로 구분한다.

해결문제

대표적인 복지국가인 덴마크는 고등교육인 대학교육도 무상으로 실시하고 있다. 우리나라의 경우 교육정책이 사회복지의 중요한 5대 정책 분야 가운데 하나임에도 불구하고 대학교육은 무상교육으로 실시하지 않고 있는 실정이다. 교육정책을 사회복지정책의 주요한 정책 분야로 본다면 한국의 대학교육도 무상교육으로 실시할 수 있다. 따라서 한국의 대학교육을 무상으로 실시하기 위한 방법을 제시해 보자.

토론문제

질병이나 부상 등으로 신체적 · 정신적 건강을 유지하는 것이 어려운 경우 의료서비스를 보장하는 의료정책에는 국민보건서비스(NHS), 사회보험(SHI), 국민건강보험(NHI)의 세 가지 유형이 있다. 영국의 경우 국민보건서비스(NHS)를 도입하여 무상으로 의료서비스를 제공하고 있으며, 우리나라의 경우에는 국민건강보험(NHI)을 도입하여 일부는 본인이 부담하도록 하고 있어 다른 국가의 의료보험제도와 차별이 있다. 우리나라 의료보험제도(NHS)를 다른 두 가지 의료정책 방식(NHS, SHI)으로 바꾸어 도입한다면 어떠한 방식을 활용하는 것이 바람직한지 토론해 보고, 현재의 방식(NHS)을 유지하는 것과 다른 정책을 도입하는 것에 찬반 토론을 해 보자.

CHAPTER 02

사회복지정책의 주체와 대상

1 사회복지정책의 주체

사회복지정책의 주체는 사회복지정책을 누가 입안하고 실천하느냐와 관련된다. 일반적으로 사회복지정책의 주체는 국가라고 보는 경향이 크다. 하지만, 국가라는 개념은 정부와 혼용되어 사용되고, 개인과 민간도 사회복지정책 주체가 될 수 있다. 이와 같은 사회복지정책의 구체적인 주체를 파악하는 것은 사회복지정책을 학습하는 데 매우 필요한 과정이다.

즉, 사회복지정책의 주체는 개인에서부터 국가에 이르기까지 여러 가지 형태가 있을 수 있으며, 인간의 자발적 활동에서부터 국가의 강제적 활동에 이르기까지 주체의 형태에 따라 사회복지정책의 형태도 달라질 수 있다. 사회복지정책의 주체를 중앙정부, 지방정부, 시장실패와 정책 고려 요인, 민간부문, 공공과 민간의 혼합 주체로 나누어 살펴보면 다음과 같다.

1. 공공부문 주체

공공부문 주체는 정부나 지방자치단체 등 공공기관이 중심이 되어 일정한 요건을 갖춘 대상자들에게 일정한 급여나 서비스를 제공하는 것을 의미한다. 공공부문 주체는 정부나 공공기관이 직접 관리·운영하는 것으로써 정부를 중심으로 한 정부조직 관련 부서들의 위계적인 체계망을 의미하며, 궁극적으로 관과 관의 협력체계를 의미한다고 할 수 있다(류연규, 2022).

역사적으로 보면, 사회복지 발전 초기에는 민간부문이 중요한 역할을 담당하였고, 다음 단계에서는 중앙정부가 중요한 역할을 담당하였으며, 지방자치제도가 실시된 이후에는 중앙정부와 함께 지방정부가 가장 중요한 역할을 수행해 왔다. 최근에는 각 영역이 복합적으로 작용하여 각자의 영역에서 중요한 역할을 담당하고 있다.

즉, 공공부문 주체는 국가 또는 지방자치단체가 정책을 수립하고, 직접 그 운영의 주체까지 되는 것을 의미한다. 사회복지와 같이 공공재적 성격이 강한 재화나 서비스는 국가나 지방자치단체와 같은 공공부문 주체가 개입하여 정책을 세우고 구체적인 서비스를 제공하는 것이 효율적이므로 사회복지정책의 주체로서 공공부문의 역할이 크다고 볼 수 있다.

1) 중앙정부

중앙정부는 대부분의 재원, 급여, 전달체계를 직접 감독하고 공급하는 등 사회복지정책 수행에서 주도적인 역할을 담당한다. 복지국가에서 중앙정부의 역할이 큰 이유는 다음과 같다(염일열·이승현, 2020).

첫째, 생산이나 공급 측면에서 유리하다. 의료, 교육과 같이 공공재적 성격이 강한 재화나 서비스는 일부를 대상으로 하는 것보다 전체 구성원을 대상으로 하는 것이 더 유리하게 발생한다.

둘째, 규모경제 관련 역할이 크다. 이는 사회보험과 같이 모든 국민을 포괄적으로 관리하면 보험료 부담이 낮아지므로 중앙정부의 역할이 중요하다는 것을 의미한다.

셋째, 욕구를 체계화한다. 이를 통해 다양한 욕구를 포함한 프로그램을 통합, 조정하고, 지속적이고 안정적으로 시행할 수 있다.

정리해 보면, 중앙정부는 생산이나 공급을 안정화할 수 있고, 규모경제를 통해 효율성을 증가시킬 수 있으며, 욕구를 체계화하여 안정적으로 시행할 수 있다는 점에서 사회복지정책 주체로서 역할이 크다. 또한, 중앙정부 단독체계는 복지서비스의 지속성과 안정성을 확보할 수 있는 장점이 있다. 반면, 중앙정부의 독점적 공급에 따른 서비스의 질 저하 및 지역주민의 변화와 욕구에 즉각적인 반응과 융통성 있는 대응에 미흡하다는 단점이 있다.

2) 지방정부

지방자치제도가 발달한 나라일수록 사회복지정책 주체로서 지방정부의 역할이 높아지고 있는 추세이다. 지방정부 전달체계가 중요한 이유를 제시하면 다음과 같다(조추용 외, 2020).

첫째, 지역주민들의 욕구에 신속하게 대응할 수 있다. 지방정부가 사회복지정책의 재화나 서비스를 제공하는 것이 지역주민들, 특히 복지서비스 대상자들의 욕구를 보다 효과적으로 해결할 수 있다.

둘째, 수급자 선택의 폭이 넓어질 수 있다. 지방정부 단위로 사회복지서비스와 재화를 제공하게 되면 지방정부들 간의 경쟁을 유발시켜 경쟁원리에 의한 재화의 질과 가격하락이 발생하게 된다. 이는 수급자에게 선택의 폭을 넓힐 수 있으므로 긍정적 측면으로 작용한다.

셋째, 수급자들이 변화되는 욕구에 적극적으로 대처할 수 있다. 지방정부 전달체계는 중앙정부보다 비교적 창의적이고 실험적인 사회복지서비스 개발이 용이하다.

반면, 지방정부가 사회복지정책의 주체로서 단점도 적지 않다. 중앙정부에 비해 규모의 경제효과가 적고, 지역 간 불평등으로 인해 사회통합이 저하된다는 한계가 있다(김종상 외, 2020).

정리해 보면, 지방정부는 지역주민들의 욕구에 신속하게 적극적으로 대처할 수 있고, 수급자 선택의 폭을 넓힐 수 있으므로 사회복지정책의 주체로서 중요한 역할을 담당한다. 또한, 지방정부 단독체계는 빠른 지역주민의 욕구 파악과 함께 효율적 해결에 용이하고, 지방정부 간 경쟁을 유발하여 서비스의 질적 향상을 도모할 수 있다는 장점이 있다. 그러나 중앙정부에 비해 규모가 작고, 각 지방정부의 재정상황에 따라 서비스 격차가 확대되어 지역 간 불평등을 야기할 수 있다는 단점도 있다.

3) 시장실패와 정책 고려 요인

시장실패(market failure)란 시장의 불합리한 기능으로 공정한 가격형성이 되지 않아 공급이나 수요자가 없거나 있어도 가격형성이 어려운 경우를 말한다. 일반적으로 시장은 수요자와 공급자 간의 합리적인 선택을 바탕으로 하는 자유경쟁의 기제에 의하여 자원을 효율적으로 배분 가능하여야 한다. 시장실패의 유형으로는 공공재의 존재, 외부효과의 발생, 규모의 경제, 역의 선택 등이 있다. 이러한 경우에 사회의 혼란을 초래하는 상태로 발전될 수 있어 국가나 정부가 개입하게 하는 근거가 된다(문수열 외, 2020).

즉, 시장실패는 시장기구를 통해 자원 배분의 효율성을 달성할 수 없는 경우에 이를 시장실패라고 하며, 시장실패가 발생하면 이를 교정하기 위해 정부가 시장에 개입해야 함을 의미한다.

이러한 시장실패가 발생할 경우 정부는 사회복지정책을 제공하기 위해 고려하는 요인으로 공공재, 외부효과의 발생, 정보의 비대칭성, 도덕적 해이, 역의 선택, 규모의 경제, 위험발생의 상호의존 등을 고려해야 한다.

(1) 공공재

공공재(public goods)는 어떤 재화와 서비스가 소비에 있어서 비경합성(비경쟁성)과 비배제성(비배타성)이라는 특성을 갖는 경우를 말한다. 여기서 비경합성(비경쟁성)이란 소비에 참여하는 사람의 수가 다수여도 경쟁적인 관계가 나타나지 않는 특성을 말한다. 예를 들어, 공원이 제공해 주는 좋은 공기나 경치는 한 사람이 소비하든, 열 사람이 소비하든 큰 영향을 미치지 않는다. 그래서 공원에 가면 다른 사람보다 빨리 공기를 마시려고 노력하거나 경치를 더 빨리 보려고 경쟁할 필요가 없다. 비배제성(비배타성)은 재화와 서비스에 대해 대가를 치르지 않고 이를 소비하려고 하는 사람의 경우에도 소비를 못하게 할 수 없는 특성을 말한다. 예를 들어, 나무를 심어서 발생하는 좋은 공기 같은 경우 다른 사람이 이 나무에서 나온 공기를 마시지 못하게 할 수 없다. 이런 점에서 공공재는 경합성(경쟁성)과 배제성(배타성)이라는 특성을 갖는 사유재와 대비되는 것이다(김윤재 외, 2020).

비경합성과 비배제성이라는 특성을 갖는 공공재는 무임승차자(free-rider)의 문제를 야기할 수 있다. 예를 들면, 어떤 항구마을에 사는 주민들이 선박의 안전을 위해 등대를 세우기로 하였는데 주민들의 10%는 등대건설에 참여하기를 거부하여 등대건설 비용을 내지 않았다고 하자. 이러한 경우 그 10%의 주민들이 등대로부터 얻는 혜택을 누리지 못하게 배제하기는 불가능하다. 등대건설에 드는 비용을 대지도 않았으면서 등대가 주는 혜택을 누리는 10%의 주민들이 바로 무임승차자이다. 무임승차자는 이렇게 비용 부담을 지지 않으면서 그 혜택을 누리는 사람들을 말한다. 이러한 무임승차자들이 존재하기 때문에 공공재의 경우에는 시장을 통해서 적절한 수준의 공급이 이루어지지 않는 경우가 많이 발생한다(사회복지교육연구센터, 2022).

정리해 보면, 공공재는 국민 누구나 사용하는 공적인 것을 의미하고, 비경쟁성과 비배제성의 특징을 가지고 있다. 대표적인 예로는 등대, 공원 등을 들 수 있다.

(2) 외부효과의 발생

외부효과(external effect)란 어떤 경제활동과 관련하여 다른 사람에게 의도하지 않은 혜택이나 손해를 가져다 주면서도 이에 대한 대가를 받지도 않고 비용을 지불하지도 않는 상태를 말한다(류연규, 2022).

외부효과는 긍정적 외부효과와 부정적 외부효과로 구별된다. 긍정적 외부효과란 어떤 사람의 행위를 통하여 다른 사람들이 어떤 대가를 지불하지 않고도 이득을 보는 것을 말한다. 주변에 공장이 철거되고 공원이나 도서관이 들어서면 이 주변에 거주하는 사람들은 쾌적한 주거권을 보장받고 집값 상승의 이득을 볼 수 있는데 이를 긍정적 외부효과라고 할 수 있다. 부정적 외부효과란 한 사람의 행위로 다른 사람에게 손해를 입히고도 이에 대한 대가를 지불하지 않는 것을 말한다. 폐

수방류나 매연에 의한 공기오염 등이 이에 해당한다(홍봉수 외, 2019).

즉, 외부효과는 예기치 못한 다른 효과가 외부에 발생하는 것을 의미한다. 예를 들면, 한 지역의 복지 인프라를 확충했을 때 해당 지역뿐만 아니라 그 지역 외의 다른 사람들도 혜택을 누릴 수 있는 효과가 나타나는 것을 의미한다.

(3) 정보의 비대칭성(불완전한 정보)

정보의 비대칭성(asymmetry of information)이란 거래 당사자의 쌍방 가운데 어느 한쪽이 상대적으로 더 많은 정보를 가지고 있어 거래 당사자 간 완전한 정보라는 시장의 특성이 충족되지 못해 시장실패가 일어나는 경우를 말다(김기원, 2020). 원칙적으로 시장에서의 공정한 거래가 이루어지기 위해서는 정보의 양과 질이 공급자·수요자에게 충분히 확보되어야 하지만 어느 한쪽이 더 많은 정보를 갖기 쉽고, 이 경우 정보가 적은 사람이 손해를 볼 수밖에 없다면 비효율적인 배분이 될 가능성이 높다(조추용 외, 2020).

의료부문과 같은 것을 예로 들면, 의료서비스의 공급자인 의료기관이 이용자보다 의료에 대해 월등히 많은 정보를 갖고 있다. 따라서 국가의 개입이 없다면 의료기관이 제공하는 서비스에 대해 이용자는 적절한 가격과 질을 알 수 없고, 요구하는 비용을 다 지불할 수밖에 없는 불리한 위치에 있게 된다. 보험에서 정보의 비대칭성은 반대로 상품의 판매자보다 구매자가 자신에 대한 정보를 더 많이 알기 때문에 나타나는데 이로 인해 도덕적 해이와 역의 선택이 발생한다(염일열·이승현, 2020).

즉, 정보의 비대칭성은 어느 한쪽이 더 많은 정보를 가지고 있어 정보의 불균형이 발생해 정보를 많이 가지고 있는 쪽은 유리해지고, 정보를 적게 가지고 있는 쪽은 불리해지는 경우를 의미한다. 예를 들면, 저소득층의 경우 사회복지정책에 대한 정보가 부족하거나, 불완전한 정보를 가질 가능성이 있다.

(4) 도덕적 해이

도덕적 해이(moral hazard)는 보험에 가입한 사람이 자신을 보호하는 상황을 피하려는 동기가 적은 것을 말한다. 도덕적 해이가 만연하게 되면 사회구성원은 스스로 사회적 위험의 예방 또는 치유를 위해 노력하지 않고 소홀히 하거나 불필요하게 사회급여를 신청·수급하는 형태로 나타난다. 그렇게 되면 보험에 가입한 전체 사람들의 보험료가 인상되어 결국 민간보험회사는 실패하여 시장의 실패로 나타날 가능성이 높다(김종상 외, 2020).

이러한 도덕적 해이를 줄이기 위해서는 개인이 스스로 책임질 수 있는 경우에는 비용을 지불하도록 하거나, 경미한 욕구를 사회급여에서 제외하고, 민간보험과 같이 위험과 보험료 사이에 수지상등의 원칙[1]을 강화하며, 본인부담금의 비율을 높이는 방법 등을 생각할 수 있다(안홍순, 2012; 염일열·이승현, 2020).

즉, 도덕적 해이는 사회보장이라는 장치를 이용해 각 개인의 사회문제를 야기시키는 도덕적인 해이로 사회 전체에 피해를 줄 수 있는 것을 의미한다. 이러한 개인의 이기적인 행위로 인해 사회복지정책 급여가 남용되어 사회복지정책 재정부담을 가중시킬 수 있다. 예를 들면, 건강보험을 통해 병원치료를 하는 환자가 본인의 병 치료에 소홀하면서 보험을 통한 병원치료는 계속 받는 경우가 있다.

(5) 역의 선택

역의 선택(adverse selection)은 보험의 경우 위험에 처한 사람들이 역설적으로 보험가입 선택을 할 가능성이 더 많은 것을 말한다. 예를 들어 질병 발생 확률이 높은 사람이 보험에 가입하여 보다 많은 급여를 수급함으로써 보험회사와 질병 발생 확률이 낮은 사람에게 손해를 끼치는 경우를 생각해 볼 수 있다. 질병 발생 확률이 높은 사람의 경우 의료비용이 많이 발생하고 이로 인해 보험회사는 보험료를

1) 수지상등의 원칙이란? 보험계약자가 납입하는 보험료 총액과 보험회사가 지급하는 보험금 및 지출비용의 총액이 동일한 금액이 되도록 하는 것을 의미한다.

인상하게 되고 건강한 사람의 경우에는 실제 부담해야 하는 것보다 많은 보험료를 부담하게 되어 보험가입을 기피하거나 보험료가 낮은 보험회사를 찾게 되는 경우가 발생할 수 있다. 이런 경우 민간보험시장에서 질병 발생 확률이 높은 사람들의 가입률은 높아지고 질병 발생 확률이 낮은 건강한 사람들의 가입률은 낮아지는 현상이 발생할 수 있다. 이러한 정보의 비대칭성과 역의 선택이라는 시장실패 현상 때문에 국가가 운영하는 사회보험의 필요성이 제기된다(원석조, 2021).

즉, 역의 선택은 위험에 처한 사람이 오히려 보험가입을 역으로 선택하는 것을 의미한다. 역의 선택으로 인해 보험가입자와 보험회사 간 정보의 비대칭성이 유발되어 민간보험시장에서 바람직하지 않은 결과가 초래될 수 있다. 예를 들면 암에 걸릴 가능성이 높은 사람이 암보험에 가입할 가능성이 높다는 것이다.

(6) 규모의 경제

규모의 경제(economy of scale)란 대규모 경영에 따른 관리비 절감의 이익 등을 포괄하는 일반적인 의미이다(홍봉수 외, 2019).

사회복지의 재화나 서비스 등은 규모의 경제라는 속성을 갖고 있다. 예를 들면 대중교육, 전 국민 의료서비스, 전 국민 대상의 사회보험, 대량의 공공주택 건설 등이 이에 해당한다. 따라서 이러한 재화나 서비스 등은 민간부문에 맡겨 두면 큰 경제 주체들이 독점할 가능성이 크기 때문에 이 경우 국가가 직접 제공하는 것이 바람직하다. 그렇게 함으로써 단위당 비용이 적게 들고, 또한 민간부문의 공급자들의 불필요한 거래비용도 줄일 수 있는 것이다(김종상 외, 2020).

즉, 규모의 경제는 규모가 클수록 효율성이 상승하는 것을 의미하고, 규모의 경제를 통해 사회복지정책의 효율성이 확보된다면 국가재정이 절약되어 사회복지정책의 경제성도 상승하는 효과가 나타날 수 있다. 예를 들면, 소규모기관이 구호물품을 구입하는 것보다 중앙정부가 구입할 경우 그 규모가 크기 때문에 훨씬 생산비용이 낮아 저렴한 가격으로 구입할 가능성이 있다.

(7) 위험발생의 상호의존

위험발생의 상호의존은 위험이 발생하는 것이 서로 관련되어 있는 것을 말한다. 어떤 위험의 발생은 상호의존적일 수 있다. 이는 어떤 사람의 위험발생과 다른 사람의 위험발생이 관련되어 있을 때 보험회사의 재정 안정이 이루어지기 어려워서 결국 민간시장에서 위험에 대한 보험상품이 제공되기 어렵다는 것을 의미한다(원석조, 2021).

즉, 위험발생의 상호의존은 한 가지의 위험보다 두세 개 이상 다수의 위험이 상호의존적으로 발생될 가능성이 높다는 것을 의미한다. 예를 들면, 고관절 수술 환자가 다른 합병증상이 나타나기 쉬워 위험에 대한 발생이 상호 동시에 나타날 가능성이 높을 수 있다. 이러한 위험발생의 상호의존은 민간보험 회사의 위험 보장에 한계가 나타날 수 있다. 이로 인해 사회보장의 마지막 보루인 국가만이 보장해 줄 수 있는 것이라는 견해가 많다.

2. 민간부문 주체

민간부문 주체는 민간이 직접 관리·운영하거나 정부 또는 지방자치단체로부터 위탁하여 운영하는 것을 의미한다(조추용 외, 2020). 정책을 실제로 결정하는 사람은 권위를 가진 정책결정자이지만, 민간단체나 민간기관 등도 정책 결정과정에 참여하고 있으므로 민간 영역 역시 정책의 주체가 될 수 있다(김기원, 2020).

민간부문 주체는 앞서 설명했던 공공부문 주체에 비해 서비스 공급 다양화 가능, 공급자 간 경쟁유도를 통한 서비스 질 확보, 이용자의 다양한 선택권 보장의 장점이 있다(김주환, 2022).

즉, 민간부문 주체는 공공부문 주체의 부족한 부분을 채워 줄 가능성이 높으므로 민간부문 또한 사회복지정책의 주체로서 그 필요성이 크다고 할 수 있다. 하지만, 사회복지정책 마련, 인프라 구축, 대규모 실행체계 구축 등에는 정부에 비해 낮을 가능성이 높다.

1) 시장

시장은 모든 사람에게 동일한 소득을 제공하지 않으며, 또한 시장은 물품을 구입할 수 있는 능력을 동일하게 제공하지 않는다는 시장원리를 따르고 있다. 시장의 중요성과 관련되는 개념으로는 '정부의 실패(government failure)'가 있다. 정부의 실패는 정부가 개입했을 때 오히려 자원이 올바르지 않게 분배되고 효율성과 효과성이 더욱 낮아지는 정부 정책의 실패를 의미한다. 정부의 일방적이고 획일적인 정책은 그 한계가 나타나는 것으로 이러한 정부 정책의 실패에는 시장원리가 도입된 사회복지서비스 정책이 필요할 수 있다. 시장원리가 적용된 사회복지서비스 제공 주체는 민간보험, 바우처제도[2], 영리조직[3] 등이 있다.

2) 비공식 영역

정부나 시장 이외에 비공식 영역에서도 사회복지와 관련된 급여를 제공하고 있다. 이 중에서도, 사회복지정책과 관련된 대표적인 비공식 영역은 친족이다. 사회복지와 관련해 친족은 요보호 가족구성원을 위한 보호와 가족 간 경제적 지원의 기능을 담당하고 있다(Gilbert & Terrel, 2014, 박경일, 2020 재인용).

친족의 가장 대표적인 형태가 가족이다. 가족은 보호, 친교, 정서적 지원의 기능을 통해 가족구성원에게 자원을 분배하고, 요보호 가족구성원을 보호하는 역할을 하고 있는 경우가 많다.

---

2) 바우처는 사회복지서비스를 제공하기 위한 일정한 증서나 권리로서 "제8장 사회복지정책의 분석틀과 산출분석"에서 자세한 소개가 있다.

3) 영리조직은 시장의 원리를 바탕으로 이윤을 추구할 수 있다. 복지시설, 복지기관, 보육시설 등과 같은 시설의 경우 이용자들에게 복지서비스를 공급하는 대가로 일정한 이용료를 부과하여 영리를 추구할 수 있는 조직이라 할 수 있다. 우리나라의 대표적인 영리조직으로는 '노인장기요양시설'이라고 주장하는 경우가 많다.

3) 기타

사회복지와 관련한 그 외의 주체에는 사업장(직장). 종교, 상호부조가 있다. 종교의 주요 조직 유형에는 교회가 있으며 신도 중심의 복지, 보건, 교육, 사회서비스, 상담 등을 제공한다. 또한 상호부조의 주요 조직 유형에는 지지집단과 자발적 기관이 있으며 자조, 자원봉사, 지역사회복지서비스 등을 제공한다.

4) 공공·민간 혼합

공공·민간의 혼합 주체는 각각의 주체가 가지고 있는 한계를 극복하여 사회복지정책의 목표를 효과적으로 달성하기 위해서 추진되고 있는 것이다. 미국의 산재보험은 정부가 민간보험회사와 계약을 통하여 운영되고 있고, 영국과 일본의 국민연금 역시 정부의 일정한 규제하에 일부에 대해 민간보험회사와의 계약을 통해 운영되고 있다(현외성, 2005, 양승일, 2019 재인용).

공공과 민간의 혼합체계는 규제 정도에 따라 다음과 같이 두 가지로 나눌 수 있다.

첫째, 정부와 민간부문과의 계약이다. 정부가 제공할 재화나 서비스를 민간부문이 제공하는 대신 소요되는 비용은 정부가 부담하는 형태이다.

둘째, 정부의 민간부문 재정보조이다. 정부가 민간부문 사회복지기관에 단순히 재정보조만 해 주고 어떠한 규제도 하지 않는 형태이다(홍봉수 외, 2019).

정리해 보면, 공공·민간 혼합체계는 공공과 민간의 상당한 장점을 포함하고 있다. 공공의 장점인 재원 마련과 정책 집행을 반영하고, 민간의 장점인 시장원리(효율성, 경쟁성, 선택성)를 서로 혼합하는 것을 의미한다. 흔히 제1섹터는 정부가 담당하고, 제2섹터는 민간이 담당하며, 제3섹터[4]는 정부와 민간의 혼합으로 담당하기도 한다.

5) 복지 다원주의(주체의 다양화)

복지 다원주의는 1980년대 초반 영국의 대처(Margaret Thatcher)정부와 미국의 레이건(Ronald Reagan)정부로 대표되는 신보수주의의 등장으로 국가복지에 대한 비판이 이루어지면서 등장한 개념이다. 이들에 따르면, 복지국가는 미시적 수준에서 개인의 경제활동에 대한 동기를 떨어뜨려 복지의존성을 높이고, 거시적 수준에서 사회 내 하위계층의 형성을 초래하며 경제성장에 저해가 된다는 것이다(오정수·류진석, 2016). 복지혼합이라고도 불리는 복지 다원주의는 사회복지에 대한 국가의 책임과 역할이 시장, 가족, 지역사회, 자원조직 등 다른 다양한 공급 주체들에 의하여 대체되어야 한다는 주장이다. 즉, 기존의 사회복지 주체였던 국가가 자발적 부문 또는 비공식부문에 재원을 보조하는 재원 보조자(financial supporter)로서의 역할과 시장에 대한 규제자(regulator)로서의 역할을 유지하여야 한다는 것이다(김승훈 외, 2022).

즉, 복지 다원주의는 한 사회의 복지 원천은 다양하다는 것을 의미하고, 복지 제공 주체로서 국가 이외에 시장, 비공식부문, 자원부문 등의 역할을 포괄적으로 고려해야 함을 의미한다고 볼 수 있다.

4) 제3섹터는 꼭 정부와 민간의 혼합만을 의미하지는 않는다. 정부와 민간의 참여 비율은 다양하고 비영리단체, 비정부단체 등 다양한 혼합 형태를 제3섹터라고 한다.

2 사회복지정책의 대상

1. 대상

사회복지정책의 대상은 사회복지정책으로부터 권리를 주장할 수 있는 대상(객체)이라 할 수 있는데 흔히 '클라이언트'라 한다(양정하 외, 2020). 클라이언트의 범위를 놓고서 견해가 여러 가지 있을 수 있다. 좁은 의미로는 사회적으로 생활능력이 없는 아동, 노인, 지적장애인, 언어장애인, 시각장애인 등 요구호자들만을 의미한다. 넓은 의미로는 이들 생활 무능력자들뿐만 아니라 앞으로 생활의 위협을 받게 될지도 모르는 잠재적 클라이언트까지 사회복지정책의 대상에 포함되는 견해가 있다. 더 넓게는 모든 국민이 사회복지정책의 객체가 된다고 보는 견해도 있다(임봉호 외, 2018).

역사적으로 살펴보면 초기 사회사업에서 클라이언트란 힘없는 자나 의존자라는 뜻으로 사용되었지만, 점차 사회복지가 전문화되어 감에 따라 욕구가 있는 사람이나 고객으로 변화하고 있다. 특히, 오늘날 사회복지사는 다른 사람의 이익을 위해 활동하도록 계약되어 있고, 수요자 중심의 사회복지가 강조됨에 따라 클라이언트는 서비스를 선택하는 사람인 고객으로 간주되고 있다(서보준 외, 2022).

정리해 보면, 사회복지정책의 대상은 대부분 클라이언트라고 표현할 수 있고, 이는 국민 전체, 서비스 대상자, 의뢰자 모두를 포함할 수 있다.

2. 보편주의와 선별주의

사회복지정책에 있어서 누가 혜택을 받을 것이며, 그 자격조건을 어떻게 규정할 것인지의 문제는 오랫동안 쟁점이 되어 왔다. 누구에게 사회복지정책의 혜택을 줄 것인가를 결정하는 데 적용되는 원칙은 매우 다양하다(Gilbert & Terrell, 2007, 김종상 외, 2020 재인용).

따라서 사회복지정책의 대상을 누구로 결정할 것인가라는 자격조건 논의에 대해 티트머스(Titmuss, 1976)가 제시한 두 가지 원칙인 보편주의와 선별주의로 나누어 살펴보면 다음과 같다.

1) 보편주의

보편주의는 시민권에 입각한 하나의 사회적 권리로서 복지서비스가 사회구성원 모두에게 주어져야 하는 원리이다(염일열·이승현, 2020). 누구든지 자신의 당연한 권리로서 급여 대상자가 되는 것이고, 정부가 사회의 모든 구성원에게는 복지서비스를 제공하는 것을 말한다(박경일, 2020).

즉, 보편주의는 특정한 요건에 해당하는 모든 국민 또는 특별요건 없이 모든 국민을 대상으로 하는 것이 기본이며 자산조사를 하지 않는다는 특징이 있다.

2) 선별주의

선별주의는 사회복지 대상자를 사회적, 신체적, 경제적 등 일정한 기준에 따라 수급 자격을 엄격하게 제한하고 복지서비스를 제공하는 것이다(원석조, 2021). 선별주의적 제도에서는 급여에 대한 욕구에 기초하여 대상자가 결정되며, 욕구의 존재 여부는 자산조사에 의해 판별된다(오세영, 2021).

선별주의를 보편주의와 비교해 보면, 보편주의는 경제적 계층에 따라 대상자를 구분하지 않기 때문에 급여수급 대상자의 낙인 효과가 없는 반면, 선별주의는 사회복지정책 목표 효율성을 높일 수 있으며 조세를 통한 환+수로 소득재분배의 효과가 있으나 낙인 효과가 발생할 수 있다. 보편주의와 선별주의의 내용을 비교하여 〈표 2-1〉로 제시하겠다.

〈표 2-1〉 보편주의와 선별주의

구분	보편주의	선별주의
원리	사회적 권리	개인의 욕구에 기초
가치	사회적 효과성	비용효과성
사회정책	사회구성원 모두가 당면하는 문제에 대한 사회 전체의 대응	개인적 욕구에 근거를 두고 제공되며 자산조사에 의해 결정
장점	인간의 존엄성과 사회통합 유지	전체적인 지출감소
단점	한정된 자원의 효과적 사용 한계	낙인감
예시	국민연금, 건강보험, 고용보험, 산재보험	기초연금, 의료급여, 장애인연금

출처 : 염일열·이승현(2020). 사회복지정책론. 재구성.

연습문제

1. 사회복지정책의 주체에 관한 설명으로 옳지 않은 것은?
① 사회복지정책에서 가장 중요한 역할을 하는 주체는 정부이다.
② 정부의 실패를 보여 주는 요소(원인)로 공공재, 외부효과, 불완전한 정보, 도덕적 해이, 역의 선택, 위험 발생의 상호의존, 규모의 경제가 있다.
③ 역의 선택은 보험금을 받을 가능성이 높은 사람들이 해당 보험에 집중적으로 가입하는 현상을 말한다.
④ 시장의 실패는 정부가 사회복지를 제공하는 주체가 되어야 한다는 논리를 제공한다.

2. 보편주의와 선별주의에 대한 설명으로 옳은 것을 모두 고른 것은?

> ㄱ. 보편주의는 모든 사람들에게 복지를 제공해야 한다는 입장이지만, 이를 국민의 권리로 보지는 않는다.
> ㄴ. 보편주의적 제도에는 사회수당, 사회보험 등이 있으며, 각 제도들마다 보편주의 정도는 모두 동일하게 유지된다.
> ㄷ. 선별주의에서는 저소득층에게 자원을 집중적으로 배분함에 따라 비용효과성이 감소될 수 있다.
> ㄹ. 사회통합은 보편주의에서 더 강하게 나타나지만, 소득재분배 효과는 선별주의에서 더 강하게 나타난다.

① ㄱ ② ㄱ, ㄷ ③ ㄴ, ㄷ ④ ㄹ

3. 공공재에 대한 설명과 거리가 먼 것은?
① 비경합성 ② 비배타적 ③ 등대, 공원
④ 무임승차 ⑤ 도덕적 해이

4. 위험이 발생할 가능성이 높은 사람들이 보험에 집중적으로 가입할 가능성이 높은 것을 무엇이라 하는가?
① 불완전한 정보 ② 부정적 외부효과 ③ 도덕적 해이
④ 역의 선택 ⑤ 무임승차효과

〈정답 및 해설〉

1. 정답 : ②

해설 : ② 공공재, 외부효과, 불완전한 정보, 도덕적 해이, 역의 선택, 위험 발생의 상호 의존, 규모의 경제는 시장의 실패를 보여 주는 요소(원인)이다.

2. 정답 : ④

해설 :

ㄱ. 보편주의는 복지를 권리로서 강조한다.

ㄴ. 각 제도들마다 보편주의 정도는 다르게 나타날 수 있다.

ㄷ. 복지급여의 선별적 제공을 통해 총지출을 감소시킨다는 점에서 비용효과성이 높다.

3. 정답 : ⑤

해설 : 비경합성(비경쟁성)과 비배제성(비배타성)이라는 특성을 갖는 공공재(public goods)는 공원이나 등대 등을 예로 들수 있고, 무임승차자(free-rider)의 문제를 야기할 수 있다. 하지만, 도덕적 해이는 시장실패에 관해 정부가 고려해야 할 요인(공공재, 외부효과 발생, 정보의 비대칭성, 역의 선택, 도덕적 해이, 규모의 경제 등) 중 하나이다.

4. 정답 : ④

해설 : 위험에 처한 사람들이 역설적으로 보험에 집중적으로 가입할 가능성이 높은 것을 '역의 선택'이라 한다.

해결문제

의료쇼핑이란? 건강보험 보장성 확대의 빈틈을 노려 일부 환자들이 싼 가격에 쇼핑하듯 여러 병원을 다니며 과잉진료를 받는 현상을 의미한다. 한 40대 남성은 단순한 치주염 치료 명목으로 수도권 지역의 치과만 166곳으로 포함해 지난 한 해 동안 총 200회의 병원진료가 있었다. 이 사례는 보건복지부의 과도한 의료기관 방문 실태조사를 통해 알려졌는데, 이러한 의료쇼핑을 막을 방법은 없다. 의료기관이 이런 환자를 거부했다가는 의료법 위반으로 처벌받을 것이기 때문이다. 한편, 사회복지정책을 제공하기 위해 고려하는 요인으로 공공재, 외부효과의 발생, 정보의 비대칭성, 도덕적 해이, 역의 선택, 규모의 경제, 위험발생의 상호의존 등이 있다. 그렇다면 의료쇼핑 같은 사례는 이미 제시되었던 고려 요인 중 어느 요인과 관련이 클 것인지 제시해 보자. 또한, 이러한 의료쇼핑을 해결할 방안은 무엇인지 제시해 보자.

토론문제

사회복지정책의 주요한 주체로는 공공부문, 민간부문 그리고 공공과 민간의 혼합 주체를 들 수 있다. 최근엔 새로운 사회복지정책의 주체라 할 수 있는 제3섹터의 영역이 등장하고 있다. 민간부문 주체와 제3섹터 주체의 영역은 어디까지일지를 살펴보면 그 규모가 적지 않음을 알 수 있다. 일부에서는 사회복지시설을 정부가 직영하는 데 한계가 크므로 사회복지시설을 민간부문 주체와 제3섹터 주체를 이용해 운영하는 것은 매우 효율적인 운영방법이라고 주장하고 있다. 실제로 우리나라에선 상당히 많은 사회복지시설이 민간 주체에게 위탁되어 운영되고 있다. 즉, 재정은 정부가 제공하고, 운영은 민간부문이 하는 형태이다. 그렇다면 우리나라의 모든 사회복지시설을 제3섹터가 운영하는 방법을 선택한다고 가정한다면, 그에 대한 찬성과 반대 토론을 해 보자.

Social Welfare Policy

CHAPTER 03

사회복지정책의 역사

사회복지정책의 역사는 영국을 중심으로 한 사회복지정책의 역사적 배경을 빼놓을 수 없다. 영국과 미국의 경우 구빈법을 가장 많이 시행하였고, 자선조직협회와 인보관운동과 같은 사회복지정책의 큰 흐름이 시작된 국가다. 특히, 영국과 미국은 신자유주의와 제3의 길을 주도하여 현재 우리나라 사회복지정책의 가장 큰 영향을 미쳤다고 볼 수 있기 때문이다. 사회복지정책의 역사는 빈곤법, 신구빈법, 자선조직협회와 인보관운동, 제1의 길, 제2의 길, 제3의 길 순서로 소개하겠다.

1 구빈법 시기

영국 중세 시기 자선활동의 주요 동기가 기부자의 영혼 구제에 있는 것으로 보았다. 즉, 부자는 빈민에게 자선을 행함으로써 구원의 수단을 돈으로 살 수 있었기 때문에 중세의 자선은 주로 교회를 통해 이루어졌고, 오랜 기간 동안 빈민들은 이러한 자선행위를 통해 그 수혜를 받았다(한인영 외, 2020).

중세 봉건사회의 붕괴과정은 자급자족의 자연경제 속에 화폐경제가 조금씩 침투하면서 나타나기 시작되었다. 중세는 국제적인 양모가격의 상승으로 양 목축업이 호황을 누리게 되고, 이에 지주들은 농사보다 더 많은 이윤을 창출하기 위해 자신의 농토공유지를 목축지화시키는 인클로저운동(Enclosure movement)[1]을 감행하였다. 그 결과 수많은 소작농이 토지로부터 추방되었으며, 많은 농민들은 빈민으로 전락하였다(심상용 외, 2021).

1) 인클로저운동은 16세기 유럽에서 양털 값이 폭등하자 지주들이 자신의 수입을 늘리기 위해 많은 토지와 농장을 양을 키우는 목장으로 변경하는 운동을 의미한다.

이와 같이 중세 말에 대홍수와 냉해, 흑사병, 기근과 전쟁, 민중반란 등으로 많은 빈민이 도시와 농촌에 나타났는데, 이러한 사회의 변화는 빈민에 대한 인식을 바꾸었고, 빈민구제에 대한 국가 개입이 필요하게 되었다.

1. 구빈법

1) 엘리자베스 구빈법(1601년)

영국은 일찍이 1531년 제정한 「부랑자 처벌법」과 1572년 「건장한 부랑자 처벌법」을 통해 건장한 빈민과 건장하지 않는 빈민을 구별하여 구제하는 정책을 편 바 있었지만, 정돈되지 못한 느낌이었다. 이와 같은 구빈성격의 법들을 집대성하여서 만든 것이 1601년 엘리자베스 1세(Elizabeth I) 여왕이 최초로 만든 구빈정책인 엘리자베스 구빈법(Elizabeth Poor Law)이다. 나중에 신구빈법이 등장하게 되기 때문에 엘리자베스 구빈법을 구구빈법이라고도 한다.

1572년에서 1601년 사이 엘리자베스 여왕은 노동능력이 있는 빈민에게 일거리를 제공하고 일을 하지 않을 경우 처벌하며, 노동할 수 없는 빈민은 구빈원에 수용하도록 하는 내용의 구빈법을 체계화하는 법령을 제정하였다. 엘리자베스 구빈법으로 통칭되는 이러한 법적조치는 구빈세를 통해 구빈사업의 예산을 확보하고, 사업을 담당하는 구빈감독관을 임명하며, 빈민을 근로능력이 있는 자와 없는 자로 구분하고, 구빈행정의 틀을 확대하는 등의 내용으로 구성되었다(조흥식 외, 2020).

엘리자베스 구빈법은 빈민을 노령자, 만성질환자, 맹인 정신병자, 노동능력이 없는 빈민, 그리고 빈곤아동으로 구분하였는데, 노동능력이 없는 빈민에 대해서는 자선원에 집단 거주시켜 보호하였고, 노동능력이 있는 빈민에 대해서는 교정원이나 작업장에서 강제노역을 시켰으며 이를 거부할 경우에는 수감조치를 했다(양승일, 2019).

즉, 엘리자베스 구빈법은 구빈의 책임을 교회가 아닌 국가의 책임으로 보는 최초의 사회복지 구빈정책으로 오늘날 공공부조제도의 시초가 된 법이라는 점에서 의의가 크다. 또한, 엘리자베스 구빈법은 최초로 노동력을 활용한 구빈정책이라는 점도 그 의의가 크다.

그러나 초기의 구빈법은 빈민을 억압하기도 하였고, 통제하는 데 한계가 있어 여러 차례 개정과정을 거치게 되었다.

2. 구빈법 변천

1) 정주법(1662년)

엘리자베스 구빈법이 시행되는 시기는 사회 전반적으로 상업과 공업이 발달하면서 여러 일자리가 창출되었고, 빈곤한 사람들은 게으를 것이라는 프로테스탄티즘(Protestantism) 윤리가 널리 퍼졌다. 그 당시에는 각 교구마다 빈민들에게 관대한 교구가 있었고, 엄격한 교구가 있었다. 그래서 빈민들은 엄격한 교구에서 관대한 교구로 이주하는 일이 자주 일어났다(이강희 외, 2021).[2)]

구빈정책을 위해 세금을 내야 하는 중산층이 빈민에게 관대한 처우를 하는 것에 반발하자 이들의 거주 이전을 제한하는 정주법(The Settlement Law)을 제정한다(조흥식 외, 2020).

즉, 정주법은 빈민들이 비교적 혜택이 많은 교구로 이주하는 것을 방지하기 위해 빈민들의 거주 이전을 못하게 하는 법이다. 당시 정주법에 대한 반발은 매우 강하게 나타났다. 산업화에 필요한 노동력의 확보가 어렵다는 점에서 산업자본가들의 문제제기도 많았고, 이주에 대한 자유가 박탈된 비인간적인 문제로 인본주의자들에 의해 정주법의 문제점이 끊임없이 제기되었다.

---

2) 중세의 '교구'는 교회적 종교의 전파나 신자의 지도를 위해 구역을 나누기 위해 교구라는 용어를 사용하였는데, 교구별로 헌금을 걷는 기준이 되기도 하였다. 그 당시 성공회가 영국의 국교이고, 종교적 영향력이 매우 강했기 때문에 교구를 행정구역으로도 사용하였다. 오늘날도 종교적 차원의 구역을 구분하기 위해 교구를 사용하기도 한다.

2) 작업장법(1696년)

노역원법(Workhouse Act)이라고 불리기도 하는 이 법은 1576년 빈민구제법에 의해서 노동능력 빈민에 대한 시설로써 작업장이라는 개념이 출현하여 작업장제도가 전개되어 왔다. 이 작업장제도가 체계적이면서 빈민의 노동을 얻을 목적으로 설치된 것은 1696년 브리스톨(Bristol) 작업장이 시초이다. 이러한 작업장의 설립 운영결과는 걸식의 감소와 구빈세 감소효과를 가져왔지만, 실제로 빈민들은 작업장 입소를 꺼려 구제요청을 회피하는 현상이 나타났었다. 이것은 의도하지 않은 결과로 후일 구제억제의 수단으로 작용하게 된다(이강희 외, 2021).

이후 1722년 생긴 법이 나치블법(Knatchbull Act)이다. 나치블법은 작업장법에서 발생한 폐단들을 바로 잡는 법인데, 바로 작업장 수용을 전제로 한 빈민구제법이다. 작업장은 매우 엄격하게 통제되었고, 작업장의 규율을 어기게 되면 감금과 족쇄를 채우는 등 인간적이지 않은 벌을 받았다(임정문 외, 2020).

즉, 작업장법은 노인과 아동들을 포함하여 근로능력이 있는 모든 빈민들을 대상으로 작업장을 이용해 노동능력을 활용하려고 하였다. 하지만, 작업장을 개인사업자에게 운영권을 주는 민간위탁 방식이 시행되었고, 그 과정에서 부정부패가 발생하였으며, 강제성을 가진 작업에 의한 임금지급 방식으로 작업장 내의 생활과 보건위생은 매우 열악했다는 문제가 크게 지적되었다.

3) 길버트법(1782년)

작업장에 수용된 빈민들의 비참한 생활이 외부에 알려지면서 인도주의자들과 사회개혁가들의 비판의 목소리가 높아져 18세기 말경 종래의 구빈제도에 인도주의적 처우를 접목하고자 하는 움직임이 등장하였다. 당시 영국의 치안판사인 토머스 길버트(Tomas Gilbert)의 주장에 의해 1782년 일명 길버트법(Gilbert Act)이

라고 불리는 빈민구제, 고용개선을 위한 법이 제정되었다(심상용 외, 2021).[3]

또한 빈민의 처우를 개선하고자 한 인도주의적인 법으로 작업장인 구빈원 내 구호를 원 외 구호로 바꾸고, 노동능력이 있는 빈민들에 대한 직업알선을 하고 직업을 얻을 때까지 구제하도록 하였다(박상하 외, 2020).

즉, 길버트법은 인권유린이 심했던 작업장을 없애는 법이다. 당시 가장 큰 폐단으로 지목된 민간위탁 방식은 폐지되었고, 원 외 구호로 전환하여 직업알선 형식으로 빈민구호를 진행하였다. 길버트법은 작업장에 빈민을 수용하지 않는 점에서 인도주의적 구빈제도라고 평가되고 있다.

4) 스핀햄랜드법(1795년)

스핀햄랜드법(Speenhamland Act of 1795)은 길버트법(Gilbert Act of 1782)에서 발전한 것으로 구빈세를 재원으로 하여 저임금을 받고 있는 노동자들에게 표준임금의 미달부분만큼을 보조해 주는 일종의 최저생계비를 보장해 주는 제도이다(김명근 외, 2014).

즉, 스핀햄랜드법은 노동자의 임금이 그들의 생활에 필요한 빵 값보다 낮을 경우 교구에서 구빈세로 지원해 주는 임금보조금 성격의 법이다. 당시 임금부조금을 빵의 가격에 연동하여 책정함으로써 빈민 수입에 상관없이 최저소득을 보장하였다는 점에서 일명 '빵법'이라 할 수 있다. 이 법은 오늘날의 최저생계비를 보충해 주는 가족수당, 최저생활보장제도의 기초가 되어 구빈법 역사상 큰 의미를 갖는다. 하지만, 일을 하지 않아도 빵값을 보조금으로 주는 제도가 악용되어 노동을 회피하는 사례가 많았다.

---

3) 영국의 경우 특별한 법과 제도를 만들 때 사람의 이름을 활용하는 경우가 많다. 여기에서 소개된 길버트법도 그에 해당되고, 근대 영국 복지의 근간이라 할 수 있는 베버리지 보고서도 해당된다. 우리나라의 경우 뇌물을 제한하는 '김영란법'이 있다.

3. 신구빈법(개정 구빈법, 1834년)

1) 등장배경

18세기의 영국은 온정주의에 입각한 인도주의적 구빈제도의 모습을 띠고 있었다. 나폴레옹(Napoléon) 전쟁의 여파로 빈민 수가 크게 증가함과 동시에 경제적으로 물가는 치솟고 임금인상 수준은 이에 따라가지 못함으로써 노동자의 경제적 곤란은 커져만 갔으며 전국 각지에서 폭동과 식량 강제점유 사태가 일어났다(심상용 외, 2021).

산업혁명의 영향뿐만 아니라 전쟁과 폭동의 여파로 인한 경제적 물가의 상승 문제 때문에 이 시기 정권을 잡은 자유당 정권은 구빈제도의 문제점을 파악하고 개선책을 마련하기 위해 영국 왕립위원회를 만들었다. 노동능력을 갖춘 빈민에 대해서는 독립심을 갖도록 하는 것이 당연하기 때문에 이들에 대한 엄격한 처우가 필요하다고 주장하였다(조흥식 외, 2020).

즉, 신구빈법은 기존 제도의 가장 큰 문제인 노동력 활용 부족의 문제를 개선하기 위하여 새로운 구빈법으로 탄생하게 되었다. 실제로 구구빈법의 작업장을 없애자는 길버트법으로 노동능력이 있음에도 노동을 하지 않는 현상이 나타났고, 스핀햄랜드법으로 빵값 지원에 따른 노동의 회피현상이 점점 확대되어 가고 있었다. 이러한 사회문제점을 개선하고 노동계층이 복지에 의존하지 않고 독립적인 의지를 갖게 하기 위해 신구빈법이 제정되었다.

2) 신구빈법의 원칙

신구빈법의 세 가지 원칙은 다음과 같다(김명근 외, 2014).

첫째, 열등처우의 원칙이다. 이것은 국가의 부조를 받는 빈민의 생활수준은 자립노동의 최저생활수준보다 열등해야 한다는 것이다.

둘째, 작업장 활용의 원칙이다. 이것은 노동력이 있는 빈민에 대한 재가구호를 폐지하고 누구든지 일을 해야만 구제를 받을 수 있다는 것이다. 단, 노약자, 질병자 등 예외적인 경우에만 원외구제를 허용하였다.

셋째, 전국통일의 원칙이다. 이것은 빈민들의 유형과 거주지에 상관없이 균일한 행정서비스를 받을 수 있도록 구빈행정의 전국적 통일을 기하는 것이다.

즉, 신구빈법은 빈민에 대한 처우의 최소기본을 세우고, 작업장을 부활하였으며, 거주이전의 자유를 제시하였다. 신구빈법은 최초로 제시된 엘리자베스 여왕이 제시한 구구빈법의 장점을 강조하여 회귀하는 내용과 구구빈법을 조금 수정하여 제시된 법이라고 평가할 수 있다.

2 자선조직협회와 인보관운동 시기

18세기 말 영국은 산업혁명으로 인해 산업화가 일어나면서, 사회조직에 많은 변화가 발생해 실업과 빈곤 등 여러 사회문제가 발생하였다. 이러한 사회문제를 해결하기 위해 19세기 영국에서는 빈민을 구제하려는 다양한 움직임이 있었는데, 대표적인 것이 바로 자선조직협회와 인보관운동이다. 자선조직협회와 인보관운동은 오늘날 근대 사회복지의 효시라고 할 수 있을 정도로 그 영향력이 크기 때문에 사회복지정책 역사를 설명하는 데 있어 매우 중요하다고 평가할 수 있다. 이러한 자선조직협회와 인보관운동에 대하여 배경, 내용, 평가로 구분하여 제시해 보겠다.

1. 자선조직협회

영국의 빅토리아 여왕(Alexandrina Victoria, 1819~1901)이 통치하던 1837년부터 1901년 사이를 빅토리아 시대라고 일컫는다. 국가가 개인의 자유를 속박하지 않으면 모든 사람이 자신의 능력에 따라 자립하여 살 수 있을 것이라는 생각과는 달리 도시에서 마주치는 엄청난 규모의 빈곤이 이들로 하여금 기존의 구빈법의 한계를 절감하고, 그 한계를 극복하기 위해 역량 있는 시민이 적극적으로 나설 필요가 있다고 생각하게 만들었다(조흥식 외, 2020).

최초의 자선조직협회(COS : Charity Organization Society)는 1869년 런던에서 설립되었다. 이 협회의 창립목적은 중복 구빈을 없애기 위한 여러 자선활동의 조정, 환경조사와 적절한 원조제공에 있었다(정헌영, 2020).

자선조직협회의 대상은 구빈법의 적용을 받지 못하는 빈민들 중에서 자조와 근면의 가치에 근거하여 '구제 받을 가치가 있는 빈민'과 '자격이 없는 빈민'으로 구분하였다. 기준에 따라 개별 사례를 철저히 조사하고 지역별 위원회가 지원자를 분류하여 최종 대상자를 선정하였다(심상용 외, 2021).

또한, 자선조직협회의 활동은 지역 여건에 따라 다양했지만 초기의 주요 활동은 런던 자선조직협회의 활동과 유사한 조사, 등록, 협동, 우애, 방문의 원칙으로 이루어졌다. 자선조직회는 구호품의 분배와 함께 빈곤자의 특성을 조사하고 연구하여 빈곤자를 교육하고 개발시켜 주는 역할도 하였다(김종상 외, 2020).

정리해 보면, 자선조직협회는 빈민문제를 해결하기 위해 빈민의 개별 집으로 방문하여 구호물품을 전달하면서 빈민의 개별적인 문제와 욕구를 조사하고, 빈빈 개인의 자립활동 지원을 실천하였다는 점에서 오늘날 개별사회사업의 뿌리가 되었다는 의의가 있다. 하지만, 빈민의 주변 환경을 변화시키는 데에는 관심이 적었다는 점에서 그 한계가 있을 수 있다.

2. 인보관운동

인보관운동(Settlemtn Moverment)이란 빈곤문제가 심각한 지역에 인보관을 설립해 그 지역문제를 해결하기 위해 운동이다. 인보관운동은 주로 지식층과 엘리트 계층인 대학생을 중심으로 지역주민들과 함께 거주하며 지역사회문제를 해결하려고 하였다.

1884년 세계 최초로 영국 토인비 홀(Toynbee Hall)이 세워진 후 미국의 애덤스(Jane Adams, 1887)가 3년간 영국의 토인비 홀을 세 차례 방문하였고, 1889년 미국 시카고에 헐 하우스(Hull House)가 세워졌다. 인보관운동은 자선조직협회(COS)의 우애 방문원과는 대조적으로 빈곤지역에 거주하면서 주민들이 어떻게 도덕적인 생활을 영위하고 그들의 환경을 개선할 수 있을 것인가를 가르쳤다(정헌영, 2020).

지식인들이 빈곤실태를 조사하고 지역의 생활 상태 개선과 원조를 행하는 것이 인보관운동의 목표였다. 이 운동에 참여한 지식인들은 사회조사를 통해 빈곤에 대한 체계적인 자료를 작성하고 이를 국가정책에 반영하고자 하였다(조흥식 외, 2020).

정리해 보면, 인보관운동은 오늘날 지역사회복지관과 같이 지역사회에 인보관을 세우고 사회개혁운동을 했다는 점에서 큰 의미가 있다. 또한, 당시의 지식층이라 할 수 있는 대학생을 중심으로 빈민지역에 거주하면서 지역사회환경까지 개혁하려는 이 운동을 볼 때 얼마나 사회개혁의 각오가 뚜렷했는지를 알 수 있다. 인보관운동은 오늘날 전문사회사업의 주요 방법인 집단사회사업, 지역사회복지사업, 사회행동 등의 발전에 크게 이바지했다고 평가할 수 있다.

인보관운동과 자선조직협회의 원인, 이념, 주체, 성격 등을 비교하여 제시하면 〈표 3-1〉과 같다.

〈표 3-1〉 인보관운동과 자선조직협회의 비교

구분	인보관운동	자선조직협회
사회문제의 원인	사회환경적 요소	개인적 속성
이념	자유주의, 급진주의	사회진화론
주체	중류층과 대학생	상류층
성격	사회질서유지 강조	사회개혁 강조, 참여민주주의 교육 강조
접근방법	빈민과 함께 거주, 동정과 사회비판	빈민개조, 역기능 수정
활동의 내용	각종 서비스와 사회개혁활동	우애 방문원의 가정방문
의의	민간 사회복지관의 출발, 지역사회복지 발달	사회복지 실천방법의 출발, 개별사회복지 발달

출처 : 김종상 외(2020). 사회복지정책론.

3 복지국가 시기

복지국가의 시기를 나누는 방법에 있어 많은 학자들의 각기 다른 견해가 있다. 어떤 학자는 복지국가의 태동, 성장, 성숙, 변환, 압박 이렇게 5단계로 나누어져 있고, 어떤 학계는 복지국가의 정착, 성장, 위기, 후퇴 등으로 정의하고 있다. 본 교재에서는 복지국가 시기를 세 가지 방향으로 나누어 제시하겠다. 사회민주주의 성향을 띠는 시기를 제1의 길, 신자유주의 성향을 띠는 시기를 제2의 길, 제1의 길과 제2의 길의 성향이 절충되는 중도노선이 강조된 시기를 제3의 길로 구분지어 보겠다.

1. 제1의 길(사회민주주의) : 일명, 막 퍼주기 시대

제1의 길을 연대적으로 제시해 보면, 1945년부터 1970년대 후반까지로 보는 것이 일반적이다. 이 시기 전 세계는 제2차 세계대전과 같은 큰 전쟁이 끝난 후 이기 때문에 사회재건이 활발하였고, 전쟁이 없는 상황에서 건설과 경제가 급격히 발전하는 시기라 할 수 있다. 이와 같이 사회재건과 경제발전은 많은 세금이 걷어지게 되고, 국가재정도 튼튼해 전쟁 후유증으로 인해 돌봄이 필요한 이들에게 양질의 복지정책을 제공할 수 있는 계기가 되었다. 특히, 이 시기는 현대적 복지국가의 정착 및 성장을 할 수 있게 사회복지정책이 풍부하게 등장했던 시기로 일명 막퍼주기 시대로 볼 수 있다.

한편, 제1의 시기 이전은 복지국가 태동의 시기라 할 수 있는데, 1920년부터 시작된 대공황과 뉴딜정책 시기가 있고, 제2차 세계대전 종전 직전에 발표한 베버리지 보고서 시대를 빼놓고 얘기할 수는 없을 것이다.

인류는 제1차와 2차 세계대전을 거치면서 노동자계급과 함께 시민계급의 힘이 강해지므로 이들의 다양한 욕구를 국가는 수용할 수밖에 없었고, 이를 바탕으로 복지국가가 출현하였다. 복지국가의 태동 단계에선 산업화와 민주화의 결과로 개인 자유의 원칙, 평등, 자조 등과 같은 사회정책에 관한 자유주의적 사상이 등장하게 되었다(유현종, 2020).

복지는 자비가 아니라 시민의 권리로 인정되면서 사회문제의 해결보다는 욕구의 충족을 중시하여 사회복지 대상이 전 국민으로 확대되었다. 이로 인해 소득보장에서 한 걸음 더 나아가 보건의료, 주택, 교육에 이르기까지 다양한 복지정책이 만들어졌다(노기남 외, 2021).

1) 대공황과 뉴딜정책

1920년대 말과 1930년대에 미국을 중심으로 한 경제 대공황은 전 세계에 걸쳐 광범위한 생산력 저하를 가져왔고, 동시에 수많은 실업자를 양산했다. 이런 시대의 변화에 힘입어 각국의 진보적인 정당들은 자본과 노동 사이에 '뉴딜', '사회계약' 등으로 불린 사회협약을 체결하여 적극적으로 시장에 개입하면서 사회복지를 확대하는 정책을 펼쳤다. 그 이론적 뿌리는 케인즈(Keynes)의 경제이론[4]이다. 이는 가난한 사람들의 직업 창출과 복지급여로 대량실업에 의한 정치적 위기를 극복할 수 있다는 것이다(노기남 외, 2021).

뉴딜정책은 국가가 시장에 대한 사회의 통제를 회복 가능하다는 것으로 국가가 개입해 자기조정적 시장을 사회에 착근된 시장으로 전환시키는 것이 뉴딜의 핵심 목표였다고 할 수 있다. 뉴딜정책은 위기에 빠진 시민들에게 안정적 생활을 보장하기 위한 사회보장제도의 확대와 일자리 창출의 계획을 담고 있다(윤홍식, 2015).

4) 케인즈의 경제이론이란? 정부가 돈을 풀어 소비자의 수요를 창출해 경제를 성장시킨다는 이론으로 본 교재 제5장 "사회복지정책의 발달이론"에서 자세한 소개가 있다.

2) 베버리지 보고서와 사회보장제도

(1) 베버리지 보고서

베버리지 보고서(Beveridge Report, 1942)는 영국 국민들이 독일의 침공으로 바람 앞의 촛불처럼 위기에 처한 시점에서 만들어졌고, 제2차 세계대전 직후 집권한 노동당은 이 보고서에 입각하여 복지국가를 만들어 나갔다. 베버리지(William Henry Beveridge)는 영국의 '사회보험과 관련 서비스에 관한 위원회'의 위원장으로서 보고서를 작성한 인물이다(정헌영, 2020).

베버리지 보고서는 '요람에서 무덤까지'라는 영국의 근대적 사회보장제도를 확립시켰다는 점에서 의의가 있다. 또한, 베버리지 보고서는 복지의 책임을 국가로 이양하면서 다양한 복지정책 제정과 시행뿐만 아니라 다른 국가에도 영향을 미쳐 근대적 복지국가의 청사진을 마련했다고 볼 수 있다.

(2) 내용

베버리지는 다음과 같은 세 가지 원칙에서 출발했다(윤나라·임소연, 2021). 첫째, 과거의 경험을 바탕으로 하되 분파적 이해는 무시한다. 둘째, 국가재건을 위해서는 5대 악, 즉 결핍, 질병, 무지, 불결, 나태를 극복해야 한다. 셋째, 사회보장은 국가와 개인의 협력을 통해 달성되고, 국가는 단지 국민의 최저생계만을 보장하고 그 이상은 개인과 가족의 노력에 달려 있다. 구체적으로 6대 원칙, 3대 전제조건 등을 통해 그 내용을 조명할 수 있다.

이러한 베버리지 보고서는 사회보험 중심의 제도를 수립하기 위한 전제조건으로 아동수당, 건강과 재활을 위한 포괄적인 서비스, 완전고용의 유지를 제시하였다. 베버리지 보고서의 사회보장체계를 〈표 3-2〉로 제시하였다.

〈표 3-2〉 베버리지 보고서의 사회보장체계

주요 제도(강제적 사회보장) 6대 원칙	보조 제도
포괄성의 원칙	국가부조 : 사회보험에 포함시킬 수 없는 빈곤자 임의보험 : 강제적 사회보험 대상자 중에서 고소득자를 위한 소득 비례 보험
급여 적절성의 원칙	
정액 기여의 원칙	
정액 급여의 원칙	
행정 통일의 원칙	
대상자 분류의 원칙	
사회보장의 3대 전제조건 : 가족 수당, 포괄적인 보건서비스, 완전고용	

출처 : 양승일(2019). 사회복지정책론.

(3) 사회보장제도

베버리지 보고서의 사회보장은 모든 국민의 사회적 위험을 대비할 수 있는 소득보장이 강조되었다. 이는 실업, 질병, 은퇴, 사망 등 예기치 않은 사회적 위험에 소요되는 지출을 위한 소득보장을 의미한다.

이러한 베버리지 보고서에서 제시되었던 사회보장 내용이 영국에서 제도화되면서 그동안의 긴 역사를 지닌 구빈법 시대는 마감하였고, 이른바 '요람에서 무덤까지'의 사회보장제도가 등장하는 사회복지정책 역사의 제1의 시대가 등장하게 되었다.

2. 제2의 길(신자유주의) : 일명, 아끼기 시대

제1의 길 시기는 복지국가가 가장 발전한 '복지국가 황금기'로 이전 시기에 제도적·재정적·수혜자 측면에서 확고하게 정착된 복지국가가 제2차 세계대전이 종결된 이후 약 30년간 지속된 경제적 활성화에 힘입어 복지국가의 발전이 최고조에 달했다(노기남 외, 2021).

그러나 1970년대 중동전쟁에 따른 석유 파동의 계기로 경험한 두 번에 걸친 오일쇼크[5]는 서유럽 국가를 비롯한 세계의 경제발전을 주춤하게 만들었다.

이와 같은 석유파동사태는 저성장과 물가상승의 스태그플레이션으로 일자리 감소와 빈곤을 증가시켰고, 석유파동이 국제통화시장의 혼돈을 가져오면서 영국의 생산력이 다른 국가들보다 더 뒤지는 결과로 나타났다. 이를 근거로 공공사회복지 지출을 줄여야 하고 복지에 대한 정부의 역할을 다시 정립해야 한다는 문제제기가 시작되였고, 1979년 보수당의 대처[6] 수상이 집권하면서 복지국가 시대 확산은 멈추게 되었다(심선경 외, 2018).

1) 신자유주의

1973년과 1979년 두 차례의 석유파동으로 인해 야기된 스태그플레이션은 제2차 세계대전 후 복지국가의 이념적 이론의 기반이 되었던 케인즈이론이 무력화되어 물가가 오르고 대량실업이 발생하였다. 신자유주의자들은 스태그플레이션의 극복을 위해 케인즈주의적 국가 개입의 사회복지정책을 포기하고 경제의 자율성을 회복시키는 정책을 펴야 한다고 하였다. 이런 신자유주의 정책에 대해 중간계급은 물론 복지국가의 가장 큰 수혜자인 노동자들마저 지지를 표명함으로써 복지국가는 체계적으로 침식당하기 시작하여 1970년대 후반부터는 복지국가 위기론이 등장하였고, 복지국가는 그 정당성을 상실하기 시작하였다(박병현, 2019).

5) 오일쇼크란? 1970년대 아랍석유수출국기구와 석유수출국기구가 원유의 가격을 인상하고 생산을 제한하게 되면서 나타난 세계 각국의 경제적인 혼란 시기를 의미한다. 이로 인해 당시의 석유의 원유가격은 배럴당 3달러에서 34달러로 치솟은 사례가 있다.

6) 대처(Margaret Hilda Thatcher, 1925~2013)는 1979년 영국 총선에서 노동당을 누르고 총리로 당선된 이후 1987년 총선에 당선되어 3선 총리로 20세기 영국 총리 중 가장 긴 11년 7개월의 최장수 총리를 지냈다. 대처는 영국 총리 재임기간 철의 여인이라 불릴 정도로 신자유주의 정책을 이끈 인물이다.

요약하자면, 제1의 길 시기는 복지정책의 지나친 확대로 국가의 재정이 악화되었고, 이로 인해 제2의 길 시기는 국가의 개입을 최소화하면서 새로운 자본주의에 입각하였다. 즉, 신자유주의는 개인의 책임과 발전을 위한 노력을 강조하고 보편주의 원칙에서 선별주의 원칙으로 전환하는 민영화와 새로운 자유주의로 나가자는 노선이 강조되기 시작하였다.

(1) 대처와 레이건의 당선

1970년대 세계적으로 경제가 좋지 않게 된 상황에서 1979년 영국에서는 대처(Thatcher)가 이끄는 보수당이 승리했고, 1980년 미국에선 공화당의 레이건(Reagan)이 대통령으로 당선되었다. 그 결과 전 세계에서 신자유주의가 주요한 이념으로 자리 잡았다. 신자유주의는 국가 권력의 시장개입을 비판하고, 시장의 기능과 민간의 자유로운 활동을 중시하는 사상으로써 영국의 대처리즘(Thatcherism)과 미국의 레이거노믹스(Reaganomics)로 확대되기 시작하였다(윤도현, 2020).

대처리즘과 레이거노믹스의 주요 내용을 요약하면 다음과 같다(양승일, 2019).

첫째, 대처리즘은 1979년 총선거에서 보수당이 승리하여 대처 수상으로 집권함에 따라 노동당정부가 고수해 왔던 각종 국유화와 복지정책 등을 포기하고, 민간의 자율적인 경제활동을 중시하는 높은 수준의 경제개혁을 의미한다. 대처리즘의 핵심은 시장은 좋고 정부는 나쁘다는 관점으로 시장의 보이지 않는 손이 모든 수요와 공급을 조절하므로 국가가 과도하게 개입할 필요가 없다는 것이다. 대처리즘은 반사회민주주의, 반노조주의, 반복지국가주의를 주요 내용으로 하는 것으로 실제 대처는 공영주택의 매각, 보충급여의 축소, 자원봉사 등을 통해 복지정책을 축소했다.

둘째, 레이거노믹스는 1980년 미국 대통령으로 취임한 레이건이 인플레이션,

생산성 정체, 국가 경쟁력 상실이라는 미국경제의 상황을 해소할 방법으로 집권 기간 동안 추진한 규제완화, 감세, 노동의 유연화로 대표되는 신자유주의 정책을 의미한다. 이는 영국과 마찬가지로 재정 위기를 타개하기 위해서 사회복지부문을 중심으로 한 정부 예산을 대폭 삭감한 것으로 레이거노믹스는 신자유주의 이념을 강조한 정책이라 할 수 있다.

(2) 미국의 공공부조 개혁

1996년 미국은 일명 복지개혁법이라 불리는 개인책임 및 근로기회조정법(PRWORA : Personal Responsibility and Work Opportunity Reconcilation Act:)을 제정했다(김세원, 2022).

근로기회조정법은 저소득층을 지원하기 위한 몇 가지 가족복지체계에 커다란 변화를 불러왔는데 그 내용을 요약하면 다음과 같다(심상용 외, 2021; 윤도현, 2020).

첫째, 아동이 자신의 집이나 친지의 집에서 보호받을 수 있도록 가족을 보호하고 더불어 탁아서비스와 의료서비스 보장을 위한 투자를 증가시킨다.

둘째, 직업을 가져서 일을 하고 결혼을 하도록 촉진함으로써 부모가 정부의 급여에 의존하는 것을 종식시키는 것으로 일정기간만 한정해서 급여를 제공하는 대신에 수혜자에게 반드시 근로할 것을 요구한다.

셋째, 혼외출산을 예방하거나 빈도를 줄인다.

넷째, 아버지와 어머니가 함께 사는 가정을 장려한다.

다섯째, 주정부가 복지개혁을 위해 반드시 지속적인 노력을 기울여야 하며, 복지수혜자들이 직장을 구하는 데 도움을 제공한 주정부에 대해서는 인센티브를 주고 복지로부터 근로로 전환한 가족에 대해서도 지원을 강화한다는 내용을 담고 있다.

이와 같이 미국의 공공부조 개혁은 기존의 복지와 다르게 개인의 자립을 돕고 복지 수급기간을 제한하면서 근로연계복지로 방향을 바꾸는 레이건노믹스의 대표적 정책 가운데 하나이다.

제2의 길을 정리해 보면, 1970년 후반부터 세계적 경제 불황 상황에서 대처 수상과 레이건 대통령의 집권으로 대처리즘과 레이거노믹스가 탄생하였고, 신자유주의 시대로 이어지면서 기존의 풍부한 사회복지정책이 축소되어 일명 아끼기 시대라 할 수 있는 사회복지정책 역사의 제2의 길로 들어서게 되었다.

3. 제3의 길(중도노선주의) : 일명, 일자리복지 시대

사회복지정책의 역사는 고복지−고부담−저효율로 요약되는 사회민주적 복지국가 노선(제1의 길)과 고효율−저부담−불평등으로 정리되는 신자유주의적 시장경제 노선(제2의 길)과 다른 새로운 정책노선으로 시민들의 사회경제생활을 보장하는 동시에 시장의 활력을 높이자는 신노동당 프로젝트라 할 수 있는 차별화된 사회복지정책이 요구되는 시기이다(박경일, 2020).

1) 기든스(Giddens)의 제3의 길(The Third Way)

앤서니 기든스(Anthony Giddens, 1998)의 『제3의 길』 저서에 따르면, 제3의 길은 사회민주주의를 지향하는 제1의 길과 신자유주의를 지향하는 제2의 길을 모두 부정하지 않고, 장점만 뽑아 제3의 길을 설명하였다. 기든스의 주장은 과거 전통적인 복지국가의 성향이 소극적 복지에 초점을 맞추고 있어 실패하였다고 보고 그 대안으로 적극적 복지를 제시하고 있다. 개인과 정부 외의 다른 기관들이 적극적 복지에 공헌해야 하며, 적극적 복지는 부의 창조에 순기능을 한다는 것이었다. 제3의 길에서 내세우는 복지전략을 세 가지로 정리한 내용을 제시하면 다음과 같다(원석조, 2021).

(1) 사회투자 국가건설(인적 자원)

이것은 경제적 혜택을 국민들에게 직접 제공하기보다는 인적 자원에 투자하는 복지국가, 즉 사회투자국가로 개편하자는 것이다. 경제적 혜택이나 이득은 사실상 복지를 창출하기 위해서는 그것만으로 충분하지 않고 복지는 본질적으로 경제적인 개념이 아닌 잘 사는 것과 관련되므로 심리적인 개념에 속한다는 것이다. 그리고 복지제도는 경제적 혜택뿐만 아니라 심리적인 혜택의 조장과도 관련되어야 한다고 주장했다. 복지의 지출은 신자유주의의 선두주자인 미국 수준보다는 복지국가에 가까운 유럽 수준으로 지속되면서 인적 자원에 대한 투자로 전환되는 것을 의미한다. 그리고 가능하면 법적인 강제와 같은 유인책을 통해 좀 더 능동적으로 위험을 수용하는 태도를 촉진시켜야 한다고 주장하였다.

(2) 복지다원주의

복지의 주체를 다원화하자는 것이 복지다원주의이다. 기존의 중앙정부 중심의 복지공급을 지양하고, 비영리부문(제3부문), 기업, 지방정부 등도 그 주체로 인식하자는 요지이다.

(3) 위험성을 공동부담하는 의식전환

효과적인 위험성 관리(개인적 또는 집단적)는 위험성을 최소화하거나 그것에 대하여 보호하는 것만을 의미하지는 않는다. 그것은 또한 위험의 긍정적 혹은 활력적인 측면을 이용하고, 위험의 감수에 대하여 자원을 제공하는 것을 의미한다. 적극적인 위험 수용은 기업가적 활동에 고유한 것으로 인식된다. 예를 들면, 벤처기업가의 정신이다. 이러한 똑같은 상황이 노동인구에게도 적용된다.

2) 블레어(Blair) 정부의 제3의 길(The Third Way)

영국의 토니 블레어(Tony Blair) 수상 정부가 제3의 길을 앞세워 복지개혁을 추진한 배경에는 다음과 같은 이유가 있다(심상용 외, 2021).

첫째, 복지비용의 비약적인 증가에도 복지 프로그램이 제대로 역할을 하지 못했다는 것이다. 영국에서 사회보장지출이 공공지출에서 차지하는 비중은 1975년 20%선에서 1986년 이후 일시적으로 감소하기도 했지만 1996년 30%선까지 증가하였다. 그럼에도 빈곤과 불평등은 여전히 해결되지 못하고 남아 있었다.

둘째, 갈수록 빈곤층의 복지 의존성이 높아지고 사회적 배제현상도 심화되고 있다는 점이다. 무엇보다 빈곤 속에서 이들은 자활의지와 노동능력을 상실하고 사회로부터 분리되어 빈곤과 좌절감을 다시 자녀에게 대물림하고 있었다.

영국의 토니 블레어의 '제3의 길'에서 복지개혁의 핵심은 '일을 위한 복지(welfare to work)'에 있다.

즉, '일할 능력이 있는 사람에게는 일자리를, 일할 능력이 없는 사람에게는 사회보장을 제공한다'는 의미이다. 이에 그동안 전통적인 복지국가가 소극적 복지를 지향함으로써 실패했다고 보고 대안으로 적극적 복지를 제시하고 제3의 길을 기조로 하여 사회보장제도를 근로의욕 저하와 복지의존을 억제하기 위한 공공부조체계로 재편하는 개혁정책을 실시하였다.

제3의 길을 정리해 보면, 풍부한 복지정책도 아니고, 신자유주의와 같은 자본주의 회기도 아니며, 새로운 제3의 방법의 사회복지정책을 추구하는 것이다. 제3의 길과 관련된 사회복지정책은 1990년대 후반부터 새롭게 나타나기 시작하였다. 우리나라의 경우 '생산적 복지'라는 정책방향이 세워져 노동과 자활을 강조한 일자리정책으로 자활후견기관과 노인시니어클럽이 그 역할을 담당하고 있다. 또한, 청년과 중년을 대상으로 한 새로운 제3의 복지 대상자도 나타나고 있고, 산업복지와 국민 안전을 강조하는 제3의 사회복지정책이 점점 확대되고 있는 추세이다.

연습문제

1\. 신빈민법에 관한 설명으로 옳지 않은 것은?

① 1832년 왕립위원회의 조사를 토대로 1834년에 제정되었다.
② 국가의 도움을 받는 사람의 처우는 스스로 벌어서 생활하는 최하위 노동자의 생활수준보다 높지 않아야 한다는 원칙을 내용으로 하고 있다.
③ 원외 구호를 인정하였다.
④ 구빈행정체계를 통일시키고자 하였다.
⑤ 빈민을 가치 있는 빈민과 가치 없는 빈민으로 분류하였다.

2\. 사회복지정책의 역사에 관한 순서로 옳은 것은?

ㄱ. 엘리자베스 구빈법	ㄴ. 베버리지 보고서
ㄷ. 미국 사회보장법	ㄹ. 비스마르크 사회보험

① ㄱ-ㄴ-ㄷ-ㄹ ② ㄱ-ㄹ-ㄷ-ㄴ ③ ㄴ-ㄹ-ㄱ-ㄷ
④ ㄴ-ㄱ-ㄹ-ㄷ ⑤ ㄷ-ㄴ-ㄱ-ㄹ

3\. 영국의 복지국가 발달에 관한 설명으로 옳지 않은 것은?

① 1930년대 경제공황으로 경제문제에 대한 국가 개입의 필요성이 증대되었다.
② 베버리지는 강제적인 사회보험을 국민최저선 달성을 위해 가장 중요한 제도로 보았다.
③ 1950년대와 1960년대는 복지국가의 황금기에 해당된다.
④ 대처 정부는 사회복지정책의 축소를 추진했다.
⑤ 제3의 길은 인적 자원에 대한 투자보다 소득보장을 강조했다.

4\. 신구빈법이 제시한 원칙에 속하는 것만 묶은 것은?

가. 열등처우의 원칙	나. 현대 공공부조의 모델
다. 작업장의 원칙	라. 전국적 통일의 원칙

① 가-나-다 ② 가-나-라 ③ 가-나
④ 가-다-라 ⑤ 가-나-다-라

5. 인보관운동의 설명과 거리가 <u>먼 것은</u>?

① 지역사회복지로 발전
② 대학생, 교수 등 지식층 활동
③ 우애 방문자의 가가호호 방문
④ 빈곤의 책임은 사회가 책임
⑤ 빈곤층과 같이 생활하면서 빈곤문제 해결

〈정답 및 해설〉

1. 정답 : ③
해설 : 일할 능력이 없는 빈곤층과 어린 자녀가 있는 과부를 제외하고는 원외 구호를 더 이상 제공하지 않는다.

2. 정답 : ②
해설 : 엘리자베스 구빈법(1601) → 비스마르크 사회보험(1883) → 미국 사회보장법(1932) → 베버리지 보고서(1942) 순서로 구성된다.

3. 정답 : ⑤
해설 : 블레어 정부가 추진한 제3의 길은 '사회투자국가'를 실천전략으로 제시하면서 복지의 투자적 성격과 생산적 성격을 강조하였다. 전통적인 소득보장을 강조하기보단 인적 자본 및 사회적 자본에 투자를 핵심전략으로 강조하였다.

4. 정답 : ④
해설 : 신구빈법이 제시한 3대 원칙은 열등처우의 원칙, 작업장의 원칙, 전국 통일의 원칙이 있다.

5. 정답 : ③
해설 : 인보관운동은 당시의 지식층과 대학생을 중심으로 빈민지역에 거주하면서 지역사회의 환경까지 개혁하려 하였고, 오늘날 지역사회복지관과 같이 지역사회복지 발전을 위해 인보관을 세워 사회개혁운동을 했다는 점에서 큰 의미가 있다. 또한, 집단사회사업, 지역사회복지사업, 사회행동 등의 발전에 영향을 미쳤다고 평가된다.

해결문제

사회복지 역사 중 제3의 길은 생산적 복지와 일자리정책으로 사회복지 대상자의 자활과 자립을 목적으로 1990년대 후반부터 2023년 현재까지 이르고 있다. 한편, 한 지자체의 경우 「청년 일 경험 드림」이라는 정책을 시행하고 있다. 이 정책은 지자체가 미취업 청년에게 6개월간 임금을 지원해 주는 정책이다. 이 정책에 참여한 청년은 일정기간 임금을 받으며, 관련 일을 경험할 수 있는 장점이 있다. 하지만, 이 정책 참여자의 평균 취업률은 20% 정도 밖에 되지 않는다. 이에 대해 막대한 재원이 소요되는 것과는 그 효과가 적다는 지적이 있을 수 있다. 「청년 일 경험 드림」 정책 참여 청년의 취업률을 높일 수 있는 방법을 제시해 보자.

토론문제

신구빈법의 3대 원칙은 열등처우 원칙, 작업장 활용 원칙, 전국통일 원칙이 있다. 우리나라의 최저임금도 전국통일의 원칙을 적용해 우리나라 어느 지역이나 동일한 최저임금을 적용하고 있다. 하지만, 서울의 임대료와 지역의 임대료가 다르고, 지역마다 경제적 수준과 사회적 상황도 다른데 동일한 최저임금을 적용하는 것은 문제가 많다는 지적이 있다. 외국의 경우에도 지역마다 다른 최저임금을 적용하고 있는 경우가 있다. 우리나라의 최저임금은 현재처럼 전국통일을 하는 것이라면 찬성을 지역마다 다르게 적용하는 것이라면 반대로 나누어 찬반 토론을 해 보자.

Social Welfare Policy

PART 02

사회복지정책의 이론

Social Welfare Policy

CHAPTER 04

사회복지정책의 기능, 모형, 가치

1 사회복지정책의 기능

현대사회는 다양한 형태의 사회문제를 초래하고 있으며, 이에 따라 인간의 사회적 욕구 또한 다양하게 분출되고 있다. 따라서 사회복지정책은 이러한 시대적 요청에 부응하여 다양한 기능을 수행하여야 하는 과제를 가지고 있다(박성석 외, 2022).

사회복지정책의 기능을 사회통합, 경제성장과 안정화, 개인의 자립과 성장, 사회복지정책의 재분배라고 보면서 그 기능에 대한 내용을 구체적으로 살펴보면 다음과 같다.

1. 사회통합

사회통합이란? 사회구성원 간에 서로 결속력을 갖도록 해 주는 것을 말한다(염일열·이승현, 2020). 사회복지정책은 적게 가진 사람, 사회적 약자 등을 그렇지 않은 사람들이 제도적으로 원조하거나 소득을 일방적으로 이전함으로써 사회통합에 이르게 한다(오세영, 2021).

즉, 사회복지정책의 궁극적 기능은 사회통합이라 할 수 있다. 사회복지정책은 사회적 약자들의 어려움을 해결하여 사회생활을 유지하게 하고 사회혼란을 방지해 사회 안정에 기여하게 되므로 사회통합의 기능이 크다.

2. 경제성장과 안정화

사회복지정책은 인적 자본의 질적 수준을 향상시켜 생산에서의 경쟁력을 확보함으로써 경제성장에 기여한다. 단기적으로 사회복지는 경제에 마이너스 효과를 가져올 수 있지만, 장기적으로는 경제에 플러스 효과를 가져오는 것은 분명하다(조추용 외, 2020).

거시적인 측면에서 사회복지정책은 경기 안정 기능을 수행한다. 즉, 경기가 상승하면 경기가 과열되지 않도록 막아 주고, 경기가 하락하면 지나치게 하락하지 않도록 막아 주는 역할을 한다. 또한, 사회복지정책은 자본축적의 기능을 수행한다(정연모 외, 2022).

즉, 사회복지정책은 경제성장에 기여함은 물론이고, 사회복지정책으로 인해 사회 안정과 경제적 안정화도 기대할 수 있음을 의미한다.

3. 개인적 자립과 성장

사회복지정책은 개인이 스스로 자신의 생활을 결정하고 영위할 수 있는 데까지 이르도록 자립을 지원하는 역할과 모든 사람이 제각기 능력에 따라 성장하고 발달할 수 있는 잠재력을 발휘할 수 있도록 원조하는 기능을 한다(조추용 외, 2020).

즉, 사회복지정책은 인간의 잠재력과 성장 가능성을 인정하고, 자기결정권의 원리를 중시하므로 개인적 자립과 성장의 기능이 있다.

4. 사회복지정책의 재분배

사회복지정책은 경제성장에 따른 이득을 사회적으로 재분배하여 소득불평등을 줄이고 사회적 변화와 통합을 증대하는 기능을 한다(김윤재 외, 2020). 사회복지정책은 경제성장의 결과로서 나타나는 부의 증대를 배분한다고 볼 수 있다.

일반적으로 분배의 기준으로는 다음과 같은 기준이 주로 활용된다. 시간을 기준으로 장기적 재분배와 단기적 재분배로 구분되고, 사회계층 구조의 흐름에 따라 수직적 재분배와 수평적 재분배로 구분되며, 세대를 기준으로 세대 내 재분배와 세대 간 재분배로 나눌 수 있다.

1) 시간 기준 재분배

(1) 장기적 재분배

장기적 재분배는 생애에 걸쳐 이루어지는 재분배이다. 예를 들면, 적립방식의 연금인데, 이는 소득이 있는 시절에 적립해 놓았다가 퇴직 이후 연금을 받는 방식을 말하며 개인의 청년기에서 노년기로 소득을 재분배하게 된다(오세영, 2021).

(2) 단기적 재분배

단기적 재분배는 현재의 사회적 욕구를 충족시키기 위해 현재의 자원을 사용하여 소득재분배를 기하는 것을 말한다. 대표적인 예로는 세금에서 급여 예산을 편성하여 급여하는 공공부조가 있다(홍봉수, 2020).

2) 사회계층 구조 재분배

(1) 수직적 재분배

수직적 재분배는 다른 소득계층 간의 소득이전이라고 볼 수 있다. 예를 들면 누진적 소득세, 건강보험 등이 있다(양승일, 2019).

(2) 수평적 재분배

수평적 재분배는 유사한 소득계층 내의 소득이전을 말한다. 예컨대 조세로 재정이 충당되며 부양자녀가 있는 가족에게만 제공되는 가족수당이 대표적이다(오세영, 2021).

3) 세대 기준 재분배

(1) 세대 내 재분배

세대 내 재분배는 동일한 세대 내에서의 소득이전을 말한다. 예를 들면 적립방식의 국민연금이 여기에 해당된다(김승훈 외, 2022).

(2) 세대 간 재분배

세대 간 재분배는 앞 세대와 후손 세대 간의 재분배를 말한다. 근로세대에서 은퇴세대로의 소득이전이라 할 수 있다. 매년 전체 가입자가 낸 보험료로 당해 연도 연금 지불액을 충당하는 방식인 부과방식연금이 가장 대표적인 예이다(문수열 외, 2020).

소득재분배를 시간, 사회계층, 세대로 구분한 내용을 정리하여 〈표 4-1〉로 제시하였다.

〈표 4-1〉 소득재분배

구분	유형	내용
시간	장기적 재분배	생애에 걸쳐 이루어지는 재분배로 적립방식의 연금 ex) 국민연금
	단기적 재분배	사회적 욕구의 충족을 위해 현재의 자원을 사용하는 것 ex) 건강보험, 산재보험, 공공부조
사회계층	수직적 재분배	고소득자에서 저소득자로의 소득이전 ex) 공공부조, 누진소득세
	수평적 재분배	동일 소득계층 내의 재분배 ex) 국민건강보험, 고용보험
세대	세대 내 재분배	근로시절 소득 적립 후 노년기에 되찾는 적립방식의 연금 ex) 국민연금 중 적립방식
	세대 간 재분배	현 근로세대에서 다음 세대로 소득이전 ex) 공적연금

출처 : 염일열·이승현(2020). 사회복지정책론. 재구성.

2 사회복지정책의 모형

사회복지정책은 나라마다 다르고, 한 나라의 사회복지정책도 끊임없이 변화한다. 다양하고도 복잡하며 역사적으로 행태를 달리하는 사회복지정책을 파악하기 위해 사회복지정책학자들이 사용하는 도구와 현상을 그 핵심적 형태로 압축한 것을 사회복지정책 모형으로 제시할 수 있다(원석조, 2021).

사회복지정책 모형은 학자들의 관점에 따라 다양하지만 대표적으로 윌렌스키(Wilensky)와 르보(Lebaux)의 2분법과 티트머스(Titmuss)의 3분법 모형에 대해 살펴보면 다음과 같다.

1. 윌렌스키와 르보의 2분법 모형

사회복지정책의 모형 가운데 가장 기본적인 모형이라고 할 수 있는 윌렌스키와 르보(Wilensky & Lebaux, 1965)의 2분법 모형은 제도적 모형과 잔여적 모형[1]으로 나뉜다.

첫째, 제도적 모형은 사회복지정책을 일정한 자격요건을 갖춘 사회구성원 모두가 누리는 복지로써 가족이나 시장경제 등과 같이 사회의 기본적인 기능을 수행하는 하나의 제도로 본다. 사회복지정책은 복잡한 현대 산업사회에서 각 개인의 욕구를 충족시키고 사회를 유지·발전시켜 나가는 최전선의 기능을 수행해야 한다고 본다. 제도적 모형의 대표적인 사회복지정책이 사회보험이다(박경일, 2020).

둘째, 잔여적 모형은 사회복지정책을 가족이나 시장경제와 같은 정상적인 공급구조가 제 기능을 발휘하지 못해 개인의 욕구가 충족되지 않을 때 보충적으로 개입하여 응급조치 기능을 수행하는 것으로 본다. 공공부조정책이 대표적이며, 정

1) 사실 제도적 모형과 잔여적 모형은 사회복지정책의 대상을 구분할 때 적용되는 보편주의, 선별주의 개념과 매우 유사하다.

상적인 경로를 활용할 수 없을 때 작용하는 기능으로 소극적 자유, 빈곤의 개인 책임으로 보는 견해다(조추용 외, 2020).

윌렌스키와 르보의 2분법 모형을 비교하여 〈표 4-2〉에 제시하였다.

〈표 4-2〉 윌렌스키와 르보의 복지제도 모형 비교

구분	제도적 모형	잔여적 모형
사회복지 목표	사회복지제도는 항시적으로 소득의 재분배 기능을 수행하여 전체 국민들이 최적의 삶을 영위하도록 함	가족과 시장체계에서 제 기능을 하지 못하는 사람 또는 탈락한 사람들을 일시적, 한정적, 보완적으로 보호하고 지원함
대상	전체 사회구성원	사회적 취약계층
정부 역할	극대화	최소화
실천 주체	국가의 보다 많은 역할을 강조	민간의 자발적인 활동을 장려
복지 책임	사회의 책임	개인의 책임
복지욕구 충족기제	국가의 사회복지제도	가족이나 시장 우선
이념	보편주의	선별주의(자산조사 등에 의거)

출처 : 박성석 외(2022). 사회복지정책론. 재구성.

2. 티트머스의 3분법 모형

티트머스(Titmuss, 1974)는 사회복지정책 모형을 사회복지의 기능과 역할이 어떠하냐에 따라 제도적 복지 모형, 산업성취 복지 모형, 잔여적 재분배 모형과 같이 세 가지 유형으로 제시하였다. 즉, 티트머스의 사회복지정책 모형은 윌렌스키와 르보의 제도적 모형, 잔여적 모형이란 두 유형에 산업성취(산업업적) 모형이라는 새로운 유형을 추가한 것이라고 볼 수 있다.

1) 제도적 복지 모형

제도적 복지 모형은 사회복지를 사회에 있어서 중요한 통합적 제도로 보며, 시장과 가족 밖에서의 욕구에 대한 보편적 서비스를 통하여 사회구성원 모두에게 제공하는 복지모형을 의미한다(염일열·이승현, 2020).

즉, 제도적 복지 모형에서는 사회복지와 관련된 급여가 모든 국민에게 제공되어야 함을 강조한다. 또한, 급여는 개인의 능력이 아니라 욕구에 따라 이루어져야 한다고 보고, 평등과 재분배정책을 강조하고 있다.

2) 산업성취(산업업적) 복지 모형

이 모형은 사회복지정책을 경제의 부속물로써 기능하는 것으로 파악하고 있다. 따라서 사회적 욕구가 업적, 일의 수행 및 생산성에 따라 충족되어야 한다는 것을 담고 있다(류연규, 2022). 또한, 사회복지정책을 경제성장의 수단으로 활용하고자 하므로 시녀적 모형[2)]이라고도 불린다(사회복지교육연구센터, 2022).

즉, 산업성취 복지 모형은 산업과 경제가 성장하면 복지정책도 성장한다는 입장이다. 또한, 개인의 업적이나 성취, 생산성에 기초하고 있는 정책 모형으로 그 특징은 기회의 평등, 개인의 자유를 강조하는 동시에 산업발전의 결과적 분배체계로 시장을 중시하는 모형임을 강조한다.

3) 잔여적 재분배 모형

잔여적 재분배 모형은 개인적 욕구의 해결기제인 가족과 시장이 제대로 기능하지 못할 때 정책적으로 사회복지가 일시적·잠정적으로 개입하게 되는 경우이며, 빈민이나 요보호자에게 최소한의 생활 보장을 해 주는 모형이다(염일열·이승현, 2020).

즉, 잔여적 복지 모형은 매우 열악한 상황에서 개인의 부족한 부분을 잔여적으로 지원함을 전제한다. 개인주의에 기초를 두어 개인의 자유선택을 강조함과 동시에 국가의 경제성장을 강조하는 모형이다.

---

2) 시녀적 모형은 공주가 가면 시녀가 따른다는 전제로 경제가 발전하면 복지도 발전한다는 논리를 의미한다.

3 사회복지정책의 가치

가치란 사람이 옳고 그른 것이나 좋고 나쁜 것에 대해 자기 나름대로 인식하는 바에 따라 결정하여야 하는 선택을 의미한다. 가치는 개개인마다 중요도가 달라 주관적일 가능성이 크고, 사회·경제적 여건에 따라서도 그 가치기준이 변화할 가능성이 있다.

이러한 가치들은 사회복지정책을 수립하기 위해 매우 중요한 근본을 제시할 수 있다. 사회복지정책 수립에 필요한 가장 일반적이면서 필수적인 가치인 평등, 공평, 자유, 적절성, 효율성에 대해 살펴보겠다.

1. 평등

평등은 차별이 없는 상태로 사회적 자원의 재분배를 통하여 사회구성원의 삶의 질을 골고루 향상시키고자 하는 분배정의를 실현하기 위한 중심 가치이다(염일열·이승현, 2020). 일반적으로 평등의 개념은 크게 수량적 평등, 비례적 평등, 기회의 평등의 세 가지 유형으로 제시할 수 있다.

1) 수량적 평등(numerical equality)

수량적 평등은 결과의 평등이라고도 한다. 모든 사람을 똑같이 취급하여 사람들의 욕구나 능력에 상관없이 사회적 자원을 동등하게 분배하는 것을 의미한다(오세영, 2021).

즉, 수량적 평등은 세 가지 형태의 평등 중에서 가장 적극적인 형태의 평등으로 사람이 가진 욕구와 능력에 상관없이 모든 사람에게 사회적 자원을 똑같이 나누는 것을 의미하여 주로 사회주의나 공산주의에서 적용한다. 사회복지정책에서 수량적 평등이 적용된 사례로는 소득재분배정책, 무상급식, 의무교육제도 등이 있다.

2) 비례적 평등(proportional equality)

비례적 평등은 개인의 욕구, 노력, 능력, 기여에 따라 사회적 자원을 상이하게 배분하게 하는 것을 의미하는데, 공평(equity)[3]이라고도 한다(김기원, 2020).

즉, 비례적 평등은 기여에 의한 보상을 의미하는 것으로 이러한 점에서 공평의 가치는 사람들이 사회에 기여한 바에 대한 보상과 관련이 있다. 예를 들면, 국민연금제도의 노령연금으로 사회보험에서 보험료를 더 많이 낸 사람에게 그 만큼 더 많은 연금으로 급여를 주는 것이 있다.

3) 기회의 평등(equal opportunity)

기회의 평등은 결과의 평등 측면을 무시한 채 결과를 얻을 수 있는 과정상의 기회만을 동일하게 주는 개념이다(문수열 외, 2020).

즉, 기회의 평등은 세 가지 형태의 평등 중에서 가장 소극적인 형태의 평등으로 어떠한 결과에 이르는 기회를 평등하게 부여하였다면, 그 결과에서 차이가 나더라도 평등하다고 보는 것이다. 사회복지정책에서 기회의 평등이 적용된 사례로는 공무원시험에 기회를 동등하게 주는 것이 해당되고, 아동에게 출발의 기회를 동등하게 주기 위한 드림스타트(Dream Start) 사업[4]이 있다.

---

3) 비례적 평등이라고도 할 수 있는 공평에 대해서는 사회복지정책의 가치 중 공평부분에서 자세히 다루도록 하겠다.

4) 드림스타트 사업이란? 취약계층 아동에게 맞춤형 통합서비스를 제공하여 아동의 건강한 성장과 발달을 도모하고, 공평한 출발 기회를 보장함으로써 건강하고 행복한 사회구성원으로 성장할 수 있도록 지원하는 아동을 위한 사회복지정책이다. 이러한 아동을 위한 사회복지정책은 다양한 나라에서 시행되고 있는데 한국에는 드림스타트(Dream Start) 사업 이외에도 위스타트(We Start) 사업이 있고, 캐나다에는 페어스타트(Fair Start) 사업이 있다. 또한 미국에는 헤드스타트(Head Start) 사업이 있고, 영국에는 슈어스타트(Sure Start) 사업이 있다.

2. 공평

공평[5]은 사회적 자원을 개인이 가진 욕구, 노력, 능력, 기여에 따라 차이가 나게 분배하는 것을 말한다(류연규, 2022). 공평은 비례적 평등과 매우 유사하다. 사회복지정책의 가치로써 공평은 수평적 공평과 수직적 공평으로 구분할 수 있다.

1) 수평적 공평

수평적 공평은 모든 사람이 인간의 존엄과 인격 면에서 동등하기 때문에 기계적으로 동일하게 보상되어야 한다는 가치이다(양승일, 2019).

즉, 같은 조건의 클라이언트에 대한 서비스 배분은 동일해야 한다는 것으로 국민건강보험제도에서 의료적 서비스에 대한 혜택은 전 국민이 동일하다.

2) 수직적 공평

수직적 공평은 사람들이 인간의 존엄과 인격 면에서는 동등하지만 인간의 욕구, 능력, 노력, 공헌 등 다른 측면에서 차이가 있는 경우 다르게 보상해야 한다는 가치이다(김승훈 외, 2022).

즉, 성별, 나이, 소득 따위의 차이가 있는 시민들 사이의 복지서비스 배분에는 서로 다른 기준이 적용되어야 한다는 것이다. 예를 들면, 사회보험에서 기여금을 더 많이 납부한 사람이 더 많은 급여를 받는 것과 직장에서 초과근무를 한 사람에게 초과수당을 지급하는 것이 이에 해당된다.

---

5) 공평은 롤스(Rawls)의 정의와 관련이 깊은 개념이라 할 수 있다. 롤스의 『정의론』에 따르면 정의란 공정한 절차에 의해 합의된 것을 말한다. 또한 동등한 기회를 주었는데 결과가 다르게 나타나더라도 동등한 기회를 주었다는 것이 인정된다면 이 경우도 정의라고 할 수 있다. 이외에도 강자가 약자를 배려하는 것도 정의로운 것이라고 주장하였음이 주목된다.

3. 자유

자유(freedom)는 인간이 누려야 할 기본적인 권리이며 평등은 자유를 누리기 위한 전제이다. 자유는 본인이 원하는 것을 하는 것을 의미하며 소극적인 자유와 적극적 자유로 나눌 수 있다(조추용 외, 2020). 소극적인 자유(negative freedom)란 타인이나 사회 또는 국가로부터 간섭을 받지 않을 자유를 말한다. 반면, 적극적인 자유(positive freedom)는 자신이 원하거나 바람직하다고 생각하는 것을 할 수 있는 자유를 말한다(오세영, 2021).

즉, 자유는 다른 사람의 간섭 없이 자신의 의지대로 행하는 것이며, 소극적인 자유는 기회를 강조하고, 적극적인 자유는 능력을 강조한다고 할 수 있다.

4. 적절성

적절성(adequacy)은 사회복지 급여 할당이 평등한가 혹은 그의 업적에 따라 비례적인 것(형평)이냐 하는 것과 다르다. 급여 수준이 신체적·정신적 안녕에 적절한 정도가 되어야 한다는 것을 말한다(박경일, 2020).

즉, 사회복지정책에서 적절한 급여를 제공하였는가를 보는 것으로 예를 들면, 빈곤가정이 받는 공공부조의 급여액이 최저한의 인간다운 생활을 할 수 있을 만큼 제공되는지의 적절성을 측정하는 것이 있다.

5. 효율성

효율성은 가능한 한 최소의 자원으로써 최대의 결과를 만들어 내는 것을 말한다. 효율성은 주어진 투입량에 비해 가장 큰 산출량을 달성하는 것인데, 사회복지정책에서는 주어진 목표를 달성하는 데 어느 정도의 재원, 인력 등이 소요되었는지를 나타내는 정도를 의미한다. 효율성은 평등의 가치를 달성하는 수단이지 그 자체가 목표가 되는 것은 아니며 경제적 효율, 수단으로써의 효율, 파레토 효율로 구분할 수 있다.

1) 경제적 효율

경제적 효율은 한정된 자원을 가장 잘 이용하는 데 있어서 다른 조건이 일정하다면 특정 재화의 최적수량은 한계적 사회 가치와 한계적 사회비용이 일치하는 수량이다(홍봉수, 2020).

즉, 경제적 효율은 사회복지정책 수행에 있어 비용과 같은 경제성을 고려하는 것으로 그 재원이 얼마나 절약되는가를 보는 것이다.

2) 수단으로써의 효율

수단으로써의 효율은 효율성이 일차적 목표를 달성하기 위한 수단으로 의미 있는 것이지 효율성 그 자체가 주된 목표는 아니라는 개념이다(오세영, 2021). 사회복지정책에서는 수단으로써의 효율을 중요하게 보는데 대표적인 것으로 목표 효율성과 운영 효율성이 있다.

(1) 목표 효율성

목표 효율성은 정책이 목표로 하는 대상자들에게 자원이 얼마나 집중적으로 할당되는가의 여부를 판단하는 기준이다(김윤재 외, 2020).

예를 들면, 사회보험에 비해 공공부조는 주어진 자원을 소득 수준이 낮은 층에게 집중적으로 제공함으로써 목표 효율성이 높다고 할 수 있다.

(2) 운영 효율성

운영 효율성은 정책을 집행하고 운영하는 과정에서 투입되는 비용의 여부를 판단하는 기준이다(박경일, 2020).

예를 들면, 공공부조에서 대상선정을 할 때 실시하는 자산조사는 비용이 많이 들기 때문에 운영 효율성이 낮다고 할 수 있다.

3) 파레토 효율

파레토 효율성은 분배적 효율이라고도 불리는데, 더 이상 어떠한 개선이 불가능한 최적의 자원배분 상태로써 사회적 자원의 바람직한 배분이라는 보다 포괄적인 측면에 초점을 두고 있다(조추용 외, 2020).

즉, 파레토 효율은 자원이 많은 사람의 남는 자원을 자원이 부족한 사람에게 전달하더라도, 자원이 많은 사람이 손해 보지 않기 때문에 모두가 만족할 수 있는 결과에 이를 수 있어 사회복지정책에서 적용이 용이한 효율이다.

연습문제

1. 평등에 관한 설명으로 옳지 않은 것은?

① 보험료 수준에 따라 급여를 차등하는 것은 비례적 평등으로 볼 수 있다.
② 드림스타트(Dream Start) 사업은 기회의 평등을 반영하는 것으로 볼 수 있다.
③ 열등처우의 원칙은 비례적 평등을 반영하는 것이다.
④ 모든 사람에게 동등한 의료서비스를 제공하는 영국의 국민보건서비스(NHS)는 결과의 평등을 반영하는 것으로 볼 수 있다.
⑤ 비례적 평등은 결과의 평등이다.

2. 사회복지정책의 기능으로 옳지 않은 것은?

① 사회통합
② 최저생활 유지
③ 능력에 따른 배분
④ 개인의 잠재능력 향상
⑤ 소득재분배

3. 재분배 가운데, 고소득자의 소득을 저소득자로 이전하는 효과가 있어 계층별 소득이전이라고 볼 수 있고, 그 예로 공공부조나 누진소득세 등을 들 수 있는 재분배 방법은?

① 장기적 재분배　② 단기적 재분배　③ 수직적 재분배
④ 수평적 재분배　⑤ 세대 내 재분배

4. 티트머스의 3분법 모형 가운데, 경제가 발전하면 복지도 발전한다는 전제로 복지정책을 경제성장의 수단으로 사용하는 시녀적 모형이라고도 불리는 모형은?

① 경제적 복지 모형　② 제도적 재분배 모형　③ 잔여적 재분배 모형
④ 산업성취 복지 모형　⑤ 기본형 재분배 모형

5. 효율의 종류 중 자원이 많은 사람의 남는 자원을 자원이 부족한 사람에게 전달하더라도 자원이 많은 사람이 손해 보지 않기 때문에 모두가 만족할 수 있다는 분배적 효율성이 강한 효율방법은?

① 파레토 효율　② 목표 효율　③ 운영 효율
④ 경제적 효율　⑤ 재분배 효율

〈정답 및 해설〉

1. 정답 : ⑤

해설 : 비례적 평등은 공평의 가치에 따라 사회에 기여한 정도에 따라 사회적 자원을 분배하는 것이고 결과의 평등은 사람의 능력과 욕구에 상관없이 사회적 자원을 똑같이 분배하는 것으로, 수량적 평등이라고도 할 수 있다. 따라서 두 평등의 개념은 같지 않다.

2. 정답 : ③

해설 : 능력에 따른 배분은 자유주의 기본 이념에 속한다.

3. 정답 : ③

해설 : 장기적 재분배는 생애에 걸쳐 이루어지는 재분배로 적립방식의 연금인 국민연금이 있다. 단기적 재분배는 사회적 욕구의 충족을 위해 현재의 자원을 사용하는 것으로 건강보험, 공공부조가 있다. 수직적 재분배는 고소득자에서 저소득자로의 소득이전으로 공공부조, 누진소득세가 있다. 수평적 재분배는 동일 소득계층 내의 재분배로 국민건강보험, 고용보험이 있다. 세대 내 재분배는 근로시절 소득 적립 후 노년기에 되찾는 적립방식의 연금으로 국민연금 중 적립방식이 있다. 세대 간 재분배는 현 근로 세대에서 다음 세대로 소득이전인 공적연금이 있다.

4. 정답 : ④

해설 : 산업성취 복지 모형은 사회복지정책을 경제의 부속물로써 기능하는 것으로 사회복지정책을 경제성장의 수단으로 활용하고자 하므로 시녀적 모형이라고도 불린다.

5. 정답 : ①

해설 : 파레토 효율은 자원이 많은 사람의 남는 자원을 자원이 부족한 사람에게 전달하더라도, 자원이 많은 사람이 손해 보지 않기 때문에 모두가 만족할 수 있는 분배적 효율이 강한 효율이다.

해결문제

2023년 1월 우리나라의 비정규직은 약 815만 명에 달하고 있다. 이 가운데 상당수는 10년 이상 비정규직이다. 10년 동안 정규직과 비정규직은 같은 일을 하면서 임금과 처우에 있어 차별이 존재한다. 공평이라는 기준으로 보았을 때 비정규직 문제해결에 도움이 될 만한 방안을 자유롭게 제시해 보자.

토론문제

최근 정치권 등에서 기본소득과 기본 주택 등에 대한 논의가 나타나고 있다. 기본소득이란 재산, 소득, 고용 여부 및 노동 의지에 상관없이 모든 국민에게 동일한 최소 생활비를 지급하는 소득분배 제도라 할 수 있다. 하지만, 이 같은 정책은 오히려 근로자의 근로의욕을 감퇴시키고 도덕적 해이를 초래할 수 있다는 이유를 들어 그 적용에는 한계가 많다는 지적도 있다. 우리나라에 기본소득 정책을 적용하는 것에 대한 찬반 토론을 해 보자.

Social Welfare Policy

CHAPTER 05

사회복지정책의 발달이론

1 사회복지정책 발달 주요 이론

사회복지정책의 발달이론에 대한 학습은 사회복지정책이 어떻게 발달했는지를 증명하기 위한 과정이다. 사회복지정책의 가장 대표이론이라 할 수 있는 확산이론, 사회양심이론, 시민권이론, 산업화이론(수렴이론), 음모이론, 엘리트이론, 다원주의이론, 국가중심이론, 케인스주의이론, 이익집단이론, 공공선택이론 순으로 살펴보겠다.

1. 확산이론

1) 개념

확산이론(Diffusion Theory)은 전파이론이라고도 한다. 확산이론에선 사회복지정책의 발달이 국가 간의 의사소통이나 영향력을 주고받음에 따라 이루어진다고 본다. 사회복지정책이나 사회보장제도의 도입을 모방과정의 결과로 인식하며, 각 국가는 선구적인 복지국가의 노력을 모방한다는 것이다. 특히 제3세계 국가들이 선진국의 사회복지정책이나 사회보장제도를 모방하여 시행한다고 한다(김기원, 2020).

확산이론의 종류는 크게 두 가지로 나누어 위계적 확산(hierarchical diffusion)과 공간적 확산(spacial diffusion)이 있다. 위계적 확산이론은 기술혁신이나 새로운 제도가 선진국에서 후진국으로 확산되는 경우를 말한다. 공간적 확산이론은 특정 국가에서 만들어진 제도나 프로그램이 우선 인접 주변국을 중심으로 하여 점차적으로 확산되는 경우이다(홍봉수 외, 2019).

정리하면 확산이론은 세계 각 국가 및 지역에서 나타나는 사회복지정책의 흐름이 전파되는 과정을 구체적으로 제시하였다는 점에서 의미 있는 이론이다. 또한, 확산의 측면을 정책과 제도뿐만 아니라 문화 및 유행이 네트워크를 통해 전 세계로 확산하며 시대의 흐름을 만드는 것과 같이 문화적 측면의 확산이라고 볼 수 있다.

2) 한계

확산이론은 근대화가 영국보다 뒤처진 독일에서 먼저 사회보험을 실시하여 유럽으로 확산된 사례가 위계적 전파에 어긋나나 역 확산의 경우에 해당하기에 이를 설명하지 못한다는 한계가 있다(박경일, 2020). 또한, 사회복지정책의 확산이 활발히 이루어지는 단위가 개인, 집단, 소규모 지역사회 같은 미시적 사회체계 단위에서는 어느 정도 인정되지만, 국가 간의 확산처럼 거시적 사회체계 수준처럼 모든 국가에서 공간적 전파와 위계적 전파가 나타나지 않는다는 비판을 받기도 한다.

2. 사회양심이론

1) 개념

사회양심이론에서는 도덕성과 인도주의를 최우선의 신념으로 내세우며, 사회복지정책은 개인 차원의 이타주의가 사회적 차원의 이타주의로 승화한 것으로 보고 있다. 이러한 사회적 이타주의(social altruism)가 곧 사회복지정책이 된다는 것을 설명하고 있다(김기원, 2020).

또한, 1950년대 영국 사회정책학의 통설로 보면, 사회복지정책은 사람들의 이타심이 발현된 것이며, 사회양심이론에 의하면 복지국가는 인간의 본성이나 가치에 비추어 당연한 귀결이라고 간주한다(박경일, 2020).

즉, 사회양심이론은 경제와 정치적 요인 외에 개인의 사랑과 사회적 의무와 이타심이 기반이 되었음을 암묵적으로 동의하고 있고, 사회복지정책은 인간의 선한 양심이 반영되어 있으므로 현재의 사회복지정책 서비스는 그 시대의 나름대로 가장 양심적으로 좋은 정책임을 강조하는 이론이다.

2) 한계

사회양심이론의 낙관적인 측면에도 불구하고 사회양심이론은 영국의 역사적, 사회적 특수성을 과도하게 인간적 선한 양심으로 일반화시켰다는 것이 한계로 지적할 수 있다. 또한, 최근의 잇따른 공공정책 실패, 새로운 사회문제의 등장 등에 따른 사회복지정책 발달에 핵심적 요인이 사회양심임을 설명하지 못하였다.

3. 시민권이론

1) 개념

시민권이론(Citizenship Theory)은 현대사회에서 시민들로 하여금 연대성을 가질 수 있도록 기반을 마련하여 시민이라는 법적 자격을 가진 것으로 급여를 제공받을 수 있고, 다른 사회구성원들이 사회적 약자인 그들을 돕는 근거가 되었다는 점에서 중요한 의미를 지니게 된다(홍봉수 외, 2019).

시민권이론은 시민권운동의 대부라 할 수 있는 마샬(Marshall)을 빼놓을 수 없다. 마샬은 시민권(Citizenship rights)을 공민권(civil right), 정치권(political right), 사회권(social right)으로 구분하여 제시하고 있다. 공민권은 개인적 자유와 평등을 법적으로 보장받는 것으로 개인의 자유, 언론·사상·신앙의 자유, 재산과 계약의 자유 그리고 정의에 대한 권리 등이다. 정치권은 선거권 등과 같은 정치적 참정권(투표권)을 의미한다. 사회권은 사회 속에서 시민화된 생활과 경제적 복지를 보장받는 것을 의미한다. 영국을 예로 들어, 18세기에는 공민권이, 19세기에는 정치권이, 20세기에는 사회권이 확립되었다고 볼 수 있다(김기원, 2020).

이와 같은 공민권, 정치권, 사회권의 특징을 정리해 보면 〈표 5-1〉과 같다.

〈표 5-1〉 공민권, 정치권, 사회권의 특징

구분	공민권	정치권	사회권
주요 시기	18세기	19세기	20세기
발전단계	공민권 ⟶	정치권 ⟶	사회권
특징	개인의 자유에 필요한 권리 및 자유권 획득	정치기구 지지 및 유권자의 권리 행사 & 참정권 획득	복지와 밀접한 관계를 가진 사회권 = 복지권

출처 : 서보준 외(2018). 사회복지정책론. 재구성.

즉, 시민권이론은 시민의 권리를 확보하는 시민권운동이 발달하면서 자연스럽게 사회복지와 접목되어 정책으로 발달되었다는 이론으로 정리할 수 있다.

2) 한계

시민권이론은 영국 사회의 역사적 발전에 분석틀이 맞추어져 있어 서구 민주주의 국가의 시민권에 국한될 뿐 제3세계나 사회주의 사회복지정책에 적용이 힘들다는 한계가 있다. 또한, 사회변화에 대한 총체적이고 진화론적인 접근은 사회복지정책을 둘러싸고 일어나는 집단갈등과 정치상황 등이 고려되지 않았다는 점에서 국가마다의 사회상황에 따른 사회권의 발달과정을 설명하는 데 미흡한 점이 있다(홍봉수 외, 2019).

4. 산업화이론(수렴이론)

1) 개념

산업화이론은 수렴이론이라고도 부르고 있다. 복지국가의 발달을 설명하는 가장 일반화된 이론으로 산업화 논리(logic of industrialism)가 있다. 산업화 논리는 복지국가를 사회적 위험에 대응하려는 욕구와 더불어 산업화에 의해 형성된 부의 산물로 본다. 그렇기에 산업화이론은 산업화가 만들어 내는 재정적 자원을 바탕으로 복지제도를 통해 대응할 수 있게 되었다는 이론이다(정의룡, 2019).

체제를 달리하는 국가라 할지라도 산업화가 이루어지면 결국은 사회복지정책이 유사한 형태로 수렴하게 된다. 이러한 점에서 산업화이론을 수렴이론 혹은 기술결정론(산업결정론)이라고도 한다(노기남 외, 2021).

술리번(sulivan, 1987)은 산업화이론을 실업과 산업재해의 이유로 소득을 얻는 행위를 하지 못할 때 제도적으로 보장해 주기 위한 근거로써 필요하다고 한다. 또한 실업자를 위한 프로그램을 만들어 공식적인 사회복지제도의 도입을 도왔다고 하며 산업화이론의 긍정적인 측면을 주장하였다(김영순·노정호, 2017 재인용).

즉, 산업화이론은 산업이 발달하게 되면 사회복지정책도 따라서 발달하게 된다는 이론이고, 산업화가 발달하면 사회복지정책으로 수렴된다는 이론이다. 산업화이론은 산업화로 인해 선진국화된 국가들이 복지국가로 발전되는 과정을 잘 설명해 주는 이론이라고 정리할 수 있다.

2) 한계

산업화이론은 사회복지정책을 기술과 경제발전이 결정한다고 보지만, 사회복지정책에 영향을 미칠 수 있는 정치적, 규범적, 이념적 요인과 같은 다양한 요인을 배제하고 있다는 점에서 그 한계를 가지고 있다.

5. 음모이론

1) 개념

음모이론(conspiracy theory)은 1960년대와 1970년대 미국에서 신좌파(New Left)의 확산과 함께 발전된 이론으로 사회복지정책은 인도주의적 이타심이나 양심의 실현이라기보다 사회 전체의 안정과 질서의 유지를 통한 사회통제와 현상의 유지에 목적이 있다고 봄으로써 인도주의에 입각해서 사회복지정책의 확대를 설명하는 전통적인 사회양심론의 입장에 대해 정반대의 입장을 취하는 새로운 이론이다(김기원, 2020).

음모이론은 갈등기 또는 정권교체기에 정당성의 확보, 정치권력의 재생산을 위하여 사회복지정책을 도입 및 확대한다는 논리에서 그 본질을 보다 명확히 확인할 수 있다(염일열·이승현, 2020).

즉, 음모이론은 사회복지정책이 서민들을 도와주려는 선한 의지와 이타심과 같은 사회적 배려가 아닌 정치가나 자본가 등 지배계급을 유지하기 위한 음모적 방법으로 사회복지정책을 사용한다는 이론이다. 음로이론은 사회양심과 자비심에서가 아닌 사회복지정책을 통해 국민들을 통제하기 위한 음모적 수단으로 사용하였다는 것으로 정리할 수 있다

2) 한계

음모이론은 사회복지정책의 주 목적이 인도주의나 양심의 실현이라는 사회양심이론과 대비되는 이론이다. 비록 사회복지정책의 형성과 집행이 매우 복잡하여 선한 의도와 다른 정책결과가 발생하기도 하지만 권력에 대한 모순적인 입장에서 보더라도 모든 사회복지정책이 음모라고 볼 수는 없다.

6. 엘리트이론

1) 개념

엘리트이론에 따르면 사회복지정책은 엘리트의 산물이다. 엘리트란 일반적으로 특별한 자격을 갖춘 소수의 사회지도자, 정치·경제·사회·문화 등 사회의 각 분야에서 주도적인 역할을 하는 계층으로 일반 대중과 구분된다. "역사란 곧 귀족(통치엘리트)의 무덤이다."라는 말이 있다. 이는 역사가 민중의 집합된 의지와 결실에 의하여 이루어져야 함에도 실제로는 그러한 민중을 유린하고 지배하는 소수의 통치엘리트에 의해서 지배되고 있다는 의미다(윤홍식 외, 2019).

엘리트이론의 내용을 [그림 5-1]로 정리해 보면 다음과 같다.

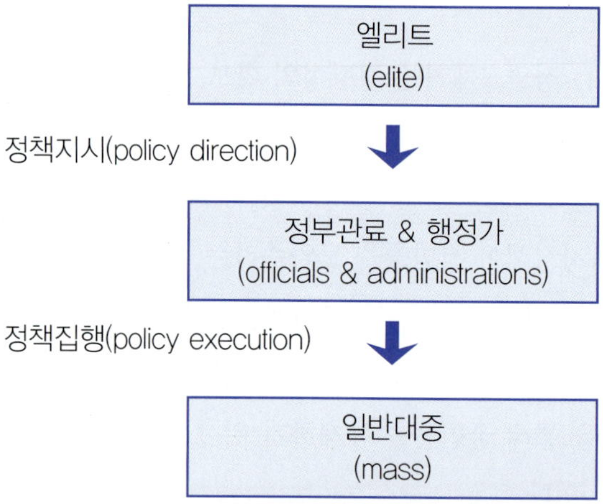

[그림 5-1] 엘리트 모델

출처 : 윤홍식 외(2019). 사회복지정책론.

즉, 엘리트이론은 소수의 엘리트가 한 국가나 사회를 이끌어 사회복지정책을 결정한다는 이론이다. 이와 같은 엘리트이론은 어찌보면 가장 합리적이면서 좋은 정책결정과정을 거치기 때문에 저개발국가에서 적용하는 사례가 많다.

2) 한계

엘리트이론은 다원주의이론과 반대되는 이론이다. 즉, 소수의 엘리트가 사회복지정책을 결정하는 것은 가장 비용이 적고 합리적인 정책결정이라 할 수 있어 개발도상국에서 주로 적용하는 이론이다. 하지만, 엘리트이론을 모든 개발도상국에서 적용하지는 않고 있다. 또한, 소수의 엘리트가 정책결정에 큰 영향을 미치는 것은 국민 다수의 의견과 욕구는 반영되지 않을 가능성이 크고, 사회복지정책 대상의 상당부분을 차지할 저소득층에 대한 복지정책이 좋은 정책이 되지 않을 가능성이 있다는 비판이 있다.

7. 다원주의이론

1) 개념

다원주의이론은 여러 독립적인 이익집단이나 결사체로 이루어져 있으므로 권력을 가진 엘리트집단에 의해 지배되기보다는 집단 간의 경쟁, 갈등, 협력에 의해 민주적으로 운영된다. 사회복지정책은 개개인과 집단의 이익대결과 갈등을 정부가 공정하고 종합적인 입장에서 조정한 결과로서의 균형을 의미한다(김경우, 2016).

즉, 다원주의이론은 엘리트이론과 반대되는 이론으로 정책결정에 있어 소수가 결정하는 것이 아닌 다양한 대중의 참여와 경쟁을 강조하여 국가뿐만 아니라 국가 이외의 영역도 복지를 제공하는 주체로 참여하여 사회복지정책을 결정하는 이론이다.

2) 한계

실제로 다원화된 사회에 개개인은 특정한 목표를 중심으로 여러 집단과 조직을 구성하면서 이익 표출을 통해 다수의 의견을 반영할 수도 있겠지만, 정책 경험이 많은 엘리트이론처럼 합리적 결정이 가능할지는 담보할 수 없다. 특히, 다수의 의견이 반영된다는 것은 다양한 계층의 욕구와 의견이 중심이 될 가능성이 높아 정책실현에 있어 전문적인 정책결정을 하기에는 한계가 있다.

8. 국가중심이론

1) 개념

국가중심이론은 사회복지정책의 산출이 제 집단의 요구를 반영한 것이 아니라 독립된 위치에 있는 정부관료제 등 국가가 문제를 인식하고 대안을 찾는 일련의 정책과정으로 보는 이론이다(홍봉수 외, 2019).

국가중심이론의 대표학자는 스카치폴(Theda Skocpol)이다. 스카치폴은 본 이론에 대한 근거를 제시했는데, 1930년대 미국의 루스벨트정부가 뉴딜정책의 일환으로 추진한 농업조정법과 전국산업부흥법 등이 그것이다. 전자는 정책을 수행할 수 있는 정책수단이 기존의 연합정부 내에 존재했기 때문에 성공한 반면, 후자는 기업자율규제의 필요성을 제대로 인식하고 이에 우호적인 국가행정조직이 존재하지 않았기 때문에 실패했다는 것이다(양승일, 2019).

즉, 국가중심이론은 국민의 의견보다 정부의 관료가 중심으로 사회복지정책을 결정한다는 이론이다. 사회적 쟁점과 그 해결책은 점차 복잡해지는 경향이 있어 모든 국민의 의견과 다양한 이익집단의 의견을 반영하는 것보다 실제 그 정책을 실행하고 집행하는 데 관련이 큰 정부관료를 중심으로 정책을 결정하는 것이 국가중심이론이라고 정리할 수 있다.

2) 한계

국가중심이론은 국가의 자율성과 국가의 적극적인 역할에 초점을 두어 사회복지정책 발달을 설명하지만 한계는 존재한다.

김영화 외(2020)는 국가중심이론을 이익집단이나 시민단체 등의 참여가 시민들의 욕구에 대한 정부의 사회정책 입안이나 변화의 가능성을 높이는 반응기제로 작용하였다는 다원주의체제를 부정하는 이론으로 보았고, 국가중심이론으로 사회복지정책 발달을 설명할 수 없는 국가들도 존재하므로 다양한 국가에 일괄적으로 적용하기에 무리가 따르는 한계가 있다고 말했다.

즉, 국가중심이론은 다수 국민 의견 반영을 할 수밖에 없는 현대국가의 사회복지정책 방향과는 달리 소수의 정부관료 중심의 사회복지정책이 결정된다는 것은 다수의 국민의견이 무시될 수 있다는 한계가 큰 이론이다.

9. 케인스주의이론

1) 개념

케인스주의(Keynes Principle)이론은 양적완화[1]의 원리에 입각하여, 경기순환을 안정시키고 완전고용을 실현시키기 위해서는 국가의 적극적 개입이 필요하다는 이론으로 케인스(J. M. Keynes, 1883)가 주장한 이론이다(양승일, 2019).

케인스는 19세기 고전파 경제학의 자유주의 질서는 국내외적으로 불평등을 심화시켰고, 이것이 세계경제의 침체, 대공황, 그리고 제2차 세계대전으로 이어져 세계는 위기를 맞았다고 보면서 고전파 경제학에서 말하는 고용감소의 요인인 사용자에 대한 근로자의 높은 수준의 임금요구, 이에 대한 사용자의 고용거부, 이어서 실업을 초래한다는 기존 이론을 거부하고 유효수요의 입장에서 새로운 이론을 제시했다(노기남 외, 2021).

케인스주의이론의 개념도를 정리해 보면 [그림 5-2]와 같다.

1) 양적완화란? 시장의 자본을 많이 배출해 소비자 선택의 자유가 넓어져 시장경제가 발전한다는 이론으로 국가가 재정(돈)을 많이 생산해 경제를 활성화시키거나 발전시키는 방법이기도 하다.

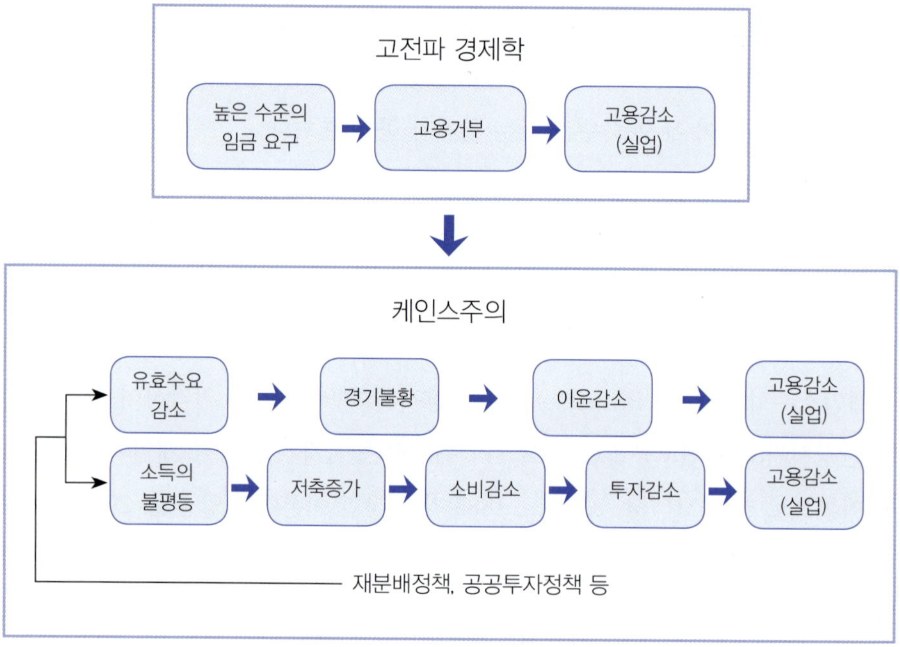

[그림 5-2] 케인스주의이론 개념도

출처 : 양승일(2019). 사회복지정책론.

즉, 케인스주의는 사회복지정책과 가장 관련이 있는 경제정책으로 누진세 등을 활용한 재분배정책이라고 할 수 있다. 이를 통해 소비성향을 제고하고 소득의 불평등을 완화하여 고용증대를 높이자는 것이 주된 목적이라고 할 수 있다.

2) 한계

프리드먼(Milton Friedman)의 필립스곡선 비판이 영향력을 가짐에 따라 케인스주의는 점차 수세에 몰리게 되었고, 결국 후퇴하게 되었다. 또한, 민주정치하에서는 불황일 때는 총수요 확대책을 취하는 경향이 있는 반면, 경기가 과열되었을 때는 총수요 억제를 위한 여러 정책을 취하기 어렵다는 문제가 있다(양승일, 2019).

즉, 케인스주의이론에 의한 재정지원과 산업발달은 과도한 산업성장에 뒤쳐지는 낙오자와 저소득층이 증가할 수 있고, 오히려 디플레이션(deflation)이 발생할 우려가 있다. 이는 그 사회의 복지적 안정의 후퇴로 나타나 다른 이론의 사회복지정책이 요구될 수 있다는 모순이 발생할 수 있다는 단점이 있다.

2 사회복지정책 발달 기타 이론

앞서 사회복지정책의 발달을 설명하는 주요 이론들을 제시하였다. 이외에도 관련된 기타 이론을 제시해 보겠다.

1. 이익집단이론

이익집단이론(interest group theory)은 사회복지정책을 이익집단[2]들 간의 갈등과 타협의 산물로 간주한다. 이익집단론에서 중시하는 것이 정부의 역할이다. 이익집단론은 기본적으로 사회는 안정되어 있고, 권력은 분산되어 있어 한 집단이 지배적인 권력을 행사할 수 없다고 전제하기 때문에 다양한 이익집단들의 이익상충을 조정하는 데 있어 정부의 역할이 중요하다(원석조, 2021).

한편, 이익집단론은 사회복지정책과 이익집단들의 관계를 근본적으로 파악할 수 있다는 장점이 있지만, 일정부분 한계도 발견된다. 즉, 이익집단론은 자본가, 노조 등의 계급보다 이익집단의 비중이 더 크다는 것을 암시하고 있는데, 이는 사회복지정책에 있어서 이익집단의 비중이 계급보다 더 클 수는 있어도 전체적으로

2) 이익집단이란? 공통의 목적을 가지고 공공정책에 영향을 미치기 위해 노력하는 개인들의 조직체를 말한다. 예로는 전국경제인연합회, 한국노동조합총연맹, 대한의사협회 등을 들 수 있다.

조명해 보면 노조 등의 계급은 코포라티즘(corporatism)[3]에 근거해서 합법적인 기구를 통해 막강한 영향력을 행사하고 있으므로 논란의 여지가 있을 수 있다는 것이다(양승일, 2019).

즉, 이익집단이론은 사회복지정책을 둘러싸고 있는 이익집단들 간에 갈등이 발생하면 정부가 중립적인 입장에서 조정하여 타협에 이르게 하고 절충된 정책을 내는 것이다. 한편 다양한 이익집단들은 각자의 집단에 소속되어 있는 사람들에게 이익이 되기 위한 정책이 결정되도록 사회운동, 로비활동 등과 같은 다양한 노력을 할 수밖에 없을 것이다.

2. 공공선택이론

공공선택이론은 모든 사회가치에 손실을 주는 일 없이 특정 가치에 더 많이 성취하는 '파레토 최적기준점(point of Pareto optimality)'에서 합리적인 정책결정이 이루어진다고 본다. 방법론적 개인주의에 기초하여 오직 개인만이 선택하고 행동한다고 가정하므로 개인의 경제행위와 정치행위를 분석할 때에도 개인의 행동을 사회활동으로 확대하여 논리적으로 일관성 있는 집합적 행동체계를 파악할 수 있다고 본다. 이익집단, 정치인, 정부관료가 소위 철의 삼각관계를 형성하고, 각자의 이익을 극대화하는 곳에서 타협하거나 '표의 교환(vote trading)' 현상이 나타난다고 한다(박경일, 2020).

공공선택이론이란? 유권자, 납세자, 정치가, 행정관료, 이익집단, 정부 등이 자신의 이익을 최대로 늘리고자 할 때에 어떠한 정책이 선택된다고 본다(김태성, 2018).

공공선택이론을 요약 하자면, 개인의 이익과 초점을 바탕으로 필요한 공공재를

---

3) 코포라티즘이란? 정부의 중재하에 노조가 대등한 수준에서 기업과 참여하는 삼자협의를 바탕으로 함께 의논하고 타협을 하는 것을 말한다. 예를 들면, 김대중 정부 때 IMF 극복을 위해 노동계와 경영계 간의 합의를 이루기 위해 시도한 노·사·정위원회가 있다.

합리적으로 배분할 수 있는 수단으로 선택하고, 그 사회에서 가장 공공적으로 필요한 정책을 선택한다고 보는 사회복지정책 결정이론이다.

3 사회복지정책 발달의 영향 요인

사회복지정책의 형성 및 발전과정에 영향을 주는 요인들은 수없이 많다. 본 교재에서는 사회복지정책 발달에 영향을 미치는 요인으로 정치적 요인, 경제적 요인, 사회·문화적 요인으로 구분하여 제시하겠다.

1. 정치적 요인

정치적 요인으로 사회복지정책이 발달하는 경우는 다음과 같이 세 가지로 나누어 제시할 수 있다.

첫째, 정치 세력의 획득을 위해서이다. 역사적으로 볼 때 사회복지정책은 통치자나 정당이 국민의 지지를 얻기 위한 수단으로 사용되어 왔다. 1880년대 독일의 비스마르크(Otto von Bismarck)가 실시한 사회보험제도가 그 대표적인 예다. 비스마르크는 당시 야당이 사회보험제도를 주장하자 야당의 인기를 저하시키기 위한 단 한 가지 이유만으로 사회보험제도를 먼저 실시하였다. 루스벨트(Roosevelt) 대통령도 1930년대 세계 경제 대공황으로 대량실업과 그에 따른 각종 사회문제가 발생하면서 타운센드(Francis Townshend)가 제시한 타운센드법(Townshend Act)[4]을

4) 타운센드법은 1930년대 초 타운센드(Francis Townsend)라는 사람이 60세 이상의 빈곤 퇴직자 복지를 위해 매달 200달러를 정부가 지급해야 한다고 주장하면서 시작되었는데 그 이후 미국의 노인들이 노인복지의 필요성을 주장하게 되었고 이로 인해 많은 사회운동이 펼쳐지게 되면서 미국의 사회보장법(social security act)에 노인복지가 강화하는 계기가 되었다.

지지하는 세력들이 강화되자 이에 영향을 받아 사회보장제도를 먼저 입법화하였다. 이외에도 미국에서 원호 대상자들과 재향군인들을 위한 각종 혜택도 모두 정치적인 동기로 이루어진 것으로 보인다(남기민, 2015).

둘째, 사회불안을 피하기 위해서이다. 영국에서 17세기 초부터 제정되었던 구빈법들은 부랑인 거지들이 기아선상에서 헤매다가 절망하면 사회의 기존질서를 무너뜨릴지도 모른다는 염려에 따른 통제수단이었다. 또한, 1960년대 미국에서 있었던 흑인들의 폭동, 대학생들의 데모 등은 사회의 평화와 안전에 위협적이었으며 이와 같은 사회불안을 야기한 행위들에 대한 대책으로 각종 사회복지 관련 법과 제도들이 정비되기에 이르렀다(조영구 외, 2016).

셋째, 다른 정책의 부수적인 영향에 의해서 사회복지정책이 수립되기도 한다. 이러한 사회복지정책은 처음에 계획되거나 의도되지 않았던 것이다. 일단 사회복지정책이 수립되면 수혜자를 줄이거나 그 정책 자체를 없애는 것이 용이하지 않으며 따라서 시간이 흐름에 따라 수혜자가 점점 늘게 되고 급여도 증가하면서 그 규모가 커지게 된다. 예컨대, 수혜자들이 자립할 수 있도록 직업훈련을 시키게 되는 경우에 자연히 직업훈련시설이 필요하게 되고 시간이 흐름에 따라 직업훈련시설은 그 규모가 커지게 된다(구재관 외, 2015).

요약해 보면, 사회복지정책이 발전하는 데 정치적 요인이 그 영향을 미칠 가능성이 매우 크다는 것이다. 특히, 사회복지정책을 발달시킨 정치적 요인은 정치 세력의 획득으로 국민의 지지를 받기 위함이고, 사회불안 해소를 위함이며, 다른 정치 세력이나 다른 정책의 부수적인 영향이라고 정리할 수 있다.

2. 경제적 요인

경제적 요인으로 사회복지정책이 발달하는 경우를 다음 두 가지로 나누어 설명할 수 있다(남기민, 2015).

첫째, 사회문제를 완화시키거나 해결하는 데 드는 사회적 비용을 감소하기 위함이다. 많은 사회복지정책은 비용–편익분석(cost–benefit analysis)[5]을 통해 그 정책을 실시하면서 기대되는 효과가 정책에 드는 비용보다 훨씬 크다는 것을 나타내거나 사회복지정책이 사회문제로 야기되는 비용을 감소시킬 수 있다는 인식이 있을 때 수립된다. 이와 같은 경제적 요인은 많은 국가에서 사회복지정책을 정당화시키는 요인이 되고 있다.

둘째, 생산 측면에서 부정적인 영향을 미치는 사회문제로 인해 사람들이 일을 할 수 없거나 일하지 않는 경우 경제발전에 장애물이 되므로 사람들의 생산적 고용을 증진하기 위한 목적으로 사회복지정책을 수립하는 것이 필요하다. 그리고 이런 경우 사회복지정책은 일종의 투자로 정당화된다.

한편, 경제적 요인인 국가의 경제력과 경제규모로 사회복지정책이 발달하는 경우도 있다(안홍순, 2012).

첫째, 국가의 경제력이 사회복지정책을 결정한다는 관점이다. 일반적으로 빈곤층의 최저생활 보장과 근로자 보호가 먼저 시행되었고, 경제발전과 함께 사회보험제도가 도입되어 그 적용범위를 확대해 나갔다. 사회복지정책은 산업화가 일정 수준 도달한 이후에 시작되고, 그 확대단계는 경제성장의 정도와 일치한다.

둘째, 국가의 경제규모가 사회복지정책에 영향을 주는 관점이다. 생활상의 재분배는 자원이 부족할수록, 경제규모가 작거나 경제성장률이 낮을수록 어렵다. 저개발국가는 절대적 또는 상대적 빈곤층에게 권리, 기회, 소득, 재산 등을 재분배할 때에 선진국보다 상대적으로 어렵고, 상류층에 대한 영향이 더 커 사회복지정책의 발전을 어렵게 한다.

---

5) 비용편익분석은 특정 정책을 시행하면서 목표 달성에 소용되는 비용과 그 목표달성과 관련된 다양한 요인을 편익으로 보고 편익에 소요되는 비용을 비교하는 비용과 편익을 분석하는 방법이다. 비용편익분석은 본 교재 제9장 "사회복지정책 평가"에서 좀 더 구체적인 설명을 제시하였다.

즉, 경제적 요인이 사회복지정책에 영향을 미칠 수 있음을 증명하는 것이다. 그 이유는 사회문제 해결을 위해 사회복지정책이 사회적 비용을 감소할 수 있기 때문이고, 사회복지정책으로 사회문제가 해결되면서 사람들의 경제활동으로 이어져 경제발전에 도움이 되기 때문이다. 또한, 사회복지정책은 국가 경제력에 큰 영향을 미치고, 국가의 경제규모가 클수록 사회복지정책도 발달할 가능성이 크다는 점을 설명하고 있다.

3. 사회·문화적 요인

사회·문화적 요인으로 사회복지정책이 발달하는 경우를 네 가지로 정리해 보면 다음과 같다.

첫째, 사회계층의 경직성이다. 유럽 국가들의 사회복지정책이 발달된 이유는 유럽 국가들이 갖고 있었던 엄격한 계급구조에서 찾을 수 있다. 즉, 유럽 국가들에서는 전통적인 농노계급이 산업화 이후 공장노동자 계급이 되고 산업화과정에서 좌절된 이들의 계급의식이 높아져 조직화, 세력화 등을 통해 기존의 질서를 위협하는 힘을 갖게 되자 이들이 사회복지정책의 발달에 영향을 미치게 되었다(구재관 외, 2015).

둘째, 사회의 인구학적 구조이다. 산업화는 사회 인구구조의 변화를 가져왔는데, 경제활동 인구에 비해 노인인구와 같은 사회복지 수혜자 층을 증가시켜 사회복지정책의 발달에 영향을 미쳤다(강희갑 외, 2019).

셋째, 도시화이다. 도시화에 따라 도시 빈민, 산업재해, 실업, 주택 등의 문제가 악화되면서 사회복지 욕구를 확대시켜 사회복지정책이 발달하게 되었다(김영화 외, 2020).

넷째, 문화적 유산 때문이다. 한 사회를 오랫동안 지배해 왔던 신념이나 가치, 태도 등이 중요한 요인으로 작용할 수 있다. 예를 들어, 개인주의와 자기이윤의 추구 및 경쟁을 강조하는 사회는 생활상의 불평등을 인간생활의 자연스러운 질서의 결과로 보고 구조화된 불평등을 당연한 것으로 여긴다. 반면에 집단적 가치와 협력을 강조하는 사회는 모든 사회구성원의 평등을 보장하는 사회복지정책의 발달을 조장한다. 이처럼 한 사회의 문화적 유산이 그 사회의 사회복지정책 발달을 설명하는 중요한 요인이 될 수 있다(김기원, 2020).

즉, 사회·문화적 요인으로 사회복지정책이 발달하는 이유로는 노동자와 농민과 같은 사회계층이 수세기에 걸친 오랜 기간 동안 낮은 계층으로 경직되어 그 경직성을 벗어나기 위하여 사회복지정책이 발달하는 계기기 되었고, 사회인구학적 구조에서 돌봄인력의 증가로 사회복지정책이 발달하였다. 또한, 도시화에 따라 도시 빈민이 증가하는 이유가 있고, 이타심과 배려의식 같은 집단적 가치와 협력을 강조하는 문화적 유산 때문에 사회복지정책 발달에 영향을 미치는 것으로 정리할 수 있다.

연습문제

1. 사회복지정책의 발달이론에 관한 설명으로 옳지 않은 것은?

① 확산이론 : 한 국가의 제도나 기술 혁신이 인근 국가에 영향을 준다.

② 음모이론 : 사회복지정책에 대해 사회안정과 질서유지를 위한 하나의 수단으로 보았다.

③ 독점자본이론 : 경제발전이 상당 수준에 이르면 사회복지 발전 정도가 유사하게 나타난다.

④ 이익집단이론 : 현대사회에서 귀속적 차이 등에 따른 집단들 간의 정치적 행위가 커지고 있다.

⑤ 사회양심이론 : 인도주의에 입각한 사회적 의무감이 사회복지정책을 확대할 수 있다.

2. 사회복지정책 발달이론에 관한 설명으로 옳지 않은 것은?

① 사회양심이론은 인도주의에 기초하고 있다.

② 음모이론은 사회복지정책을 사회안정과 질서유지를 위한 통제수단으로 보는 이론이다.

③ 확산이론은 한 지역의 사회복지정책이 다른 지역으로 전파되어 나간다는 이론이다.

④ 시민권이론은 정치권, 공민권, 사회권 순으로 발전했다고 설명한다.

⑤ 산업화이론은 사회복지정책 발달은 그 사회의 산업화 정도에 따라 결정된다고 보는 이론이다.

3. 사회적 양심과 이타주의의 확대가 아닌 경제발달이 상당한 수준으로 발달하게 되면 사회복지가 선진 자본주의 국가의 사회복지와 유사한 형태로 수렴된다는 이론은?

① 사회양심이론 ② 이타주의이론 ③ 경제발달이론

④ 선진복지이론 ⑤ 수렴이론

4. 다음 중 산업화이론에 관한 설명으로 옳은 것을 보기에서 모두 고르시오.

ㄱ. 산업화에 따라 각 국가의 사회복지 수준과 내용이 유사해져 가는 수렴이론을 주장한다. ㄴ. 경제 수준이 비슷한 국가 간의 사회복지정책 발달 정도가 다르게 나타나는 것은 설명하지 못한다. ㄷ. 사회복지정책의 발달에 영향을 끼치는 복잡한 집단 갈등, 정치적 역학관계를 설명하는 데 한계가 있다.

① ㄱ ② ㄱ, ㄷ ③ ㄱ, ㄴ, ㄷ ④ ㄱ, ㄴ ⑤ ㄴ, ㄷ

〈정답 및 해설〉

1. 정답 : ③

해설 : 산업화이론(수렴이론)의 내용에 해당한다. 산업화이론은 산업사회의 사회구조를 결정짓는 것은 기술, 즉 산업사회에 달려 있으며 어느 정도 산업화를 이룬 나라들의 사회제도는 어느 한 점에서 수렴되어 비슷하다고 본다.

2. 정답 : ④

해설 : 시민권의 발달은 공민권, 정치권, 사회권으로 확대되었다. 마샬(Marshall)은 시민권을 개인의 자유와 법 앞에서의 평등과 같은 공민권 → 참정권과 같은 정치권 → 복지권과 같은 사회권으로 발전하는 친화적인 과정으로 설명하였다.

3. 정답 : ⑤

해설 : 수렴이론은 사회적 양심과 이타주의의 확대가 아닌 경제발달이 상당한 수준으로 발달하게 되면 사회복지가 선진 자본주의의 국가의 사회복지와 유사한 형태로 수렴한다는 것이다.

4. 정답 : ④

해설 : ㄷ 은 산업화이론이 아닌 시민권이론에 관련된 설명이다.

해결문제

사회복지가 인도주의나 경제적 · 정치적 선한 의지의 결과라는 사회양심이론과 달리 음모이론은 사회복지의 확대가 서민들의 저항에 대한 지배계급의 대응책이기 때문에 진정한 수혜층은 지배계급이라고 주장하는 이론이다. 사회복지정책에 대한 모든 이론을 옳고 그르다고 단정 지을 수 없겠지만, 우리나라의 다양한 사회복지정책 가운데 음모이론과 가장 가까운 정책은 어떤 것이 있는지 제시해 보자.

토론문제

윤석열 정부가 집권하면서 제5차 국민연금종합운영계획과 건강보험제도 개혁을 앞두고 국민의 의견을 수렴하려고 한다. 국민연금제도는 제도 자체의 복잡성과 전문성으로 인해 전문가의 의견이 우선돼야 한다는 인식이 팽배했다. 그렇지만, 정부는 다양한 매체의 개발과 확산 등으로 국민 의식과 수준이 전문가 못지 않게 높은 만큼 국민 의견을 우선해 듣겠다는 입장이다. 이렇듯 사회복지정책을 만들어 가는데 국민들의 의견을 함께 나누는 방법과 전문가의 의견을 더 반영해야 한다는 점이 상충된다. 이와 같은 정책 결정과정에 적용 가능한 사회복지정책 발달이론은 무엇이며, 어느 이론에 근거한 정책이 적절한지 찬반 토론을 해 보자.

CHAPTER 06

사회복지정책의 이데올로기

1 이데올로기의 개념과 영향

1. 사회복지정책의 이데올로기

이데올로기(ideology)라는 용어는 프랑스 철학자 트라시(A. L. C. Tracy, 1804~1815)가 자신의 저서인 『이데올로기 원론』에서 처음 사용하였는데, '이데올로기는 관념의 기원을 결정하는 과학'이라는 개념을 소개한 이후 사회과학적 용어로 널리 사용되기 시작하였다(김영화 외, 2020 재인용).

이념이라 하는 이데올로기는 어원적으로 희랍어의 '이데아'(idea)와 논리를 의미하는 '로기'(logie)의 합성어로, '이념논리'로 직역될 수 있다. 복지국가에서 이데올로기(이념)는 흔히 개인과 사회가 열망하는 사상, 신념, 가치의 체계로 표현된다. 즉, 이데올로기란 한 개인이나 혹은 한 집단이나 계층의 성원들에 의해서 공통적으로 소유되는 신념의 체계라 할 수 있다. 이에 따라 사회정책은 특별한 가치 전체를 표현하는 특정한 사회규범과 이상들을 진단하고 변화의 방향과 특징을 예측하고 성취하는 것을 목적으로 한다(임정문 외, 2020).

즉, 이데올로기는 이념이란 뜻으로 해석되고, 이념은 개인과 사회의 공통적인 가치와 신념체계의 모음이라고 정리할 수 있다. 대표적인 이념 명칭은 자본주의, 민주주의, 사회주의, 공산주의 등이 있다. 이러한 이념은 한 사회의 규범과 가치가 반영되는 기준이 되어 사회복지정책 방향을 결정하는 데 큰 영향을 미치기 때문에 이념에 대한 학습은 필요한 과정이다.

2. 사회복지정책 이데올로기의 영향

사회의 가치는 이데올로기의 렌즈를 통하여 조직된다. 이데올로기는 어떻게 세상이 작동하는가에 대한 일련의 가정이다. 모든 사회는 부분적으로 이데올로기를 재생산함으로써 스스로를 재생산한다. 이러한 이데올로기적 경향은 정부나 국회와 같은 의사결정기관에서 하나의 방침을 따르는 사람들이 다수일 때 사회복지정책에 직접적으로 영향을 미친다(김기원, 2020).

사회복지정책은 사회구성원 모두가 건강하고 행복하게 살 수 있는 사회를 만들기 위한 정책으로 사회복지정책을 통해 우리 사회에 미치는 요인을 세 가지로 요약하여 제시하면 다음과 같다.

1) 생활수준의 보장

사회복지정책을 통해 국가는 국민이 안정된 생활을 유지하도록 노력해야 한다. 사회구성원들이 노령, 질병, 실업, 산업재해 등 예기치 않는 위험이 닥쳤을 때 절대빈곤 가구를 대상으로 최저수준의 생활이 가능하도록 지원하는 것을 목표로 한다(임정문 외, 2020).

2) 불평등 해소

자본주의 시장경제는 사회계층 간의 소득불평등을 초래하였다. 사회복지정책에서는 조세정책을 통한 재분배로 어느 정도 부의 편중을 해소시키고, 부당하게 초래된 불평등을 개선하는 것을 목표로 한다. 불평등은 단순히 돈 문제가 아니라 복지 대상의 존중문제라고 할 수 있다. 우리 사회에서 불평등의 문제를 해소하기 위해 다양한 영역 가운데 교육, 재산형성, 주거, 소비자 보호, 근로환경 개선의 사회적 불평등을 완화하는 정책이 해당된다(고광신 외, 2017).

3) 삶의 질 보장

사회복지정책은 사람들의 삶의 질을 향상시키기 위한 정부 지침이나 계획 또는 과정이라고 할 수 있다. 좁게는 사회적 약자에게 소득이나 서비스를 제공하는 것이며, 넓게는 모든 국민의 삶의 질 향상을 위한 주택, 교육, 조세제도, 노동정책 등을 포함하는 개념이라고 할 수 있다. 특별히 복지사각지대에 놓여 있는 취약계층이 인간다운 생활을 하기 위해 소득만으로는 한계가 있다. 따라서 노인복지정책, 장애인복지정책, 아동복지정책, 청소년복지정책, 여성복지정책 등 비화폐적·대인적 서비스가 필요하다(이진숙·임소연, 2021).

따라서 이데올로기가 적용된 사회복지정책은 사회, 경제, 교육 등 다양한 분야에서 보수적 사고가 적용된 경우 우파적 이데올로기가 반영되고 진보적 이데올로기가 적용된 경우 좌파적 이데올로기가 반영된다.

3. 이데올로기의 도식화

현대사회에서 가장 일반적인 이데올로기 도식화 방법은 다음과 같다. 크게 우파와 좌파로 구분하여 우파는 보수를 의미하고, 좌파는 진보를 의미한다. 사회복지정책에서도 이데올로기를 적용하여 가장 대표적인 우파와 좌파를 구분할 수 있다. 그중 가장 대표적인 조지와 월딩(George & Wilding)의 이데올로기 도식화방법을 사회복지정책과 연결해 보면 〈표 6-1〉 다음과 같다.

〈표 6-1〉 이데올로기별 정치적 성향

<table>
<tr><th colspan="9">이데올로기</th></tr>
<tr><td>마르크스
주의</td><td>민주적
사회주의</td><td>페이비언
사회주의</td><td>중도
노선</td><td>소극적
집합주의</td><td>반집합
주의</td><td>신우파</td><td>녹색주의</td><td>페미니즘</td></tr>
<tr><td>극좌</td><td>좌파</td><td>중도좌</td><td>중도</td><td>중도우</td><td>우파</td><td>극우</td><td colspan="2" rowspan="2">기타</td></tr>
<tr><td colspan="7">진보 ← → 보수</td></tr>
</table>

출처 : 오미옥(2022). 사회복지정책론. 재구성.

2 우익 성향 이데올로기

1. 신우파

신우파는 19세기 영국을 지배했던 이데올로기로 복지국가는 자유시장의 걸림돌이라고 생각하고, 정부의 개입은 개인의 자유를 침해하며, 시장경제 발전을 저해한다는 경향이 큰 이념이다.

신우파에 의한 복지국가의 견해는 다음과 같다. 복지국가는 자유시장의 걸림돌이며 국가는 자유시장경제를 유지해야 한다(손용근, 2022). 자발적 질서의 마당인 시장은 이기적 성격에 기초하여 협력으로 이끌고 사람을 엮어 준다. 시장이 국가제공의 복지보다 우위에 있으므로 이 작용원리를 유지하도록 하는 것이 구성원 전체의 복지로 가는 지름길이다(김동룡, 2014). 국가가 빈곤을 해소할 일정 정도의 의무는 있지만 국가의 책임은 빈곤해소에서 더 나아가서는 안 되고 자산조사에 의한 최소한의 급여에 제한되어야 한다(류연규, 2022). 신우파는 정부의 개입을 부정하며 정부의 역할은 규칙제정자, 공동자원의 관리자, 가부장적 역할로만 제한한다(김진원, 2021).

즉, 신우파는 막대한 국가재정이 소요되는 복지국가에 대한 불편한 시각이 강하다. 사회복지정책은 국가에서 주도하는 것보다 국가의 역할을 최소화하여 자유로운 시장경제가 활성화되면서 국가와 사회가 안정될 수 있다는 입장이다.

2. 반집합주의

반집합주의는 자유방임주의의 이데올로기를 기초로 하여 국가의 개입은 최소한으로 제한되어야 하고 복지는 빈곤층만을 대상으로 시혜적인 차원에서 최저생계비만 제공해야 한다. 여기서 복지는 개인적인 측면을 강조하고 있다(오미옥, 2022).

이정서(2022)는 반집합주의는 시장제도와 현금거래 관계에 기초하여 개인의 자유, 능력을 최대한 보장하며 경제성장과 부를 극대화하는 것으로 자본주의 기본 이데올로기에 입각한 것이다.

즉, 반집합주의는 좌파의 대표적인 이데올로기라 할 수 있는 집합주의에 대해 반대의 의미가 포함되어 있다. 반집합주의는 집합주의 성향이 강한 복지국가가 개인의 자유, 독창성 등의 선택을 제한한다고 보고, 복지제공에 있어서 정부의 역할을 최소화하는 것이 국가구성원 전체에게 도움이 되며, 개인의 자유와 시장자유주의를 강화하는 것이 효율적인 국가경제 발전을 가져오는 방법이라는 입장이다.

3. 신자유주의

신자유주의의 등장배경 및 개념, 대표적인 정책의 예시인 비판논리를 정리하여 제시하면 다음과 같다(임정문 외, 2020).

1) 등장배경 및 개념

신자유주의의 신조는 시장에 대한 국가의 개입을 비판하고, 시장의 기능과 인간의 자유로운 활동을 중시해야 한다는 이데올로기로 1970년대부터 대두되기 시작하였다. 신자유주의자의 사상이 등장하게 된 배경은 경제정책에 있어 강한 정부개입을 강조한 케인스경제정책에 따른 큰 정부의 실패 때문이라고 볼 수 있다. 1970년대 신자유주의자들은 당시의 경제위기가 무리한 복지정책과 공공부문의 확대, 자본에 있어서의 정부의 지나친 개입으로 초래되었다고 보았다.

2) 신자유주의의 대표적인 정책 : 대처리즘

영국의 대처는 수상으로 집권하면서 비효율적인 국영기업의 민영화, 공공부문의 축소 등을 통해 세금을 줄이고, 노동의 유연성을 확보해 기업환경을 개선함으로써 시장을 활성화하였다. 개인과 국가, 그리고 경제와 복지에 관한 신념체계로

서의 대처리즘(Thatcherism)[1]은 아래와 같이 정리된다.

① 국가의 가장 중요한 임무는 법과 질서의 유지와 국방에 있다.
② 국민들은 자신의 문제를 스스로 해결해야 하며, 정부에 미루어서는 안 된다.
③ 경제성장이 없는 공공지출의 증대는 세금부담을 증대시키고 선택의 자유를 축소할 뿐이다.
④ 시장은 경제성장과 자유선택을 촉진하고 개인의 자유를 수호하는 가장 좋은 수단이다.

3) 신자유주의자들의 비판논리

사회복지제도에 대한 신자유주의자들의 비판논리는 다음과 같다. 첫째, 사회복지제도의 확대는 기업의 조세부담과 노동비용의 증가로 나타나고 이로 인한 재화와 서비스의 가격상승은 시장에서의 경쟁력을 약화시킨다. 둘째, 복지급여수급은 의존성을 증가시키고 개인의 저축동기 및 투자동기를 약화시켜 생산성의 감소를 초래한다. 셋째, 재화나 서비스에 대한 수급자들의 선택을 왜곡시켜 비효율적 배분을 초래한다. 넷째, 노동시장의 경직성을 야기하여 생산성에 따른 노동배분이 효율적으로 이루어지지 않는다. 다섯째, 사회복지제도의 확대는 조세 및 사회보험료 부담을 증가시키므로 이러한 부담을 피하기 위한 지하 경제의 규모를 증가시킨다고 주장한다.

신자유주의를 정리해 보면, 제2차 세계대전이 끝난 후 유럽을 비롯한 세계적인 경제성장에 따른 과도한 복지정책을 비판하면서 출발하였다. 기존의 과도한 복지정책은 오히려 경제발전에 방해가 되었기 때문에 과도한 재정이 소용되는 정부의 복지정책을 줄이고, 새롭게 자본주의로 향하여 개인의 자유와 경제발전을 이루자

1) 대처리즘은 영국의 대처(Thatcher, 1925~2013) 수상이 이끌었던 신자유주의 경제정책을 총칭한 대표적 용어다.

는 목적에서 출발한 신자유주의 이데올로기는 우리 사회의 약자에 대한 복지정책의 축소로 부익부 빈익빈이 나타날 수 있어 비판을 받고 있다.

3 좌익 성향 이데올로기

1. 페이비언 사회주의

페이비언(Fabian)[2] 사회주의는 중도에서 좌익으로 기울어지는 성향이 있는 이데올로기라고 할 수 있다. 페이비언 사회주의에 대한 입장을 좀 더 살펴보면 다음과 같다. 임정문 외(2020)는 페이비언 사회주의는 소극적 집합주의와 마르크스주의 사이의 모호한 중간 영역에 위치를 설정할 수 있다고 하였다. 마르크스주의의 정통적인 혁명노선을 비판하고 계급혁명을 통한 사회개혁이 아니라 의회민주주의를 통한 점진적인 개혁을 추구한다. 민주주의를 전적으로 옹호하여 사회복지서비스를 적극적으로 도입한다. 이러한 페이비언 사회주의의 사회적 가치는 평등, 자유, 우애이다.

정리해 보면, 페이비언 사회주의는 사회의 산업발전 속도를 늦춰야 할 필요성을 강조하는 것에서 출발하였다. 또한, 페이비언 사회주의는 자본주의의 폐해에 대한 문제점을 인식하고, 인간의 최소한의 생활수준을 누릴 수 있어야 하는 점을 중시한다.

---

2) 페이비언이란? 로마의 페이비언 막시무스(Fabius Maximus) 장군의 지연전술에서 유래하였는데, 페이비언 장군은 공격보다는 기다림의 전략과 전술을 사용하여 전쟁을 이기는 장군이었다. 1800년대 후반 당시 영국은 버나스 쇼(Bernard Shaw)와 같은 지식인을 중심으로 1884년 페이비언협회를 만들어 산업혁명 이후 급격한 산업발전의 모순을 지적하면서 페이비언 장군의 전략을 반영하여 활동한 단체이다. 이들은 "영웅적 성공보단 지루한 성공을 이루자."는 목적으로 사회와 경제정책에 페이비언협회의 영향력 활동을 이어 나갔다.

2. 집합주의

집합주의는 자본주의를 비판한 이데올로기이다. 사회학사전(2000)에 의하면, 집단주의라는 용어는 집단소유의 사회주의적 혹은 협동적 형태를 언급하기도 하는데, 이것은 구성원이 전적으로 자주관리하며 어떠한 국가의 지시도 개입되지 않는 경제의 특정한 부문에 한정될 수도 있다. 집합주의는 공동소유나 국가소유, 그리고 생산수단의 통제와 분배가 경제조직의 지배적인 양식이 되는 정치체계를 나타내는 이념이다. 집합주의 조직의 실질적 형태는 매우 광범위하다. 어떤 맥락에서 집합주의는 대규모의 집단적 자주관리와 관련될 수 있다. 공동소유나 국가소유를 옹호하는 정치·경제적 모형, 그리고 생산수단과 분배의 공공통제 혹은 국가통제의 대표적인 예로 공산주의나 사회주의가 있다.

정리해 보면, 집합주의는 개인의 반대인 집합을 강조한 이데올로기이다. 또한, 자본주의와 같은 개인소유와 개인욕망을 비판하면서 집단적 가치와 의미를 강조한다. 집단농장과 조합과 같은 공동소유, 사회재분배의 필요성을 주장한다.

3. 민주적 사회주의

민주적 사회주의는 복지국가가 사회 조화와 평등한 사회의 실현을 위해 필요하며 사회주의로 가기 위한 한 단계라고 주장했다. 또한, 과도한 불평등의 감소를 위해 사회복지정책이 확대되어야 한다는 입장이다.

민주적 사회주의 입장을 좀 더 살펴보면 다음과 같다. 노동자의 기본권리 박탈, 사회양극화, 민중의 삶 황폐화, 정규직과 비정규직 차별 및 격차 심화, 실업과 고용 불안 등의 사회위기에 대한 대응방안으로 복지국가를 내세우고 있다. 복지혜택의 확대가 아닌 생태·평등·여성주의 등의 가치와 복지의 이상이 조화된 복지국가의 실현을 지향한다(정승현, 2019). 경제성장은 국민들에게 선택권을 넓혀 주고 빈부격차를 감소시켜 주며 사회적 자본을 증대시켜 주기 때문에 꼭 필요하다. 그러나 경제성장에는 내재적으로 불평등이 뒤따르기 때문에 정부는 불평등 완화

조치도 함께 취해야 한다(김동훈, 2017). 민주적 사회주의 정당은 노동자를 위하여 사회복지예산 지출을 확대하는 선 분배 후 성장 정책을 선호한다(박중보·김귀곤, 2022).

정리하면 민주적 사회주의는 자본주의를 비판하면서 사회복지정책의 필요성을 강조한 이데올로기이다. 하지만, 민주적 사회주의가 강조한 사회복지정책은 단순한 복지혜택의 증가가 아닌 사회통합과 더불어 평등한 사회를 만들기 위해 모든 국민에게 비차별적인 복지를 제공하는 보편적인 복지국가가 되어야 한다는 입장이다.

4. 마르크스주의

마르크스주의는 공산주의와 가장 가까운 이데올로기이다. 마르크스주의는 복지국가는 결과적으로 자본주의체제를 강화하는 도구이기 때문에 사회복지정책은 사회주의로부터 더 멀어져야 한다는 입장을 갖는다.

마르크스주의 입장을 좀 더 살펴보면 다음과 같다. 마르크스주의는 자본주의 사회에서 부르주아적 개인의 권리 개념이 노동과 생산 그리고 부가 인간복지에 얼마나 중요한지를 간과하고 있다고 경고한다(양해림, 2018). 노동자와 빈민에게 평등은 허구에 불과하다. 빈곤과 실업의 공포로부터 해방되는 경제적 자유와 기회의 실존이 뒷받침되지 않기 때문이다. 경제적 평등이 없는 자유는 기만이다(김동훈, 2017). 복지국가에 대해 공적인 서비스를 제공함으로써 자본의 이윤 증대를 강화하고 이를 정치적으로 정당화하려는 것이라 생각하며, 복지정책이 자본주의 체제의 모순을 단기적으로 해결할 뿐 근본적인 해결책이 될 수 없다고 비판한다(류연규, 2022).

즉, 마르크스주의는 자본주의 이데올로기하에서는 빈곤의 문제 발생은 필연적이기 때문에 경제적인 평등만이 노동자와 빈민이 빈곤에서 벗어날 수 있음을 주장한다. 또한, 복지국가는 자본과 노동계급 간 갈등의 결과에 불과하기 때문에 복지정책이 사회평등을 해결하는 데 근본적 해결책이 아닌 임시방편이라는 입장이다.

4 중도 성향 이데올로기

1. 소극적 집합주의

소극적 집합주의는 반집합주의자들과 유사하지만, 자본주의가 효율적이고 공정하게 기능하기 위해서는 일정한 규제가 필요하다는 것을 인정한다는 점에서 차이를 보인다(김진원, 2020).

소극적 집합주의자들의 근본적인 사회적 가치는 자유, 개인주의, 불평등과 소극적 자유다. 이러한 핵심 가치는 반집합주의의 가치와 유사하지만, 소극적 집합주의자들은 조건적인 경향[3]이 있다.

소극적 집합주의는 자본주의의 단점은 심각한 것이지만 고칠 수 있다고 생각하기에 일정한 규제의 필요성을 제기한다.

정리하면, 소극적 집합주의는 자본주의에 대한 문제의 심각함을 지적하지만, 극단적인 경제평등과 같은 공산주의 정책에도 반대한다. 즉, 소극적 집합주의는 반집합주의와는 달리 어느 정도 수준에서 정부가 개입하는 것을 인정한다. 또한, 자본주의와 시장체계의 약점을 보완하고 문제점 해결을 위해 정부의 사회복지정책에 긍정적인 입장이다.

---

3) 조건적인 경향이란? 시장에 대한 정부의 개입을 시장실패를 보충하는 수단으로 조건부 인정한다는 의미이다.

2. 중도노선

중도노선은 복지국가에 대해 사회안정과 질서유지에 도움이 되며 빈곤과 불평등의 완화를 위해서는 사회복지정책이 필요하다고 생각했다. 그러나 국가가 모든 상황에서 개입하는 것이 아닌 꼭 필요한 상황에서만 개입해야 한다고 보았다.

국가 차원의 복지정책을 통해 자본주의의 사회적 폐해를 완화할 필요가 있고 그것이 가능하다는 생각을 기초로 하고 있다(김동훈, 2017). 복지국가의 역할은 시장실패를 해결하는 매커니즘일 뿐 사회경제적 제도 개선이나 궁극적인 생활 개선의 도구는 될 수 없다(류연규, 2022).

즉, 중도노선은 실용적인 복지를 선호하였다. 모든 사회문제에 국가가 개입하고 통제하는 것이 아닌 국가의 개입이 불가피한 상황일 때 국가의 자원이 필요로 하는 자에게 투입되는 것이 복지국가의 올바른 방향이라는 입장이다.

3. 제3의 길

제3의 길[4]을 알아보기 전에 제1의 길과 제2의 길을 먼저 살펴보겠다.4 제1의 길은 1945년부터 1970년대 후반으로 '막 퍼주기'식의 복지를 시행한 사회민주주의 시대를 거쳤다. 제2의 길은 1970년대부터 1990년대 초반의 시기로 '아끼기'식의 복지를 시행한 신자유주의 시대를 거쳤다. 이와 같은 두 방향의 사회복지정책의 길을 거치면서 기존 정책방향의 문제점이 나타나기 시작하였고, 각국은 새로운 복지정책 방향의 길이 요구되었다. 그리하여 1990년대 후반 '제3의 길'이라는 새로운 이데올로기가 나타나기 시작하였다. 제3의 길은 사회복지정책 방향을 제1도 아니고, 제2도 아닌 새로운 제3의 방법으로 가자는 것인데, 제3의 길의 핵심 내용은 사람에게 투자하여 인간 스스로의 역량을 강화하는 복지정책이라는 것으로 정

4) 제3의 길은 본 교제 제4장 사회복지정책의 역사에서 소개되었으나, 여기에서는 제3의 길의 이데올로기와 관련된 내용을 중심으로 소개하겠다.

리할 수 있다.

제3의 길에 대해 자세히 알아보면 다음과 같다.

제3의 길은 복지국가를 지향하는 사회민주주의를 제1의 길로, 시장경제를 지향하는 신자유주의를 제2의 길로 규정하고 이에 대한 절충된 대안인 제3의 길을 지향하자는 것이다(양승일, 2019). 제3의 길의 개념도는 다음 [그림 6-1]과 같다.

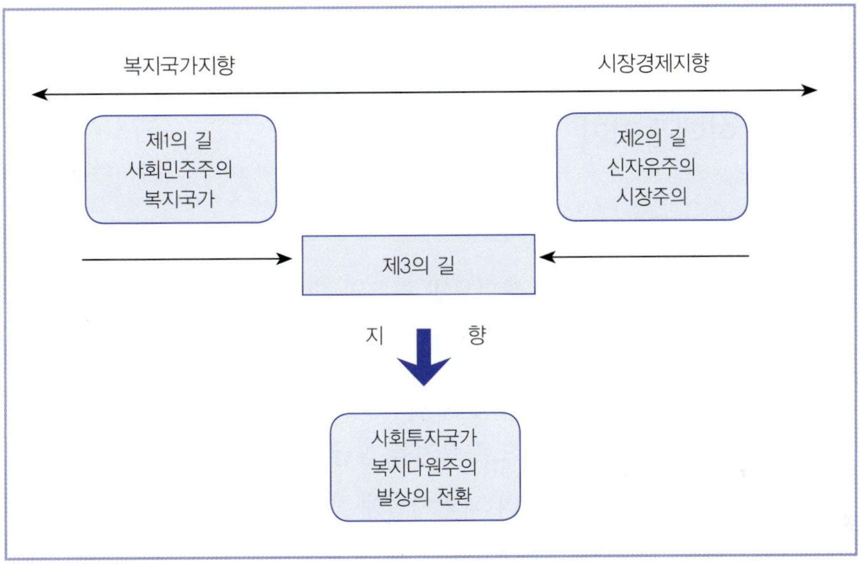

출처 : 양승일(2019). 사회복지정책론.

[그림 6-1] 제3의 길 개념도

제3의 길은 사회투자국가, 복지다원주의, 발상의 전환이라는 점을 강조한다. 먼저, 사회투자국가는 국민들에게 경제적 혜택을 직접 제공하기보다는 인적 자원에 투자하는 복지국가이다. 대표적인 예로는 실업문제를 복지에 의존하는 대신에 교육과 투자기회를 이용하도록 장려하고 평생교육을 강조하며 평생 일을 할 수 있도록 교육하는 것이 있다. 복지다원주의는 주로 중앙정부에서 담당해 왔던 복지제공의 업무를 기업, 시민단체, 지역사회, 지방정부 등으로 다원화하여 복지국가의 비효율성을 줄이자는 것이다. 끝으로 발상의 전환은 수혜자가 스스로 복지국가에 대한 의존성향을 줄여야 한다는 것으로, 개인의 책임을 상대적으로 강조하는 입장이다(김경우, 2016).

우리나라의 경우 1990년대부터 나타나기 시작한 제3의 길이라는 이데올로기를 적용해 볼 때 김대중 정부의 "생산적 복지" 정책이 그 사례라 할 수 있다. 우리나라의 "생산적 복지"라는 사회복지정책은 그 일환으로 자활후견센터, 노인시니어클럽 등의 사회복지시설이 모든 기초자치단체에 설치되어 운영되고 있다.

4. 기타 이데올리기

1) 녹색주의

녹색주의 이데올로기 입장을 살펴보면 다음과 같다. 복지제도가 잘 갖춰져 모든 사람이 풍요로운 삶을 누린다고 해도 그것을 유지하기 위해서는 끝없는 경쟁, 파괴, 낭비를 반복하는 자본주의적 생산양식의 틀을 벗어날 수 없다(정승현, 2019). 복지수급자들에게 권위적으로 복지를 공급하는 무능한 전일제 전문관료를 거부하며 의료서비스 등이 고도의 과학기술에 의존하는 것을 비판한다(류연규, 2022). 녹색주의는 경제성장 및 대규모 기술, 산업사회의 탐욕 및 소비사회의 지속으로 나타난 부작용을 지적하며, 산업사회가 사회문제의 원인에 관심을 기울이기보다는 현상에 초점을 두고 있다고 비판한다. 산업사회가 확대되고 개인주의가 팽배해짐에 따라 자원이 고갈되고 사회문제가 증가한다고 봄으로써 경제성장과 정부의 복지지출에 반대한다(이용석, 2018).

즉, 녹색주의는 산업과 경제성장 위주의 사회적 분위기에서 벗어나 자연환경 문제해결이야 말로 인간의 복지에 큰 영향이 있음을 주장하면서 녹색주의 이데올로기의 중요성을 강조하였다.

2) 페미니즘

페미니즘(Feminism)은 복지국가가 노동시장에서 여성들이 평등한 지위를 보장받을 수 있도록 하는 데 필요한 서비스를 제공할 수 있다는 측면에서는 강한 지지를 보이고 있다. 한편 페미니스트들은 복지국가가 남성들이 정책입안자이고 여성들은 단지 정책수혜자로 머무는 남성지배적인 국가라고 주장하고 있다(박경일, 2020).

즉, 페미니즘은 전통적인 남성위주의 사회를 비판하면서 여성의 주체성과 권리를 강조한 데서 출발한 이데올로기이다. 페미니즘은 복지국가가 여성의 사회적 평등과 여성들을 위한 사회적 서비스를 제공한다는 점에서 복지국가를 긍정적으로 본다. 하지만, 사회복지정책 결정의 주체는 대부분 남성인데 비해 사회복지정책 수혜는 대부분 여성인 점을 비판하면서 여성의 불평등 해소를 위한 페미니즘 이데올로기는 없어지지 않을 것이고, 사회복지정책에 있어 여성의 중요성을 강조하는 입장이다.

연습문제

1. 다음에 해당하는 조지와 윌딩(George & Wilding)의 이데올로기 모형은?

> • 이 이데올로기가 주장하는 것은 자유, 개념, 개인주의이다.
> • 국가가 복지공급에 참여하는 경우 국가의 역할은 절대적으로 최소한의 서비스를 제공하는 수준에 국한되어야 한다.

① 페이비언 사회주의 ② 신우파 ③ 페미니즘
④ 사회민주주의 ⑤ 마르크스주의

2. 신자유주의에 관한 설명으로 옳지 않는 것은?

① 사회복지제도의 확대는 기업의 조세부담과 노동비용을 증가시킨다.
② 시장에 대한 국가의 개입을 비판하고 시장의 기능과 인간의 자유로운 활동을 중시한다.
③ 신자유주의의 대표적인 정책은 대처리즘이다.
④ 사회복지제도의 확대가 조세 및 사회보험료 부담을 감소시켜 지하 경제를 감소시킨다고 본다.
⑤ 신자유주의 사상의 등장배경은 케인스이론 때문이라고 볼 수 있다.

3. 사회복지 이데올로기에 관한 설명으로 옳지 않는 것은?

① 제3의 길-근로와 복지가 연계될 필요가 있다.
② 소극적 집합주의-국가가 국민의 최저수준을 보장하고 소극적 평등을 주장한다.
③ 페이비언 사회주의-가족 등 비공식 부문의 역할이 상대적으로 중요하다.
④ 마르크스주의-복지국가는 자본과 노동계급 간 갈등의 결과이다.
⑤ 반집합주의-사회복지는 개인의 자유와 선택을 제한한다.

4. 산업혁명 이후 급격한 산업발전의 모순과 자본주의의 폐해에 대한 문제점을 지적하면서 산업발전의 속도를 늦춰 인간의 최소한의 생활수준을 누릴 수 있어야 함을 강조하기 위해 로마 장군의 전략인 기다림을 사회와 경제정책에 반영한 영국에서 시작된 이데올로기는?

① 민주적 사회주의 ② 집합주의 ③ 페미니즘
④ 마르크스주의 ⑤ 페이비언 사회주의

〈정답 및 해설〉

1. 정답 : ②

해설 : 신우파에 대한 설명이다. 복지국가는 개인의 자유를 침해할 수 없으며, 시장이야말로 소비자의 선호를 발견하고 조정하는 최선의 체계라고 주장한다. 시장질서와 개인의 자유를 강조하며, 복지비용의 삭감, 공공부문의 민영화, 기업에 대한 규제완화 등을 주장한다.

2. 정답 : ④

해설 : 신자유주의는 사회복지제도의 확대가 조세 및 사회보험료의 부담을 증가시켜 이러한 부담을 피하려는 지하 경제가 증가한다고 보았다.

3. 정답 : ③

해설 : 페이비언 사회주의는 의회정치를 활용하여 사회개혁을 통한 사회주의를 지향하였다. 생산수단, 기업의 점진적인 국유화를 주장했다는 점에서 공식부분의 역할을 중요하게 고려하였다고 볼 수 있다.

4. 정답 : ⑤

해설 : 페이비언 사회주의는 로마의 페이비언 장군의 전략 전술인 공격보다는 기다림의 전략과 전술에서 유래하였는데, 이는 산업혁명 이후 급격한 산업발전과 자본주의의 모순을 지적하기 위하여 페이비언 장군의 전략인 기다림을 사회와 경제정책에 반영한 것이다.

해결문제

우리나라에서 제3의 길로 가기 위한 정책을 더 확대한다면 어떤 정책이 가장 어울리겠는가? 본인이 국회의원이나 정책 입안자라 가정하고 제3의 길과 관련한 정책을 제안해 보자.

토론문제

우리나라의 경우 진보좌파와 보수우파에 구별 없이 선거를 한 번 치를 때마다 사회복지정책에 대한 확대 공약이 경쟁적으로 제시되어 왔다. 또한, 선심성 현금살포정책이라는 비판을 무릅쓰고 경쟁적으로 과도한 사회복지정책을 제시하고 있다는 비판이 있다. 다양한 사회복지정책은 우리 사회에서 필요한 요인이다. 하지만, 그 재정 마련이 문제인데, 증세(增稅)를 하자는 얘기는 여야 정치권 어디에서도 나오지 않는다. 최근 증세 논쟁은 피하면서 가능한 재원을 확보해 보자는 취지의 사회복지세, 고향세 같은 '특별세금'의 신설에 대한 논란이 의제화되고 있다. 이와 같은 특별세 도입의 타당성에 대한 찬반 토론을 실시해 보자.

PART 03

사회복지정책의 과정과 분석평가

Social Welfare Policy

CHAPTER 07

사회복지정책의 과정

1 사회복지정책 과정의 개념

사회복지정책 과정이란? 사회복지정책이 결정되어 그 본래의 목적을 달성하기까지 문제의 형성단계에서부터 사회복지정책 의제의 형성, 사회복지정책 결정, 사회복지정책 집행 그리고 사회복지정책 평가라는 일련의 연속적 과정을 거치게 되는데, 이러한 일련의 연속과정을 사회복지정책 과정(policy process)이라 한다(양정하 외, 2020).

사회복지정책의 과정은 단계적이며 연속적으로 일어나는 과정을 의미한다. 즉, 사회문제를 해결하기 위한 일정한 유형의 행동지침이나 대응방안을 사회복지정책 과정이라 할 수 있다. 다양한 사회복지정책 과정의 분류를 소개하면 〈표 7-1〉과 같다.

〈표 7-1〉 학자에 따른 사회복지정책 과정의 분류

학자	단계
칸(Kahn)	1. 계획의 시작 2. 탐색 3. 계획 4. 과제의 정의 5. 정책형성 6. 프로그램 작성 7. 평가 및 환류
디니토(Dinitto)	1. 정책문제 확인 2. 대안제시 3. 정당화 4. 집행 5. 정책평가
프리맨(Freeman)과 셔우드(Sherwood)	1. 계획 2. 프로그램 개발과 집행 3. 평가
길버트(Gilbert)와 테럴(Terrell)	1. 문제발견 2. 문제분석 3. 대중홍보 4. 정책목표개발 5. 대중의 지지와 정당성 확보 6. 프로그램 설계 7. 집행 8. 평가와 사정
켈리(Kelly)와 팔룸보(Palumbo)	1. 아젠다 형성 2. 문제정의 3. 정책형성 4. 정책실행 5. 정책평가 6. 정책종료
피터슨(Petersen)	1. 정책의 쟁점의 등장과 논의 및 논쟁 2. 정치적 행동 3. 정책과 법 제안 4. 법과 관련 규정 제정 5. 실행
퀘이드(Quade)	1. 정책 설정 2. 정책대안 구상 3. 미래예측 4. 대안의 영향력 예측 5. 대안평가 및 비교순위 책정

출처 : 노기남 외(2021). 사회복지정책론. 재구성.

이와 같은 다양한 학자들의 견해에 의한 사회복지정책 과정은 사회문제가 발생하고 이를 확인한 후 의제화 단계를 거쳐 적절한 정책대안 및 법안설계 후 실행과 평가단계를 거치는 공통점을 확인할 수 있다.

따라서 사회복지정책 과정은 사회복지정책 의제화, 사회복지정책 결정, 사회복지정책 실행, 사회복지정책 평가와 같이 4단계의 범주로 나눌수 있다. 각 단계별 과정을 구체적으로 살펴보면 다음과 같다.

2 사회복지정책 의제화

사회복지정책 의제화(Agenda)는 사회문제가 발생한 후 의제화되기끼지의 단계를 의미한다. 사회문제라고해서 모두 의제화될 수 있는 것은 아니지만, 특정 집단의 요구나 우연 혹은 특정 사건을 통해 이슈화 과정을 거쳐 사회복지정책 결정권자들의 이념과 가치관에 부합할 경우 사회복지정책 의제화로 발전한다.

1. 의제화 단계

의제화 단계는 학자마다 다양한 과정을 제시하고 있어 〈표 7-2〉에 정리하였다.

〈표 7-2〉 학자에 따른 정책 의제화 단계

학자	형성과정
존스(Jones, 1984)	1. 사건의 인지 및 문제정의 2. 결집 및 조직화 3. 대표화 4. 의제 채택
안데르손(Anderson)	1. 문제와 이슈 2. 체제적 의제와 연결 3. 공적 문제화 4. 체계적 의제화 5. 정부의제화
아이스톤(Eyestone, 1978)	1. 사회문제의 인지 2. 문제의 사회이슈화 3. 이슈의 공공의제화 4. 정부의제화
콥과 엘더(Cobb&Elder, 1976)	1. 문제제기 2. 이슈발생 3. 대중매체 4. 대중확산 5. 진입 6. 정책 의제화

출처 : 이진숙·임소연(2021). 사회복지정책론. 재구성.

〈표 7-2〉에 제시된 학자들의 견해에 따른 사회복지정책 의제화는 특정한 이슈가 사회 속에서 공중의제로 전환되는 과정과 정부 내에서 공식의제로 전환되는 두 가지 과정으로 나누어지기도 한다(김기원, 2020).

이와 같은 다양한 견해의 사회복지정책 의제화 단계를 정리하면, 문제 발생 단계, 이슈화 되는 단계, 이슈화를 거쳐 공공 의제화되는 단계, 정부의제화가 되는 단계처럼 4단계로 요약하여 제시할 수 있다.

2. 의제(Agenda)의 설정

1) 아젠다 설정

의제는 아젠다라는 용어로 사용되기도 한다. 아젠다는 공공정책으로 전환되기 위하여 사회복지정책 결정자들의 관심을 불러일으키고 논의될 수 있는 상태에 있는 문제나 이슈의 목록이나 의제들의 모음이다. 아젠다는 정책꾼들의 논의가 이루어지는 문제나 요구, 아젠다를 구성하는 문제나 요구로 이루어진 각각의 항목들을 일컫는다고 할 수 있다. 이때 사회복지정책 의제는 수많은 사회문제들 중에서 정부가 그것에 대해 정책적 해결을 의도하여 공식적으로 채택한 문제이다(박경일, 2020).

즉, 사회복지정책 아젠더 설정이란? 다양한 사회문제 발생 후 특정한 사회문제는 사회적 이슈가 되고, 그 사회문제 해결을 위한 정부의 정책으로 삼기 위해 정책입안자들이 논의하기 위해 설정하는 주제와 정책방향이라고 정리할 수 있다.

2) 아젠다 종류

아젠다의 종류는 체제아젠다, 제도아젠다, 공공아젠다, 결정아젠다와 같이 크게 네 가지로 분류하는게 일반적이다. 각각의 내용을 살펴보겠다(김경우, 2016).

(1) 체제아젠다

사회체제의 관심을 끌 가치가 있고, 현재의 정부 당국체제가 합법적으로 다룰 수 있는 문제라고 정치적 공동체의 구성원들이 공통적으로 인지하고 있는 이슈들로 구성된다.

(2) 제도아젠다

제도아젠다는 정부아젠다 또는 공식아젠다로 부르기도 하는데, 권위 있는 의사결정자가 제도화할 만한 정도의 뚜렷한 적극성이 있고, 제도화하기 위해 진지한 관심을 기울이는 이슈들의 모음을 의미한다.

(3) 공공아젠다

사회 내 개개인의 개별적인 아젠다의 집합체를 넘어 공공적 성격이 강한 아젠다로 정의되며, 사회문제를 공공화하기 위해 단순화시켜 준다는 특색이 있고, 여론과 밀접한 관련이 있다.

(4) 결정아젠다

정부가 고민하는 수많은 아젠다 가운데 실제적인 정책으로 결정하기 위해 놓인 아젠다들의 목록을 결정아젠다라고 한다.

3 사회복지정책의 결정

1. 사회복지정책 결정의 개념

1) 사회복지정책 결정의 정의

사회복지정책 결정은 권위 있는 사회복지정책 결정자가 문제해결을 위해 제시된 여러 가지 안들 가운데 하나를 선택하는 행위 또는 과정을 의미한다. 이 과정은 사회복지정책 결정자가 하나의 안을 사회복지정책으로 채택하는 행위나 과정 자체가 될 수 있지만, 각 정첵대안 간의 비교분석 행위 및 과정이 포함되는 것이 보통이다(임정문 외, 2020).

사회복지정책 결정에 대해 다양한 사회문제를 해결하는 동시에 바람직한 사회로 나아가기 위해 사회복지정책 방향과 정책 내용의 결정과정을 거친다(류연규, 2022).

즉, 사회복지정책 결정은 사회문제가 이슈화되고, 그 이슈화된 문제가 정책을 위한 아젠다가 된 후 정책결정을 거친다는 사회복지정책 결정 과정을 의미한다.

2) 사회복지정책 결정의 특성

사회복지정책 결정과정은 정책목표를 달성하기 위해 정책대안을 탐색하고 그 결과를 예측·분석하여 사회복지정책 산출물을 채택하는 역동적인 과정을 의미한다. 사회복지정책 결정과정은 정책이 추구하는 미래의 바람직한 상태인 목표 상태를 결정할 뿐만 아니라, 정책목표 달성 수단으로써 사회복지정책 산출물을 개발·분석·채택하는 일련의 과정이라고 볼 수 있다. 이것은 정책이 단일의 결정이라기보다는 일련의 행동 또는 의사결정을 내포하고 있으며, 다음과 같은 특징을 지닌다(양승일, 2019).

첫째, 사회복지정책 결정과정에 참여하는 주체가 매우 다양하다.

둘째, 사회복지정책 결정과정은 역동적인 과정이다.

셋째, 사회복지정책 결정과정은 문제해결을 위한 공식적 목표와 수단을 개발하는 과정이다.

넷째, 사회복지정책 결정과정은 행동지향적이다.

다섯째, 사회복지정책 결정과정은 미래지향적이다.

즉, 사회복지정책 결정과정은 실제 정책 결정과정을 의미하기도 하지만, 중요한 사회복지정책 결정이 이루어지는 방법과 단계를 분석하는 것에도 그 특징이 있다.

2. 사회복지정책 결정이론

사회복지정책 결정은 정치적 과정이라는 데에는 보편적으로 동의한다. 그러나, 이 과정이 어떻게 작동하는가에 대해서는 논쟁이 있다. 이러한 논쟁의 중심은 '누가 정책을 결정하는가' 하는 것과 '정책은 어떻게 결정되는가' 하는 것과 관련된다(김기원, 2020).

사회복지정책 결정을 위한 이론은 '누가 어떻게 정책을 결정하는지'와 관련된 정책결정의 주체와 매우 관련된 이론들이 제시될 수 있다. 사회복지정책 이론은 본 교재 5장 "사회복지정책의 발달이론"에 각 이론들이 소개되어 있다. 본 장에서는 사회복지정책 결정에 있어 좀 더 구체적인 이론이라 할 수 있는 정책결정 모델을 살펴보겠다.

3. 사회복지정책 결정 모델

사회복지정책 결정의 모델은 개인의 의사결정과정을 정부의 의사결정에서 유추한 것으로 볼 수 있고, 사회복지정책 결정 모델은 의사결정 모형을 공공정책 분야에 수정하거나 변경 개발하여 사용하고 있다. 의사결정의 모형은 의사결정권자의 완전한 합리성을 가정하는 합리모델에서부터 합리성을 부인하는 쓰레기통모델에 이르기까지 그 중간 영역에 많은 이론들이 있다(류연규, 2022).

여러 학자들의 의견을 종합해 본 장에서 소개할 사회복지정책 결정 모델은 합리모델, 점증모델, 혼합모델, 최적모델, 만족모델, 연합모델, 쓰레기통모델, 게임모델이다. 그 내용을 구체적으로 제시하면 다음과 같다.

1) 합리모델

합리모델은 인간이 이성과 고도의 합리성에 따라 행동하고 결정한다는 것으로 사회복지정책 결정자나 사회복지정책 분석가가 고도의 합리성을 가지고 주어진 목적의 달성을 극대화하기 위해서 최선의 정책대안을 찾는다는 것을 전제로 한다(임정문 외, 2020).

합리모델은 사회복지정책 결정에 있어 합리적이라는 전제가 있어 주어진 상황하에서 목표의 달성을 극대화할 수 있는 사회복지정책 대안을 찾아낼 수 있다고 본다(박경일, 2020).

즉, 합리모델은 사회문제 해결에 있어 고도의 합리성과 경제적 합리성을 기반으로 최선의 사회복지정책 결정을 위한 대안을 탐색하는 의사결정 이론으로 정리할 수 있다.

2) 점증모델

점증모델은 과거의 사회복지정책 결정을 기초로 차이가 있는 대안을 검토하면서 약간 수정한 결정이다. 점증모델은 합리모형이 실제의 사회복지정책 결정에 적용하기 어려운 비현실성에 대해 비판하면서 현실적인 사회복지정책 결정 형태를 설명할 수 있는 실현 가능성을 높일 수 있는 모형임을 강조한다(박경일, 2020).

또한 점증모델은 인간능력의 한계와 의사결정수단의 제약을 인정한다. 대안의 선택은 점진적, 부분적, 순차적인 약간의 상향조정을 통해 이루어지고, 기존의 상황과 유사한 것들을 각각 비교하여 기존의 사회복지정책보다 약간 개선된 수준을 대안으로 선택한다(고병갑, 2017).

즉, 점증모델은 시간이 흐를수록 사회복지정책이 점점 발달하면서 현대화됨을 나타내는 모델이다. 따라서 정책결정 시 기존 정책의 문제점을 수정하거나 변형시켜 점증적으로 변화와 발전을 거치면서 사회복지정책이 결정된다는 모델을 의미한다.

3) 혼합모델

혼합모델은 합리모델과 점증모델을 혼합·절충한 제3의 모델이다. 합리모델의 이상주의적 성격을 지양하고, 점증모델의 보수성, 반혁신성을 탈피하기 위하여 양자를 변증법적으로 합하려는 것이다(양승일, 2019).

혼합모델은 종합적 합리성을 바탕으로 합리모델에 의해 결정하는 기본적 결정과 기본적 결정의 범위 내에서 점증적 결정하는 부분적 결정이 있으며, 합리모델의 비현실성과 점증모형의 보수성을 극복할 수 있다(고병갑, 2017).

즉, 혼합모델은 특정모델과 또 다른 특정모델을 혼합하여 장점만 적용된 모델이라 볼 수 있다. 하지만, 대표적인 혼합모델은 합리모델과 점증모델을 혼합한 사례의 모델이다. 따라서 혼합모델은 하나의 의사결정 접근법으로서 종합적 합리성을 기반으로 기본적 결정은 합리모델에 따르고, 세부적인 결정은 시간의 흐름에 따라 점점 발전을 추구하는 점증모델을 혼합한 모델을 의미한다.

4) 최적모델

드로어(Dror, 1971)에 의해 제기된 최적모델은 사회복지정책 결정을 체계론적 관점에서 파악하고, 정책성과를 최적화한다. 합리모델의 비현실성과 점증모형의 보수성향을 비판하면서 등장한 모형으로 사회복지정책 결정을 체계론적 시각에서 파악하고 정책성과를 최적화하는 데 주안점을 둔 모형이다. 최적모형이 충족되려면 세 가지 조건이 필요하다. 첫째, 현실적 기준을 제시할 수 있어야 한다. 둘째, 정책을 분석하는 데 체계적이고 포괄적이어야 한다. 셋째, 정책결정의 최종 목적에 도달하는 과정이나 처방이 규범적이어야 한다(정영숙 외, 2019 재인용).

즉, 최적모델은 현실적으로 가장 최적화된 모델이라 할 수 있다. 또한, 최적모델은 사회복지정책 결정 시에 경제적 합리성을 지향하고 있는 합리모형을 일부 흡수하고, 현실적으로 최고로 적당한 새로운 대안을 적용하여 사회복지정책을 결정하는 모델을 의미한다.

5) 만족모델

마치(March, 1958)와 사이먼(Simon, 1958)에 의해 제기된 만족모형은 인간의 제한된 합리성에 기초하여 최적 대안보다는 현실적으로 만족할 만한 대안의 선택에 타당성을 두고 있는 이론이다. 인간의 절대적 합리성보다는 제한된 합리성을 기준으로 삼고 있다는 점이 본 모델의 특징이라고 할 수 있다(양승일, 2019 재인용).

즉, 만족모델은 여러 사회적으로 제한된 자원에서 가장 만족할 만한 요인을 기반으로 하여 그나마 그 시대에 가장 만족스러운 수준의 대안을 사회복지정책으로 결정하는 모델을 의미한다.

6) 연합모델

연합모형은 회사모형이라고도 하며, 사이어트(Cyert, 1963)와 마치(March, 1963)가 개발했다. 이 모형은 개인적 차원의 만족모형을 한층 더 발전시켜 그것을 조직의 사회복지정책 결정과정에 적용시킴으로써 만족모형으로 설명할 수 있다는 현상의 범위를 넓혔다는 데 가장 큰 의의가 있다. 연합모형의 특징을 살펴보면 다음과 같다. 첫째, 불확실성을 회피하려는 경향이 있다. 둘째, 문제 중심적 탐색이다. 셋째, 표준운영 절차(SOP : Standard Operating Procedure)[1]를 중시한다(최창현 외, 2018 재인용).

즉, 연합모델은 만족모형의 확장형으로 개인의 만족뿐만 아니라 회사와 같은 조직의 연합과 조직의 만족까지 강조하는 모델을 의미한다.

7) 쓰레기통모델

무정부 상태에서 나타나는 몇 가지 흐름에 의하여 우연히 사회복지정책 결정이 이루어진다. 합리성이나 협상타협 등을 통해서 사회복지정책 결정이 이루어지는 것이 아니라 조직화된 무정부 상태(organized anarchies) 속에서 나타나는 문제, 해결책, 선택기회, 참여자 등 네 요소의 흐름에 의하여 우연히 이루어진다고 보는 사회복지정책 결정모델이다(이정서, 2022).

또한, 사회복지정책이 일정한 규칙에 따라 만들어지는 것이 아니라 전혀 예상치 못한 상황에서 우연한 시점에 한 곳에서 어떤 계기로 정책이 만들어질 수도 있음을 의미한다. 이 경우, 쓰레기통모델은 세 가지 전제조건을 제시하고 있다(노병일, 2021).

① '문제성을 띠는 선호'가 있다. 이것은 참여자 개인이 어떤 것을 좋아하는지에 대해서도 모르면서 정책결정에 참여하기 때문에 참여자들 사이에 바람직한 정책대안을 선택하는 데 합의할 수 없고, 이에 따라 문제가 생기는 것과 관련되고 있다.

② '불명확한 기술'이 있다. 이것은 정책결정의 목표와 수단 사이의 인과관계가 분명하지 못한 것과 관련되고 있다.

---

1) 표준운영 절차란? 조직 내의 일상적인 업무를 신뢰성 있고 일관성 있게 수행하기 위한 관련 활동들을 조정· 통제하는 수단이다(최창현 외, 2018).

③ '부분적 참여자'가 있다. 이것은 참여자 개인은 자신에게 중요한 문제를 해결하는 데에만 참여하고, 그렇지 않은 경우에는 참여하지 않는 것과 관련되고 있다.

즉, 쓰레기통모델은 우연히, 무관심, 무질서를 통해 사회복지정책이 만들어질 수 있는 근거를 제시한다.

8) 게임모델

게임모델은 정책결정에 참여한 개인이 둘 이상일 경우에 정책결정자는 전략적 경쟁관계 속에서 각 개인의 대안을 분석하고 합리적인 결정을 도출하기 위한 정책결정 모형이다. 게임모델에서 적용되는 전략은 최소최대전략이다. 정보가 없는 상황에서 소위 최소최대전략에 의해 상대방이 무엇을 선택하든지 상관없이 손실을 최소화하는 방향으로 정책을 결정한다. 대표적인 경우로서 '죄수들의 딜레마'[2]를 들 수 있다(박경일, 2020).

게임모델은 정책결정자들이 정책을 결정할 때 독립적으로 가장 합리적인 것을 찾는 것이 아니라, 다른 쪽에서 어떻게 하느냐를 고려해야만 합리적인 정책을 찾을 수 있다는 점을 강조한다(김태성, 2018).

즉, 게임모델은 둘 이상의 정책결정자들이 서로의 정책을 경쟁하면서 각자가 제시하는 정책이 상대의 정책에 비해 손해를 보지 않는 수준에서 정책을 결정하는 것으로 마치 게임을 하듯이 정책이 결정됨을 의미한다. 또한 게임모델은 개인의 최대 이익에 부합하는 행동을 추구하면서 상대가 있는 상호의존적인 성향이 강한 사회복지정책 결정모델이라 할 수 있다.

---

2) 죄수의 딜레마란? 범죄자 수사과정에서 두 공범자가 서로 협력하여 범죄 사실을 숨기면 증거 불충분으로 형량이 낮아지는 최선의 결과를 누릴 수 있음에도 불구하고, 상대방의 범죄 사실을 밝혀 본인의 형량을 감해 준다는 수사관의 유혹에 빠져 서로 공범자의 죄를 알려주어 무거운 형량을 선고받게 되는 현상을 말한다.

이상과 같은 사회복지정책을 결정하는 이론모델을 정리하여 〈표 7-3〉에 제시하였다.

〈표 7-3〉 사회복지정책 결정 모델의 특징

합리모델	인간의 이성과 합리성에 따라 최선의 대안을 위해 행동하고 결정
점증모델	과거 정책을 점진적으로 수정하여 개선을 추구
혼합모델	합리모형+점증모형. 합리모형에서의 합리성과 점증모형에서의 점진주의를 혼합한 제3의 모형
최적모델	경제적 합리성과 직관, 판단력 등의 초합리적 요소까지 고려
만족모델	인간은 제한된 합리성 보유, 즉 최적화된 대안선택이 아닌 만족스러운 대안선택
연합모델	개인적 차원의 만족모형을 한층 더 발전시켜 그것을 조직의 련합된 정책결정과정에 적용
쓰레기통모델	'조직화된 혼란 상태' 속에서 정책에 필요한 몇 가지 흐름이 우연히 통 안에 모여 정책을 결정
게임모델	상대와 게임을 하듯 상대의 정책 전략에 따라 정책이 최종 결정

출처 : 정영숙 외(2019). 사회복지정책론. 재구성.

4 사회복지정책 집행

1. 사회복지정책 집행의 개념

사회복지정책이 결정되면 그것은 사회복지문제를 해결하기 위하여 일선 기관을 통해 구체화하게 되는데, 이와 같이 결정된 사회복지정책을 구체화시켜 나가는 과정이 사회복지정책 집행과정이다. 즉, 사회복지정책 집행이란 의도된 정책목표를 달성하기 위하여 결정된 사항을 구체화시키는 활동을 의미한다(양정하 외, 2020).

사회복지정책 집행은 문제의 해결이나 사회복지정책 목표의 달성은 사회복지정책 결정 자체로 이루어지는 것으로 보지 않고, 사회복지정책 의제가 형성된 후 대안이 선택되어 사회복지정책 결정이 이루어졌다고 할지라도 그 정책의 실천이 안 된다면 그것은 사회복지정책으로써의 가치가 없음을 강조할 수 있다.

따라서 사회복지정책은 집행과정을 통해 정책결과로 향하기 때문에 사회복지정책의 집행은 사회복지정책 과정의 가장 핵심적인 단계라 할 수 있다. 또한, 사회복지정책의 집행은 공식적으로 표명된 사회복지정책 목표를 달성하기 위해 실행되는 일련의 과정 또는 집행활동을 의미한다.

2. 사회복지정책 집행단계

사회복지정책 집행단계는 크게 네 가지로 제시할 수 있다. 이는 정책 지침개발, 자원의 확보와 배분, 조직단계, 적용단계로 구체적인 내용을 살펴보면 다음과 같다(김종상 외, 2020).

1) 사회복지정책 지침개발

사회복지정책 지침은 정책집행 시 집행자가 따라야 할 사항 등에 대한 규정을 말한다. 이러한 규정에는 법, 법령, 시행령, 명령 등 성문화된 것들과 비성문화된 것들을 모두 포함한다. 구체적인 내용으로 '무엇을', '어떻게' 해야 하는지를 제시한다. 그 예시로는 표준 운영절차(SOP : Standard Operating Procedure)가 있다. 이러한 정책 지침은 정책의 능률성과 효과성, 공평성을 확보하며 하위 집행자들의 시간을 크게 절약해 주는 장점이 있다.

2) 자원의 확보와 배분

사회복지정책에 있어 자원은 자동차의 연료와 같으며 여기는 인적, 물적, 무형적 자원 등이 포함된다. 사회복지정책의 결정과 예산의 지원이 동질적으로 추진되는 것이 중요하며 집행기구나 집행요원, 전문지식, 공직윤리 등을 확립하는 일도 중요한 자원에 해당한다.

3) 조직단계

조직단계는 사회복지정책프로그램을 실현하는 데 필요한 조직을 만들고 이와 관련된 여러 활동을 조사하는 단계이다.

4) 적용단계

적용단계는 정책이 제공하는 혜택과 제한을 전달한다. 즉, 실질적으로 서비스나 금전적 혜택과 같은 정책 프로그램의 목적이나 수단, 제한점 등을 제공하는 단계이다. 이 밖에 사회복지 실천과정 이전에 각 조직 구성요소 간의 상호관계를 설정하는 일련의 동태적 과정을 뜻하는 조직화, 실천과정 이후에 환류과정을 추가할 수 있다(김중규, 2018).

3. 사회복지정책 집행의 모형

1) 엘모어의 정책 집행모형

엘모어(Elmore, 1978)는 사회복지정책 집행모형을 체제관리모형, 관료과정모형, 조직발전모형, 갈등협상모형과 같이 네 가지로 제시하였다(양승일, 2019 재인용).

(1) 체제관리모형

조직을 합리적 가치극대자로 보는 모형으로써, 집행이 성공을 거두기 위한 조건으로서 효율적인 관리통제체제를 강조하며, 집행이 실패하는 요인을 미숙한 관리에서 찾으려는 모형이다.

(2) 관료과정모형

조직의 핵심적인 두 개의 속성으로써 루틴(routine)을 제시한 것으로, 집행이 성공을 거두기 위해서는 조직 루틴[3]을 새로운 정책과 통합시키는 문제가 중요하다고 본다.

따라서 본 모형에서는 관료제가 현재의 조직 루틴을 바꾸지 않는 한 집행이 실패한다고 보는 것이다.

(3) 조직발전모형

조직에 있어서 개인의 참여와 책임을 극대화할 수 있는 구조를 지녀야 한다는 것으로, 집행이 성공을 거두기 위해서는 사회복지정책 결정자와 집행자 간에 정책에 관해 합의가 이루어져야 한다고 보는 것이다.

즉, 본 모형은 사회복지정책에 대한 합의 등이 결여될 때 집행이 실패한다고 보는 것이다.

(4) 갈등협상모형

조직을 갈등의 장이라 보는 것으로, 본 모형에서 집행의 성공이나 실패는 상대적 개념이라고 본다. 협상과정에 있어서 각자 위치에 따라 평가가 다를 수 있기 때문이다. 집행의 성공 여부에 대한 유일한 객관적 기준이 있다면 그것은 협상과정의 존속 여부라는 것이 본 모형의 주장이다.

2) 매틀랜드의 정책 집행모형

매틀랜드(Matland, 1995)는 정책 집행모형을 제시했는데, 그는 수없이 많은 집행변수를 정책담당자에게 제시해 주는 것은 도움이 되지 않으며, 특정 상황에서

---

3) 조직루틴이란? 조직 활동의 상호유형적 작용에서 반복된 행위로 일종의 조직적 습관을 의미한다.

가장 영향력이 큰 변수를 제시하는 것이 실천적으로 더 나은 처방이 된다고 주장한다. 이에 근거하여 집행상황을 구조화시키기 위해 조직이론과 의사결정론에서 논의되는 갈등과 모호성의 개념을 기초로 집행모형을 제시하였다(양승일, 2019 재인용). 첫째, 갈등 수준과 모호성 수준이 낮은 수준이면 관리적 집행형, 둘째, 갈등 수준과 모호성 수준이 높은 수준이면 상징적 집행형, 셋째, 갈등 수준이 낮고 모호성 수준이 높으면 실험적 집행형, 넷째, 갈등 수준이 높고 모호성 수준이 낮으면 정치적 집행형이 있음을 제시하였다.

4. 사회복지정책 집행평가

사회복지정책 집행평가는 사회복지정책 과정으로 포함할 수 있고, 제외할 수도 있다. 또한, 사회복지정책 평가단계도 전체 사회복지정책 과정으로 포함할 수 있고, 제외할 수도 있다.

본 교재는 사회복지 집행평가와 사회복지정책 평가를 사회복지정책 과정에서 제외하여 본 장에서는 사회복지정책 집행평가를 다루지 않겠다. 다만, 사회복지정책 평가에 대해서는 제9장에서 자세히 다루도록 하겠다.[4]

4) 본 교재의 제9장 "사회복지정책 평가"에서는 평가절차, 평가방법, 평가유형 등과 같이 사회복지정책 평가에 대해 구체적인 소개가 이어지겠다.

연습문제

1. 정책의제(아젠다) 설정 모형에 대한 설명으로 옳지 않은 것은?

① 외부주도형은 정부 밖의 개인이나 집단들의 주도에 의하여 정책의제의 채택이 이루어지는 것이다.

② 내부접근모형은 정부 내부에서 제기되어 일반 공중에게 확산되지 않는 형태를 가진다.

③ 동원모형은 정치적 민주화가 제대로 이루어지지 않은 국가를 설명할 때 많이 활용된다.

④ 민주화된 사회일수록 외부주도형의 설명력이 크다.

⑤ 동원모형에서는 공중의제로 확산시켜 대중의 지지를 얻기 위한 노력을 기울이지 않는다.

2. 〈보기〉에서 설명하고 있는 정책결정모형은?

〈보기〉 정책결정에는 경제적 합리성 이외에도 정책결정자의 직관이나 판단력, 창의력 등을 포함하는 초합리적 요소가 동원되어야 함을 강조하고 있다.

① 합리모형 ② 체계모형 ③ 혼합모형 ④ 최적모형 ⑤ 쓰레기통모형

3. 사회복지정책 결정과정에 관한 설명으로 옳은 것은?

〈보기〉 가. 여러 대안들 가운데 하나를 선택하는 행위이다. 나. 선택된 사항들의 우선순위를 매기는 과정이 포함된다. 다. 정책결정자는 공익적 성격을 지니게 된다. 라. 정책결정자는 정치적 성격을 배제하여야 한다.

① 가 · 나 · 다 ② 가 · 다 ③ 나 · 라 ④ 라 ⑤ 가 · 나 · 다 · 라

4. 정책평가의 기준에 관한 설명으로 옳지 않은 것은?
① 효과성이란 정책의 목표달성 정도를 의미한다.
② 형평성이란 사회계층 간, 지역 간에 정책결과가 어느 정도로 공평하게 적용되었는가를 판단하는 데 사용한다.
③ 적절성이란 정책이 어느 정도나 특정집단의 요구와 가치 등을 반영하였는가를 판단하기 위한 기준이다.
④ 자원이 제한되어 있다면, 이 자원을 가지고 최대한의 서비스를 산출하는 것이 효율적인 정책이다.
⑤ 형평성은 사회복지정책의 소득재분배적 성격과 관련이 있다.

〈정답 및 해설〉

1. 정답 : ⑤
해설 : 동원모형은 정부 내부에서 설정한 의제를 국민 대중의 지지를 얻기 위해 공중의제로 확산시킨다는 점에서 내부접근모형과 차이가 있다.

2. 정답 : ④
해설 : 최적모형에서는 효율성 이외에도 정책결정자의 초합리적 요소가 동원되어야 한다고 보고 있다.

3. 정답 : ①
해설 : 정책결정과 집행 모두 정치적 성격을 가지고 있다.

4. 정답 : ③
해설 : ③은 대응성(반응성)에 대한 설명이다.

해결문제

한국은 2023년 1월 현재 0.92명의 출산율로 나타나 한국의 출산 대책은 실패에 가깝다고 볼 수 있다. 그동안 한국의 저출산 대책은 130조 원 이상을 쏟아 부어도 여전히 세계 최저 출산국을 면하지 못하고 있다. 이러한 저출산 문제를 해결하기 위해서는 정치 분야는 물론 시민사회의 적극적 참여와 국민 의식 수준변화도 필요하다. 또한, 출산장려 정책, 보육정책, 양육환경 확보정책 등 다양한 정책의 필요성을 알 수 있다. 이러한 세계 최저 출산국을 벗어나기 위한 새로운 정책 의제(아젠다)를 사회복지정책 과정 순으로 제시해 보자.

토론문제

2005년 ○○광역시의 한 장애학교에서 실제로 발생한 성폭력 사건을 내용으로 만들어진 영화 「도가니」가 2011년 9월 22일 영화로 상영되었다. 당시 이 영화는 엄청난 파장을 일으켜 사회적으로 큰 이슈화가 되었다. 그 여파로 2011년 10월 28일에 긴급하게 법률안이 처리되어 2011년 11월 17일에 「성폭력 범죄의 처벌 등에 관한 특례법」 개정안인 일명 '도가니법'이 시행되었다. 즉, 사회적 이슈화를 거쳐 정책적 아젠다가 형성되고 그 아젠다는 실제로 정책과 법률로 제정된 대표적 사례 가운데 하나가 '도가니법'이다. 이와 같이 사회문제가 이슈화가 되면서 아젠다를 거쳐 사회복지정책으로 긴급하게 결정되는 사례가 바람직한 것인가? 아니면, 사회복지정책을 시행하려면 충분한 시간적 여유를 갖고 차분히 정책과정을 검증하고 분석하는 과정을 거치는 것이 바람직한 것인지 찬반 토론을 해 보자.

CHAPTER 08

사회복지정책의 분석틀과 산출분석

1 사회복지정책 분석의 개념

1. 사회복지정책 분석의 필요성

던컨과 와일드(Duncan & Wilde, 1974)는 사회복지정책 분석을 "여러 대안들 사이에서 최선의 정책을 선택하기 위해 이성적인 사고와 실제적인 증거를 활용하는 것"이라 정의하면서 그 필요성을 제시하였다(강희갑 외, 2019 재인용).

김병 외(2022)는 사회복지정책 분석은 정부활동의 원인과 결과를 기술하면서 사회복지정책의 정보산출과 모든 유형의 분석을 포함하기 때문에 정책결정자들의 판단력을 높여주는 데 유용한 방법임을 강조하였다.

사회복지정책 결정자는 주어진 목표를 보다 효과적이고 효율적으로 달성하기 위해 정책대안을 채택하게 된다. 이러한 사회복지정책 대안에 중요한 정보를 제공하기 위해 사회복지정책 분석은 매우 필요한 과정이다. 또한, 사회복지실천가들도 사회복지정책 분석을 통해 사회복지제도에 대한 실무적인 지식을 확보하고, 사회복지정책을 이해하기 위해 사회복지정책 분석의 필요성을 확인할 수 있다.

즉, 사회복지정책의 전체 과정에 대한 체계적 분석과 과학적 방법을 적용하여 최상의 사회복지정책 대안을 도출해 내기 위해 사회복지정책 분석이 필요함을 알 수 있다.

2. 사회복지정책 분석의 특징

사회복지정책 분석 내용을 파악하기 위해 사회복지정책 분석의 특징을 다섯 가지로 제시하면 다음과 같다(박경일, 2020).

첫째, 사회복지정책 분석은 정책목표의 달성 수단을 명확하게 하는 점에서 목적지향적이다.

둘째, 사회복지정책 분석은 사회과정의 여러 요인이 정책 현상과 상호 관련되어 있다는 점에서 체계적이다.

셋째, 사회복지정책 분석은 정책시행을 예측하고 서술할 뿐만 아니라 필요한 조치를 제언한다는 점에서 행위지향적이다.

넷째, 사회복지정책 분석은 정책목표를 달성하기 위한 방법을 구체적으로 검토한다는 점에서 조작적 성격이 강조된다.

다섯째, 사회복지정책 분석은 다학문적(multidisciplinary) 성격을 지닌다.

즉, 사회복지정책 분석의 특징은 다양한 학문을 바탕으로 상호 연결성을 띠고 있는 사회문제를 해결하기 위한 정책을 예측할 수 있고, 목표달성을 위한 방법을 탐구하는 특징이 있음을 알 수 있다.

2 사회복지정책의 대표적 분석틀

사회복지정책의 분석틀이란? 복잡하게 얽혀 있는 사회복지정책을 체계적으로 분석하기 위한 논리적이고 과학적인 인과관계를 증명하는 도구라고 할 수 있다. 이러한 관점에 따라 학자별로 제시한 사회복지정책 분석틀을 살펴보면 다음과 같다.

1. 길버트와 스펙트의 분석틀

사회복지정책 분석틀의 가장 대표적인 예는 길버트와 스펙트(Gilbert & Specht, 1974)가 제시한 3P분석을 제시할 수 있다. 3P분석은 과정분석(Process), 산출(산물)분석(Product), 성과(평가)분석(Performance)으로 구분하여 분석하는 것이다.[1]

1) 본 교재는 '산출분석'과 '성과분석'으로 제시하지만, 어떤 자료에선 '산출분석'을 '산물분석'으로 '성과분석'을 '평가분석'이라는 용어를 사용하기도 한다.

1) 과정분석

과정분석(Process)[2]은 사회복지정책이 그 사회의 어떤 정치·경제·사회·문화적 맥락에서 이루어졌는지 그 과정을 분석함으로써 사회복지정책의 목적과 기능을 명확히 알 수 있게 한다. 또한, 사회복지정책을 둘러싼 사회이해집단의 역학적인 관계를 파악하여 정책결정에 어떤 영향을 미치는지를 파악할 수 있게 한다(김영화 외, 2020).

과정분석은 분석을 통하여 사회복지정책 형성에 영향을 주는 사회적·정치적·경제적인 배경요인 등을 파악할 수 있다는 장점이 있지만 연구자의 관점이나 가치, 혹은 편견이 개입될 소지가 있기 때문에 '과연 과학적 분석방법인가?'에 대한 논란이 있을 수 있다(염일열·이승현, 2020).

즉, 사회복지정책의 결과와 함께 정책이 실행되는 과정도 중요하게 여기는 경향을 반영하여 사회복지정책이 어떠한 과정으로 만들어지고, 어떠한 과정으로 실행되었는지를 분석하는 것이 사회복지정책 과정분석이라 할 수 있다. 사회복지정책 과정분석은 사회복지정책의 목적과 기능을 명확히 파악하면서 사회이해집단이 정책결정에 어떤 영향을 미치는지를 파악하는 데 유용한 분석방법이다.

2) 산출분석

산출분석(Product)은 내용별로 범주화시켜 선택된 가치와 사회 주류적인 입장을 보여 줄 수 있어 쉽게 파악이 가능하다는 장점이 있다. 그러나 산출분석은 기존의 정책에 적용된 사회적 가치평가가 어렵고, 차별받거나 배제된 사람들의 욕구를 파악하기 힘들어 바람직한 대안을 제시하기 어렵다는 단점이 있다(김영화

---

2) 과정분석의 예를 들면 「장애인 차별금지 및 권리구제 등에 관한 법률」(2007)이 제정되기까지의 장애인 단체, 학계, 정부의 노력이 어떻게 진행되었는지에 대한 분석을 들 수 있다. 이와 같이 과정분석은 각 단계에서 주요 참가자들의 관계, 각 단계에서 이루어지는 절차, 그리고 각 단계의 성격에 대해 체계적이고 실천적인 정보를 얻을 수 있다.

외, 2020).

산출분석은 기획과정을 통해 얻게 되는 정책의 특정 선택에 따라 배제된 대안이나 선택의 근거가 된 가치와 이론, 가정들에 대한 문제도 분석한다. 따라서 산출분석은 사회복지정책을 실행하고 제공하는 산물의 형태와 관련이 있다. 산출분석은 사회복지정책을 시행하는 결과로 나타나는 급여를 누구에게 어떤 방법으로 제공하는지에 대한 내용 및 핵심을 분석하고 정책선택과 연관된 다양한 쟁점을 분석하는 데 초점을 맞춘다.

3) 성과분석

성과분석(Performance)을 하는 데 있어 두 가지 질문을 던질 수 있다. 첫째, 프로그램이 어떻게 잘 수행 되었는가? 둘째, 프로그램의 효과성은 어떠한가? 이다. 첫 번째 질문과 관련하여서는 프로그램이 무엇으로 구성되어 있는가? 대상집단에 제대로 전달되었는가? 비용은 얼마나 들었는가? 등으로 구성할 수 있다. 두 번째 질문인 효과성과 관련하여서는 프로그램 실시 전과 후의 측정치를 비교하여 개입의 효과를 측정할 수 있다. 성과분석의 장점은 과정분석이나 산출분석에 비하여 명확하기 때문에 보다 객관적이고 구조적인 분석이 가능하다(박경일, 2020).

성과분석의 한 예로 노인장기요양보험(2008)을 들 수 있다. 노인장기요양보험을 통해 돌봄을 필요로 하는 요보호 노인의 요양서비스를 얼마나 제공하였는지에 대한 성과를 분석할 수 있기 때문이다.

즉, 성과분석은 특정한 사회복지정책이 시행된 결과와 성과에 대한 효과성과 효율성을 수량적으로 기술하기 때문에 객관적이면서 체계적인 평가가 가능한 분석방법이다.

2. 프리그머와 아서튼의 분석틀

프리그머와 아서튼(Prigmore & Atherton, 1979)은 사회복지정책이 근본적으로 특정 사회의 가치, 문화, 지식과 연결되어 있을 뿐만 아니라 사회적 현실과 동떨어져 있을 수 없다는 사실을 강조하고, 사회복지정책의 맥락을 4개 영역, 13개 항목으로 구분하는 틀을 제시하였다(박경일, 2020 재인용).

〈표 8-1〉 프리그머와 아서튼의 분석틀

4개 영역		13개 항목
첫째	문화적 가치와 관련하여 고려해야 할 사항	• 현재의 방식과 양립하는가? • 평등과 정의에 기여하는가? • 사회사업 가치와 일관성이 있는가? • 사회의 다른 중요한 가치와 일치하는가?
둘째	영향과 의사결정의 차원	• 정치적으로 수용 가능성이 있는가? • 합법적인가? • 관련되는 이해집단을 만족시키는가?
셋째	지식에 관한 고려사항	• 과학적인가? • 합리적인가?
넷째	비용과 수익에 관련된 사항	• 경제적으로 실현 가능성이 있고, 경제적인 면에서 다른 어떤 대안보다 나은가? • 현실성이 있는가? • 효율적인가? • 다른 사회문제를 야기할 가능성이 있는가?

출처 : 김윤재 외(2020). 사회복지정책론.

〈표 8-1〉의 분석틀은 현재 진행되는 사회복지정책을 분석하는 데 도움이 될 뿐만 아니라 향후 수립하고자 하는 사회복지정책의 대안들을 평가할 때 하나의 기준이 될 수 있다.

3. 길의 분석틀

길(Gil, 1973)은 광범위하고 복잡한 사회복지정책 분석을 선택적으로 활용할 수 있게 표준적인 분석틀을 제시하여 입법, 행정 및 사법 이외에도 모든 수준에 있는 정책입안자들, 정당관계자, 이해집단 등에 의해 사용 가능하게 다섯 가지 부문의 분석틀을 제시하였다(홍봉수 외, 2019 재인용).

〈표 8-2〉 길의 분석틀

부문	내용
A	정책에 의해 다루어지는 이슈들
B	정책의 목적, 가치전제, 이론적 입장, 표적 부분 및 실질적 효과
C	정책의 핵심과정에 내포된 뜻과 사회정책의 보편적 영역
D	정책과 정책개발과 수행을 둘러싼 세력 사이의 상호작용 효과
E	사회정책대안의 개발 : 비교와 평가

출처 : 김윤재 외(2020). 사회복지정책론.

첫째, A부문은 문제들의 성질, 범위, 분석 상태를 검토하고 인과론적인 이론을 밝히는 것으로 분석하거나 개발하고자 하는 특정한 사회정책 혹은 정책문제를 이해 할 수 있어야 한다.

둘째, B부문에서 D부문은 주어진 정책을 실행함으로써 초래되는 실질적인 일련의 영향력을 가려 내는 것이다.

셋째, E부문은 각 정책대안들을 검토하고 다른 대안들을 서로 비교하고 평가하는 것으로 초점문제에 대하여 동일한 목적이나 다른 목적을 위한 정책대안을 제시할 수 있어야 한다.

즉, 길의 분석틀은 포괄적이고 세밀한 방식으로 복잡한 사회복지정책 현상을 다루고 있어 정책뿐만 아니라 사회 모든 분야에서 활용이 가능하다. 그러나 매우 세밀하게 다양한 분야를 분석 대상으로 삼기 때문에 모든 분야를 적용하여 분석하기에는 그 한계가 있을 수 있다.

4. 김태성 · 송근원의 분석틀

김태성·송근원(2004)은 사회복지정책 분석틀을 일곱 가지로 정리하여 제시하였다.

첫째, 사회복지정책의 문제와 목표가 무엇인가?
둘째, 사회복지정책의 사회적 배경과 역사적 배경은 무엇인가?
셋째, 사회복지정책의 내용과 관련된 요소는 무엇인가?
넷째, 사회복지정책의 집행요소는 무엇인가?
다섯째, 사회복지정책의 정치적 영향 요인은 무엇인가?
여섯째, 사회복지정책의 제약요인과 촉진요인은 무엇인가?
일곱째, 사회복지정책의 평가요인은 무엇인가?

3 산출분석

1. 산출분석의 개념

산출분석은 정책의 구체적인 내용을 분석하는 것으로 사회복지정책의 대표적인 가치인 평등, 자유, 효율, 욕구, 사회적 적절성, 인간의 존엄성 등을 분석하고, 사회복지정책이 계획되고 실행되는 내용을 포함한다(김병 외, 2022).

산출분석은 사회복지정책을 실행하고 제공하기 위한 산물을 분석하는 것으로 사회복지정책 기획과정을 통해 얻게 되는 정책의 특정 선택에 따라 배제된 대안이나 선택의 근거가 된 가치, 이론, 가정들에 대한 문제도 분석할 수 있다.

즉, 산출분석은 사회복지정책 시행과 관련된 이론과 이념 등을 포함하여 재원, 대상, 방법, 급여 등을 분석하는 것으로 그 시대의 현실적인 시대상을 반영한 정책의 산물을 분석하는 것이기 때문에 한 사회나 국가를 대상으로 사회복지정책 분석을 실시하는 데 있어 가장 대표적인 분석방법 가운데 하나이다.

2. 길버트와 테렐의 산출분석틀

길버트와 테렐(Gilbert & Terrell, 1974)은 사회복지정책의 산출분석틀로서 다음과 같이 네 가지 선택의 차원들을 제시하였다(박경일, 2020 재인용).

① 누구에게 급여하는가(사회적 할당)
② 무엇을 급여하는가(사회적 급여형태)
③ 어떤 방법으로 급여를 전달하는가(전달전략)
④ 어떻게 재원을 조달하는가(재원조달)

이 네 가지 차원의 분석은 단지 어느 하나의 특정한 프로그램 영역에 국한된 선택들을 설명하기보다는 사회복지정책의 전 분야를 포괄한다. 그리고 네 차원들은 다시 다음의 세 축에 의해 분석될 수 있다(한국복지행정학회, 2014).

① 각 차원과 관련된 정책대안들의 범위(대안)
② 그러한 대안들을 지지하는 사회적 가치(가치)
③ 그러한 대안들의 기초가 되는 이론이나 가정(이론)

이와 같은 사회복지정책 산출분석틀은 현존하는 사회복지정책을 분석하고 그 정책의 구성요소를 현상화시키는 데 도움이 된다. 사회복지정책에 대한 분석방법을 좀 더 세밀하게 할 수 있으므로 사회복지정책의 여러 대안 중에서 적절한 것을 선택할 수 있고, 사회복지정책을 수립할 때 고려해야 할 문제점을 파악하는 데 도움이 된다.

3. 보편주의와 선별주의

보편주의와 선별주의[3]는 가장 기본적인 사회복지정책 급여 대상을 분석하기 위한 기준이 될 수 있다. 즉, 보편주의는 제도적 복지에 가깝고, 선별주의는 잔여적 복지에 가까운 급여 대상의 기준이 된다.

1) 보편주의

보편주의의 급여는 사회권 보장에 집중하여 대부분의 시민들이 복지혜택을 받아 제도에 대한 사회적 지지를 얻기 쉽다는 장점이 있지만, 과도한 복지재정으로 인해 시민들의 조세부담이 가중되고 실질적으로 필요한 대상에게 혜택이 충분하지 않다는 단점도 있다. 보편주의는 시민들의 복지를 권리로 규정하기 때문에 인간의 존엄성과 사회통합의 유지에 효과적이고, 소득재분배의 효과가 있다.

정리해 보면, 보편주의와 관련한 급여는 우리나라의 사회보험을 대표적인 예로 들 수 있다. 우리나라의 대표적인 보편주의의 급여인 사회보험은 국민연금, 고용보험, 산업재해보험, 노인장기요양보험이 있다.

2) 선별주의

선별주의는 사회복지 대상자를 특정한 조건이나 제한을 두어 선별적으로 결정하는 것을 의미한다. 선별주의 급여는 욕구에 기초하여 대상자가 결정되며, 욕구의 존재 여부는 자산조사에 의해 판별되기 때문에 낙인이 발생할 수 있다. 선별주

3) 보편주의와 선별주의는 "제2장 사회복지정책의 주체와 대상"에서 자세한 설명이 제시되었으므로, 본 장에서는 요약적인 내용만 소개하겠다.

의의 장점은 욕구가 가장 큰 사람에게 자원을 집중할 수 있기 때문에 공공부조제도는 저소득층에게 자원을 집중적으로 배분하여 비용효과성을 강조한다(박정희, 2018).

선별주의 복지급여는 소수의 극빈층이 대상일 가능성이 높기 때문에 정부재정을 절약할 수 있어 비용 측면에서 효과적이지만, 복지혜택에 대한 심리적 의존감이 커 전반적인 경제활동이 줄어들 수 있다는 사회경제적 부작용도 가지고 있다.

우리나라의 대표적인 선별주의 복지급여는 공공부조(국민기초생활보장법, 기초연금 등)가 있다.

4. 욕구에 대한 급여

보편주의와 선별주의 이분법은 사회복지정책의 대상자 선정문제를 단순화시켜 쉽게 이해할 수 있다는 장점이 있지만, 현실에서 발생하는 대상자 선정기준은 이분법으로 이해하기에는 훨씬 복잡하고 다양하다. 그러므로 현장에서 적용할 수 있는 구체적인 선정기준의 필요성을 확인할 수 있다.

구체적인 복지급여 대상자 선정기준은 귀속적 욕구, 보상적 욕구, 진단적 욕구, 자산조사 욕구로 정리할 수 있는데, 그 내용을 정리하면 다음 〈표 8-3〉과 같다.

〈표 8-3〉 대상자 선정 원칙과 사례

구분	귀속적 욕구	보상적 욕구	진단적 욕구	자산조사 욕구
대상자	집단	집단	개인	개인
대상자 선정기준	규범적 판단	형평을 위한 규범적 판단	욕구의 기술적 진단	욕구의 경제적 기준
사례	초등 의무교육	여성할당제	장애 분류	국민기초생활보장

출처 : 원석조(2021). 사회복지정책론.

이와 같은 복지급여 내용을 좀 더 구체적으로 살펴보면 다음과 같다(조영구 외, 2016).

1) 귀속적 욕구

욕구가 인구학적으로 구분되는 집단에 부여된 것으로 보는 경우 급여를 제공하는 것이다. 이때 귀속적 욕구는 기존의 사회제도나 경제제도가 충족하지 못하는 공통적 욕구를 가진 집단에 소속되는지 여부에 따라서 급여를 제공하는 것을 말한다(노병일, 2021).

즉, 귀속적 욕구는 공통된 욕구를 가진 집단의 욕구를 반영하기 때문에 집단의 가장 공통된 의견이 모아져 귀속되는 욕구로 정리됨을 의미한다. 예를 들면, 사회보험이나, 무상급식, 무상보육의 경우 대부분 국민들의 욕구에서 출발하여 정책에 귀속되는 욕구이기 때문에 사회복지정책의 급여로 반영됨을 의미한다.

2) 보상적 욕구

사회적 보상과 개인의 경제적 기여가 수급자 선정의 기준이다. 여기서 사회적 보상은 사회나 국가에 대한 공로 또는 희생을 기준으로 수급자가 선정되는 기준이다. 독립유공자처럼 사회나 국가를 위하여 개인적인 희생을 하거나 또는 사회로부터 부당한 피해를 입은 사람들이 대표적인 예이다. 이들에게 보상을 해 줌으로써 사회형평을 유지하고 또한 사회를 위하여 개인적인 희생이 미래에도 계속적으로 유지될 수 있도록 장려하는 것이다(김병 외, 2022).

즉, 보상적 욕구는 국가나 사회를 위해 헌신하고, 희생한 사람들에게 보상적 차원에서 제공되어 사회복지정책의 급여로 반영되는 것을 의미한다.

3) 진단적 욕구

진단적 욕구는 급여 대상을 전문가 혹은 전문가 집단의 진단이나 판단을 통해 선정하는 경우이다. 이러한 기준으로 대상을 선정하는 정책은 장애 판정, 노인장기요양 등급 판정 등이 있다(김종상 외, 2020).

즉, 진단적 욕구는 의학적인 분위기가 반영됨을 알 수 있다. 신체적 또는 정신적으로 결함이 있는 사람들에 대해 급여의 수준을 정하기 위해 결함의 정도에 따라 분류하여 사회복지정책의 급여로 반영되는 것을 의미한다.

4) 자산조사 욕구

자산조사 욕구는 재화나 서비스를 개인이 구매할 수 없다는 증거에 의해 결정된다. 욕구의 경제적 기준에 근거를 둔 개인적 할당에 기초한다(임정문 외, 2020). 오늘날 대부분의 나라에서 공공부조 프로그램의 자격을 결정하는 가장 중요한 기준은 소득이나 재산과 같은 자산조사 방법이다. 소득이나 재산을 조사하는 구체적 방법은 여러 가지가 있고 실제로 시대, 국가, 프로그램 등에 따라 다양한 방법이 적용된다(김병 외, 2022).

즉, 자산조사 욕구는 일정한 수준의 자산 이하 사람들에게 급여를 제공하기 위해 자산조사를 실시하는 것으로 우리나라의 자산조사 욕구의 대표적 사례로 국민기초생활보장제도와 같은 공공부조를 실시하여 사회복지정책의 급여로 반영되는 것을 의미한다.

5. 수급 자격

수급 자격이란 쟁점은 '누가 실제로 급여를 받느냐?'를 말한다. 할당 차원에서는 급여를 받을 자격이 있으면 급여를 제공받는다는 가정에 근거하는 경우가 많다. 그러나 이런 가정이 실제로 맞지 않는 경우도 있는데, 그 이유는 다음과 같다(강희갑 외, 2019).

첫째, 급여를 받을 자격이 있는 사람이 자신이 이런 자격이 있다는 사실을 '모를 수' 있기 때문이다.

둘째, 급여를 받을 자격이 있는 사람이 급여를 받지 '못할 수' 있기 때문이다.

셋째, 급여를 받을 자격이 있는 사람이 급여를 받는 것에 대해 '관심이 없을 수' 있기 때문이다.

6. 급여할당과 관련된 이슈

1) 스티그마

스티그마(Stigma)는 낙인을 뜻하는 말로 급여 대상에게 부정적 편견이나 고정관념을 갖는 것을 말한다. 선별주의에 근거한 할당의 최대 결점은 낙인이다. 수급자격이 있다는 것이 빈곤층 혹은 저소득층이라는 것의 증명이 되고, 급여 신청 시에 개인의 프라이버시에 관한 사항을 밝혀야 하는 상황에서 좌절감이나 굴욕감이 발생하기도 한다(박경일, 2020).

즉, 스티그마는 사회복지정책 급여를 수급하는 어떤 대상자에게 부정적인 편견이나 고정관념을 강하게 갖는 것을 의미한다.

2) 포착률

포착률(Take-up Rate)은 복지급여 수급 자격이 있는 자 중에서 실제로 신청하여 수급하고 있는 비율을 말한다. 일반적으로 스티그마의 문제로 인해 '신청을 꺼리는' 문제를 발생시켜 포착률을 떨어뜨린다. 이러한 포착률에 영향을 주는 요인으로서 스티그마 이외의 요인은 지식 정보의 결여, 신청수속의 복잡함, 인센티브의 결여, 생활상황의 불안정성 등이 복지급여 포착률을 낮게 만드는 요인이 된다(염일열·이승현, 2020).

즉, 포착률은 사회복지정책 급여에 대한 신청주의에 입각하여 복지급여의 혜택을 받는 비율을 의미한다.

4 사회복지 급여의 할당

1. 사회복지 급여의 의의

사회복지정책은 충족되지 않은 사회적 욕구와 해결되지 않은 사회문제를 해결하는 데 필요한 자원을 제공해 주기 위한 정부의 의도적 행위라고 말할 수 있다. 이런 욕구와 문제를 해결하기 위해 제공해 주는 자원이 급여다. 사회적 욕구와 사회문제는 사람들과 상황에 따라 다양하기 때문에 사회복지정책 급여의 형태도 다양하다. 사회복지정책 결정자들은 지향하는 정책가치와 의도한 정책목표를 달성하기 위하여 이러한 다양한 급여 중 특정 급여를 선택하여 정책을 수행한다(김기원, 2020).

즉, 사회복지정책 급여는 정부 또는 민간단체 등 사회복지정책을 수행하는 곳에서 제공되는 현금, 현물 등 모든 서비스 내용을 포함하기 때문에 어떤 복지급여가 선정되느냐에 따라 그 시대 사회복지정책의 수준과 실행방법을 판단할 수 있다.

2. 사회복지 급여의 형태

사회복지 급여는 사회복지정책을 통해 제공되는 모든 자원과 서비스를 포함한다. 이러한 사회복지 급여는 사회복지정책 실행과 관련한 과학적인 이론에 근거해야하고, 시대적 가치가 반영될 가능성이 매우 높다. 대표적인 사회복지 급여는 현금, 현물, 사회서비스, 증서(바우처). 기회, 권력을 제시할 수 있다.

1) 현금

현금급여(cash benefit)는 오늘날 복지국가에서 제공되는 사회복지 재화나 서비스 가운데 가장 큰 서비스 형태로 수급자의 욕구의 충족을 금전에 의해 행하는 것이다. 현금급여의 종류에는 국민연금(노령연금, 장애연금, 유족연금), 질병보험의 질병수당, 산재보험의 장애수당, 실업급여 등을 들 수가 있다. 현금급여의 형태로는 첫째, 금전의 지급(수당, 연금 이외의 부가수당)으로 수당, 연금, 급여금 등의 여러 가지 명칭으로 불리고 있다. 둘째, 감면 또는 대불의 방법으로 욕구의 충족에 필요한 비용(경비)을 소득 등의 조건이나 사정에 따라서 감액 또는 감면하거나, 제3자가 그 비용을 대불해 주는 방법이다. 셋째, 융자·대여의 형태로서 필요로 하는 자금 수요에 대해서 자금을 제공하고 나중에 그 자금을 반환받는 것이다(임정문 외, 2020).

즉, 현금급여는 현금으로 제공되는 복지급여로 개개인의 자유의지를 존중하고 스스로의 삶을 관리할 수 있는 존엄성을 인정함과 동시에 사회복지 대상자에게 소비자로써의 자기결정권을 증진시킨다는 장점이 있다. 가장 대표적인 현금급여는 국민기초생활보장제도의 생계급여로 매달 현금급여로 제공하고 있다.

2) 현물

현물급여(kind benefit)는 식품, 의복 및 주택 등의 구체적인 상품을 말한다. 현물급여는 사회복지 대상자들이 직면하고 있는 기본적 욕구를 직접적으로 충족시킬 수 있는 급여이지만 특정 목표에 맞추려는 정책적인 의도에 따라 제공되는 경향을 띤다. 따라서 목표 효율성이 높기 때문에 욕구 충족에 효과적으로 대처할 수 있는 기능을 가진다. 동시에 현물급여는 사회복지 대상자들을 특정한 방향으로 몰고 가는 사회통제적 의미를 동시에 가진다고 생각할 수 있다(박경일, 2020).

즉, 현물급여는 현금이 아닌 물건으로 급여를 제공하는 것이다. 현물급여는 대상자에게 가장 빠르게 직접적인 욕구 충족을 위한 물건을 제공한다는 장점이 있지만, 현물급여는 수급자 개인 선택의 자유를 확보하는 데 문제가 있다는 단점이 있는 복지급여이다.

〈표 8-4〉 현금급여와 현물급여 비교

구분	현금급여	현물급여
내용	• 복지서비스가 화폐의 형태로 전달 • 사회보장연금, 공공부조의 현금급여 등	• 복지서비스가 현물의 형태로 전달 • 장애인복지급여의 보장구, 건강보험의 진료 서비스 등
장점	• 수급자의 효용을 극대화 • 수급자 선택의 자유와 소비자 주권 측면 • 인간의 존엄성을 유지	• 정책목표의 효율성을 높을 수 있음 • 현금급여에 비하여 정치적인 측면에서 선호 • 현금급여보다 대량생산과 대량소비로 인한 규모의 경제효과가 커 프로그램 비용을 줄일 수 있음
단점	• 용도 외 사용이 가능 • 급여 수준과 복지상품 가격 간의 괴리 • 소비자 선택의 자유가 생산자들에 의해 광고 등의 방법으로 왜곡될 수 있음	• 낙인감을 줄 수 있음 • 사생활의 간섭이 될 가능성이 높음 • 사회복지 재화나 서비스들 가운데 많은 것들은 서비스 속성상 규모의 경제효과가 나타나기 어려울 수 있음

출처 : 임정문 외(2020). 사회복지정책론.

3) 사회서비스

사회서비스는 일반적인 의미에서 개인 또는 사회 전체의 복지증진 및 삶의 질 향상을 위해 사회적으로 제공되는 서비스를 말하며 공공행정(일반행정, 환경, 안전), 사회복지(보육, 아동, 장애인, 노인 보호), 보건의료(간병, 간호), 교육(방과 후 활동, 특수교육), 문화(도서관, 박물관, 미술관 등 문화시설 운영)를 포괄하는 개념이다(김종상 외, 2020). 또한, 서비스는 수혜자에게 즉각적인 시장가치를 부여하지 않으며, 기회와 마찬가지로 사회복지 대상자의 자립과 자활을 가능하게 하는 중요한 급여로 평가된다. 특히, 다른 공공정책과는 달리 사회복지정책의 정체성이라고 볼 수 있는 독특한 심리·사회적 속성을 드러내는 급여의 유형으로 손꼽을 수 있다(박경일, 2020).

서비스는 사회복지정책에서 제공되는 서비스이기 때문에 사회서비스라는 용어로 사용되는 경우가 많다. 즉, 사회서비스는 사회복지정책 실행에 제공되는 다양한 서비스를 사회복지 급여로 제공되는 것을 의미한다.

4) 증서(바우처)[4]

바우처(vouchers)는 소비자 주권과 사회통제를 동시에 가능하게 한다는 점에서 특별한 매력을 갖는다. 즉, 바우처는 법적으로 사용 용도가 정해진 영역 내에서 복지급여인 재화나 서비스를 이용할 수 있는 권리가 붙어 있는 '증서'이다. 동시에 법적으로 정해진 범위 외의 다른 영역에서는 바우처를 사용할 수 없어 분야 간에는 사회통제가 이루어지고 있다(김기원, 2020).

즉, 바우처는 일정한 범위에서만 구입하거나 이용할 수 있어 사회적 통제가 가능하고 다양한 자원의 구입과 이용이 가능하여 소비자의 주권을 보장할 수 있다. 따라서 우리나라는 바우처가 지닌 단점인 낙인효과를 야기할 수 있다는 점을 없애기 위해 일반 신용카드와 구별이 되지 않는 형태로 발급하고 있다.

증서의 예를 들면, 미국은 식료품 바우처, 상품구매 바우처, 복지시설 이용 바우처 등이 있다. 우리나라의 경우 복지수급자들이 다양한 교육을 받을 수 있도록 하는 교육 바우처, 주거환경 제공을 위한 주택 증서, 문화활동을 할 수 있는 문화바우처, 천원 택시 등과 같이 특정한 서비스를 이용할 권리 제공을 위한 증서의 역할을 복지급여로 제공하고 있다.

5) 기회

기회는 의도한 목표를 달성하기 위해 취해지는 인센티브나 제재 등을 가하거나 동기를 부여하는 것이다. 기회는 사회 내의 불이익 집단 또는 특별히 사회에 공헌한 사람들에게 취업, 교육, 승진, 시험 등에서 다른 사람들보다 많은 기회를 제공하는 것이다. 기회는 현물·현금급여처럼 어떠한 상품가치가 있는 것이 아닌 무형의 급여형태이고 매우 포괄적인 개념으로서 추상적 의미가 강하다(박정희, 2018).

---

4) 바우처라는 제도는 증서나 이용 권리를 사회복지 급여로 제공하는 것으로 미국에서 그 유래를 찾을 수 있다.

기회를 제공하는 주요한 대상으로는 여성, 장애인, 노인, 외국인 근로자 등 '사회적으로 차별받고 있다'는 사회적 인식이 형성되어 있는 집단이 있다. 기회 제공의 궁극적 목표는 노동시장의 경쟁에서 불리한 것을 제거함으로써 그들에게 진학, 취업, 진급 등의 유리한 기회를 주어 소득을 높이려는 사회복지정책의 목표를 달성하는 데 있다(양정하 외, 2020).

기회라는 급여의 대표적인 사례는 대학입학을 위한 수시전형에 농어촌특별전형 적용을 들 수 있고, 기업에서 실시하는 장애인특별전형, 여성이나 노인의 고용할당제 등을 들 수 있다.

6) 권력

권력(power)은 상품이나 자원을 통제하는 영향력의 재분배에 관한 것이다. 이러한 영향력의 재분배는 사회복지 급여를 제공하는 기관의 이사회에 빈민이나 저소득계층 대표자를 참석하게 함으로써 이루어질 수 있다. 권력은 상품, 서비스, 기회와 같은 급여형태보다는 사회적·경제적 자원을 더욱 폭넓게 통제할 수 있는 여지를 제공해 준다. 권력급여는 재화나 자원을 통제하는 영향력의 재분배에 관한 것이다. 여기서 영향력의 재분배는 사회복지 급여를 제공하는 기관의 위원회에 저소득층의 대표자를 참석하게 하여 어떤 정책이 그들에게 유리하게 결정될 수 있도록 하는 것이다(김병 외, 2022).

즉, 권력이란 급여는 사회복지 대상자들에게 위원회, 특별 단체 등에 참여할 수 있는 권력을 복지급여에 포함한다는 것을 의미한다. 권력이란 급여는 현금이나 증서 등과 같은 방식으로 소비되는 것은 아니지만, 서비스나 기회 같은 형태의 급여보다 사회적·경제적 선택에 대한 통제력과 권한을 더 많이 행사할 수 있게 된다는 점에서 권력급여는 유동적인 교환가치를 갖는다. 예를 들면 철거 예상지역 주민대표를 철거지역 재개발위원으로 참여시킬 수 있고, 사회복지시설 이용자를 시설 운영위원회에 참여할 수 있게 하는 것을 들 수 있다.

5 사회복지 급여의 전달

1. 사회복지정책 전달체계의 개념

사회복지정책의 전달체계란? 사회복지 급여의 공급자 사이를 연결시키거나, 공급자와 대상 사이를 연결시키는 조직형태를 말한다. 사회복지정책을 통해 생산된 급여가 대상에게 이르는 경로에 해당하는 다양한 정부나 민간기관, 시설, 단체 등 조직과 행정체계, 조직 연결망 등이 전달체계인 것이다(김종상 외, 2020).

즉, 사회복지정책 전달체계는 사회복지 급여나 서비스를 클라이언트에게 효율적으로 전달하기 위한 체계들을 의미한다. 다양한 국민들의 욕구와 복지급여의 질적인 향상이 요구되는 현 시대에서 복지 전달체계가 어떻게 확립되어 있느냐는 사회복지정책 수행에 있어 매우 중요한 요인임을 알 수 있다.

2. 사회복지정책 전달체계의 종류와 선택

사회복지정책의 전달체계는 다양하게 구분할 수 있지만, 일반적으로는 공급 주체에 따라 구분하는 방법과 사회복지제도에 의한 구분 등이 대표적이다. 이와 같이 사회복지정책의 전달체계는 공공전달체계, 민간전달체계, 혼합전달체계로 나눌 수 있다. 이러한 전달체계를 그림으로 나타내면 [그림 8-1]과 같다.

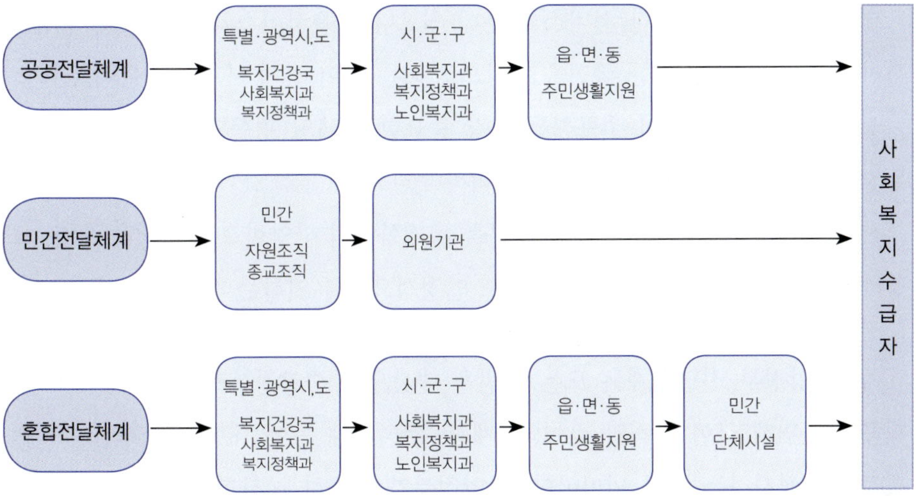

출처 : 양정하 외(2020). 사회복지정책론.

[그림 8-1] 우리나라 사회복지서비스의 전달체계

1) 공공전달체계

공공전달체계는 국가 또는 지방자치단체가 수립하고 직접 그 운영의 주체가 되는 것을 의미한다. 즉, 공공전달체계는 국가나 지방정부가 직접적으로 사회복지정책 서비스 운영에 대한 계획을 수립하고 운영하여 국민들에게 서비스를 제공하는 것을 말한다.

(1) 중앙정부

사회복지정책의 주체로서 중앙정부는 사회보험과 같은 기초적 서비스의 포괄적 제공이며, 원래 국가책임인데 지자체나 민간에 위탁하기 위해 보조금을 지불하는 것이다. 또한 각종 법률과 행정지침을 통해 지방정부나 민간부문을 통제해서 정책목표 달성을 유도한다. 사회복지정책 공급자로써 중앙정부의 장점은 다음과 같다(염일열·이승현, 2020).

첫째, 사회복지 재화나 서비스 가운데 의료나 교육서비스와 같은 것은 공공재적인 성격이 강하며, 모든 국민을 대상으로 하는 것이 전체 사회의 이득이 된다.

둘째, 사회복지정책이 추구하는 가장 중요한 목표인 평등과 사회적 적절성의 두 가치를 구현하는 데 중앙정부가 유리하다.

셋째, 다양한 사회복지에 대한 욕구를 체계화하여 다양한 프로그램을 통합, 조정하거나, 이러한 정책들을 지속적이고 안정적으로 유지하는 데 유리하다.

즉, 중앙정부 전달체계는 모든 국민을 대상으로 중앙정부가 재화나 서비스를 제공하기 위해 급여 자격과 급여액, 재원, 전달체계 등에 대한 전반적인 사항을 결정하여 실시하는 것을 의미한다. 중앙정부가 제공하는 사회복지정책은 사회보험과 공공부조가 가장 대표적이다. 우리나라의 경우 중앙정부는 부·처로 표시하고 있다.

(2) 지방정부

지방정부 전달체계는 지역주민의 욕구를 효율적으로 충족시키기 위해서는 지방정부의 전달체계가 중요시된다. 지방정부 전달체계의 장점으로 지역욕구에 효율적 대처, 지방정부 간의 경쟁논리에 의해 재화의 가격과 개발 용이, 창의적 실험적 서비스 개발 용이, 수급자들의 정책결정에 참여 등이 있다. 단점으로는 지역간의 불평등 초래, 대규모의 경제효과가 적어 사회보험의 경우 기술적 측면에서 불리, 지방정부의 단편화된 프로그램의 가능성, 프로그램의 안정성과 지속성에서도 불리하다(임정문 외, 2020).

즉, 지방정부는 중앙정부와 같이 공공전달체계의 가장 대표적 전달체계이다. 중앙정부가 사회복지정책의 재원과 체계 등을 마련한다고 보면, 지방정부는 사회복지정책을 실행하는데 가장 직접적인 역할을 수행한다. 우리나라의 경우 지방정부는 시·군·구로 표시한다.

(3) 중앙정부와 지방정부의 혼합체계

중앙정부와 지방정부는 많은 경우 프로그램을 협력하여 운영한다. 이때 중앙정부는 주로 재정이나 운영상의 규제를 통하여 지방정부 프로그램에 영향력을 행사하게 되므로 방법에 따라 지방정부의 권한과 자율성이 달라지게 된다. 오늘날 복지국가에서 제공되는 사회복지 재화 가운데 많은 것들은 중앙정부와 지방정부의 혼합형태로 이루어진다(양정하 외, 2020).

즉, 지방정부 스스로 재정조달과 같은 부분에 어려움이 있을 수 있어 중앙정부로부터 재정지원을 받고, 지방정부는 그 재정으로 프로그램을 기획 및 운영하는 혼합형태로 운영되는 경우가 많다. 한편, 사회복지정책 분야에 따라 중앙정부와 지방정부의 재정부담 비율을 달리하는 경우도 있다. 예를 들면, 노인복지 재정의 매칭 펀드(matching fund) 비율을 80 : 20으로 적용하기도 하고, 장애인복지 재정의 매칭 펀드 비율은 90 : 10으로 적용하기도 한다.

2) 민간전달체계

민간전달체계는 대부분 사회복지서비스 부문에 집중되어 있다. 그러나 사회복지 공급 주체에 따라 다소 다르긴 하나, 대개 정부의 부분적인 지원과 지도감독 아래 민간은 다양한 형태와 방법으로 전달체계를 운영하고 있다. 그러나 오늘날 사회복지서비스 가운데 순수하게 민간전달체계에 의해 운영되는 경우는 그리 많지 않다. 복지국가가 지향하는 궁극적인 목표가 전 국민의 복지실현에 있기 때문에 순수 민간부문에 맡길 경우 자본주의의 취약점인 시장원리의 단점과 평등성 추구의 어려움 때문에 국가적 개입이 필연적일 수밖에 없다(임정문 외, 2020).

즉, 민간전달체계는 중앙정부와 지방정부와 별개로 복지서비스를 제공하는 것을 의미한다. 하지만, 민간전달체계는 스스로 자원 확보부터 서비스 제공까지 모든 과정을 수행하기 어렵기 때문에 정부의 재정지원과 관리감독이 뒤따를 수 있다. 민간전달체계의 가장 대표적인 조직은 사회복지법인, 사단법인, 종교단체 등이 있다.

(1) 사회복지법인

사회복지법인은 사회복지 사업만을 위하여 설립된 법인으로 사회복지법인은 영리를 추구하지 않는 비영리 법인이다. 즉, 사회복지법인은 사회복지를 목적 사업으로 두는 재단법인이기 때문에 민간이 주도하여 사회복지를 전달하는 체계 가운데 가장 대표적인 법인체라 할 수 있다.

(2) 사단법인

사단법인은 특정한 목적을 가진 사람들이 모여서 만든 법인을 사단법인이라 하는데, 사단법인은 그 구성원의 개성을 초월하여 독립된 법인격을 가지고 권리와 의무의 주체가 된다. 즉, 사단법인 중에서 사회복지를 목적으로 하는 법인이 사회복지정책의 민간전달체계에 해당된다.

(3) 종교단체

종교단체는 사회복지를 국가의 책임으로 인식하기 이전부터 종교의 교리를 실현하고자 하는 목적에서 지속적으로 사회복지활동을 전개해 왔다. 사회복지의 민영화와 함께 종교조직의 사회복지도 그 역할이 강화되어 나타나고 있다. 우리나라에서는 종교조직의 풍부한 인프라를 사회복지에 활용하기 위해 초기 김대중 정부가 종교단체에게 사회복지 역할을 확대해 줄 것을 요청하여 보건복지부는 사회복지기관의 운영을 민간에 위탁할 때 종교단체에 우선권을 준 사례도 있다(원석조, 2021).

즉, 종교단체는 종교적인 목적이 있음에도 불구하고, 사회복지를 전달하는 민간전달체계일 수 있다.

3) 공공부문과 민간부문의 혼합전달체계

정부와 민간의 혼합전달체계의 가장 대표적인 형태는 정부가 제공할 재화나 서비스를 민간이 제공하고 정부가 그에 소요되는 비용을 부담 또는 지원, 규제하는 형태이다. 우리나라에서도 정부와 민간의 혼합전달체계가 널리 이용되고 있다. 사회복지법인이라는 공익적 민간조직에 의하여 시행하고 있는 각종의 사회복지 사업이나 민간운영의 사회복지시설 등이 그 대표적인 예이다(강희갑 외, 2019).

즉, 시장의 원리를 이용해 국가와 민간이 함께 사회복지서비스를 제공하는 혼합전달체계는 복지서비스를 극대화한다는 장점이 있다. 우리나라의 경우 재정과 행정은 정부가 맡고, 사회복지시설 운영은 민간이 하는 혼합체계 사례가 있다.

6 사회복지 급여의 재정

1. 사회복지 재정의 개념

사회복지 재정은 사회복지정책을 계획하고 실행하는 데 있어 기본적 전제조건이라 할 수 있다. 사회복지정책을 성공적으로 운영하기 위해서는 그에 필요한 재원이 확보되어야 한다. 사회복지정책의 급여를 생산하여 전달하기 위해서는 반드시 예산이 필요하기 때문이다(김종상 외, 2020).

즉, 사회복지 재정은 사회복지정책을 수행하기 위해 필요한 비용을 의미하는데, 사회복지 재정 마련 자체가 사회복지의 정책적 노력 가운데 하나이다.

2. 공공부문의 재원

공공부문의 재원은 사회복지가 발달할수록 사회복지정책에 사용되는 재원 가운데 공공부문의 비중이 커지고, 20세기 들어와서는 점차로 공공부문의 비중이 높아져 오늘날 사회복지정책 재원의 대부분은 공공부문에서 나오고 있다(임정문 외, 2020).

사회복지정책의 공공재원은 대부분 조세로 이루어지기 때문에 세금과 정부예산이 그 대표적인 재원이고, 사회보험료도 중요한 재원이기 때문에 우리나라의 경우 5대 사회보험료가 포함된다.

1) 정부의 일반세[5)]

일반세는 조세의 지출용도를 정하지 않고 징수하는 세금이다. 본 교재에서는 소득세, 소비세, 부자세에 대한 내용을 자세히 살펴보겠다.

(1) 소득세

소득세는 개인소득세와 법인소득세가 있다. 개인소득세는 개인소득에 부과되는 조세이고, 법인소득세는 법인의 수익에 부과되는 조세를 말한다. 개인소득세는 부담능력에 따라 세율을 차등하는 누진세율을 적용하고, 저소득층에게 조세감면 혜택을 부여함으로써 소득재분배 효과를 도모한다(조영구 외, 2016).

즉, 소득세는 개인이나 기업이 소득이 있는 경우 징수하는 정부의 세금으로 사회복지정책 실행에 있어 중요한 재원이 된다.

(2) 소비세

소비세[6)]는 소비에 대해 부과하는 세금을 가리킨다. 소비세에 대한 예로 판매세와 부가가치세가 있다. 판매세는 물품이나 서비스를 구입하는 것에 대해 부과하는 세금이고, 부가가치세는 생산과정과 유통과정의 각 단계에서 발생하는 부가적

---

5) 일반세는 직접세와 간접세로 분류된다. 직접세는 재산이나 소득이 많을수록 많은 세율이 적용되는 누진세를 말하고(소득세와 상속세), 간접세는 재산이나 소득에 관계없이 동일한 세율이 적용되는 것을 말한다. 따라서 직접세의 비중이 높을수록 조세형평성이 높다고 할 수 있다(원석조, 2021).

6) 소비세는 개인소득 수준과는 별개로 모든 국민에게 동일하게 적용하기 때문에 고소득자의 조세부담률보다 저소득자의 조세부담률이 더 높은 경향이 있다.

인 가치에 대해 부과하는 세금을 말한다. 소비세는 소득 수준에 상관없이 모든 사람에게 동일한 세율로 부과하고 있다(노병일, 2021).

즉, 소비세 중 가장 대표적인 세금 명칭은 판매세와 부가가치세가 있다. 우리나라의 경우 부가가치세는 판매금액의 10%를 부과하고 있다.

(3) 부자세

부자세는 재산세, 상속세, 증여세로 나누어진다. 재산세는 재산의 취득, 소유, 가격의 증가를 과세 대상으로 하는 조세로써 토지, 건물, 가옥 등의 부동산에 대한 과세가 가장 큰 비중을 차지한다고 할 수 있다. 상속세는 사망자에게 받은 재산에 대한 세금이고, 증여세는 생존한 사람들 사이에 이루어지는 이전에 대한 세금을 말한다.

즉, 부자세는 부를 축적하는 사람들에게 부과하는 세금을 의미하며, 가장 대표적인 것은 재산세, 상속세, 증여세가 있다. 부자세는 부자에게 많은 세금을 징수하기 때문에 조세형평성과 재분배효과가 있는 조세라 할 수 있다.[7]

2) 목적세(특별세)

(1) 목적세

목적세는 일반세와 달리 지출용도를 정해 놓은 세금이다. 목적세는 사용목적이 정해져 있어 다른 정책부문과 경합되지 않기 때문에 재원으로써의 안정성이 있다는 장점이 있다. 그러나 과세 대상의 방법 여하에 따라 재원의 확대가 어렵다는 단점이 있으며, 목적세로 조성된 자금으로 운영되는 프로그램으로부터 아무런 혜

7) 재산세의 경우 조세형평성과 재분배효과가 있지만, 꼭 그렇지 않는 경우도 있다. 예를 들면, 서울 양천구에서는 김포공항 소음 피해지역의 재산세 감면을 추진하기로 결정하였는데, 공항소음 피해가 있는 소음 대책지역 1주택자에게 3년간 재산세 40%를 감면해 주는 내용의 조례를 제정한 경우가 있다.

택을 받지 못하는 사람들이 조세저항을 할 가능성도 있다(원석조, 2021).

즉, 목적세는 특정 목적을 위해 제공되는 급여에 충당하기 위한 재원을 말한다. 대표적인 목적세는 우리나라의 경우 교육세가 있고, 미국의 경우 사회보장세가 있다.

(2) 사회보장성 조세 : 사회보험료[8)]

사회보장성 조세는 사회보험료를 의미한다. 사회보험료는 세금은 아니지만 정부의 강제 징수가 적용되기 때문에 일종의 세금과 같은 성격을 가질 수 있다. 현재 우리나라의 사회보험료는 국민연금, 건강보험, 산재보험, 고용보험, 노인장기요양보험에 해당하는 보험료를 강제로 징수하고 있다.

즉, 사회보장성 조세는 특별한 목적을 가진 사회보장제도의 급여제공을 위한 재원을 마련하기 위해 강제로 부과되는 비용을 의미한다.

3) 근로장려세제

근로장려세제는 근로빈곤층에게 근로의욕을 복돋아 주기 위하여 일을 통해 얻은 소득이 일정 수준 이하일 경우에 근로소득에 대한 인센티브를 근로소득장려금의 형태로 현금화하여 환급해 주는 역소득세제로써, 일을 해도 빈곤에서 벗어나지 못하는 빈곤층을 위한 사회적 보호제도이다(김기원, 2020).

소득 및 재산요건은 가구의 총소득이 총소득기준금액 미만(1,300~2,500만원)이어야 하고, 가구원이 소유하고 있는 재산의 합계액은 1억 7,000만 원 미만이어야 한다. 근로장려세제는 소득이 적은 근로자가 유급일자리에서 계속해서 일하는 것을 장려하며, 공공부조 급여에 비해서 오명이 더 적게 따라 다닌다. 우리나라의

---

8) 사회보험 재원중 국민연금, 국민건강보험(노인장기요양보험)의 보험료는 사용자와 근로자가 각각 50%씩 부담한다. 그런데, 산업재해보험의 보험료와 고용보험의 고용안정·직업능력개발사업에 해당하는 보험료는 사용자가 100% 부담한다.

경우, 2008년부터 근로장려세제를 실시하고 있다(국세청, 2022).

즉, 근로장려세제는 빈곤층 근로자에게 근로를 장려하기 위해 근로에 따른 소득세금을 감면하는 소득지원제도를 의미한다.

3. 민간부문의 재원

최근 선진 복지국가들은 '복지국가 위기'를 주장하면서, 정부 재정부담의 해결방법으로 '민영화(Privatization)'를 강조하고 있어 민간재원은 이전보다 더 중요한 역할을 하고 있다. 민간재원은 모든 사회구성원의 공동체의식을 함양하며, 사회통합을 달성할 수 있다는 점에서 강조되고 있다(원석조, 2021).

이러한 민간부문의 재원은 이용자 비용, 자발적 기부, 기업복지, 가족 내 이전과 가족 간 이전, 수익사업 이렇게 다섯 가지로 나누어 살펴보겠다.

1) 이용자 비용

이용자 비용은 부문에 상관없이 사회복지서비스를 이용하는 이용자가 일정한 이용료를 지불하는 것을 말한다. 지역사회복지관의 유료서비스(본인 부담)가 사용자 부담에 해당한다. 이용자 비용은 사회복지 재원을 확충할 수 있고 사회복지서비스의 남용을 막을 수 있으며, 서비스제공자의 경우 서비스의 질에 대해 강한 책임감을 갖게 되어 서비스의 질이 향상되는 효과가 있다(염일열·이승현, 2020).

즉, 이용자 비용은 본인이 사용한 서비스에 대해 본인이 일부분 부담하는 것을 말한다. 예를 들면 복지관 노래교실이나, 도자기 만들기 프로그램의 참가비 등을 이용자 비용이라 할 수 있다.

2) 자발적 기부

자발적 기부란? 강제하지 않은 민간의 자발적인 기부금이다. 자발적 기부는 특정집단이나 지역의 욕구를 해결하기 위해서 매우 중요하다고 할 수 있다. 또한, 자발적 기여를 통해 나타나지 않은 욕구를 발견할 수도 있고, 사회구성원들의 공동체의식을 함양시키는 데도 중요한 역할을 한다. 다만, 개인이나 기업의 재정여건에 따라 유동적이어서 안정적인 사회복지 재원 확보가 어렵다는 단점이 있다(강영실, 2016).

즉, 자발적 기부는 스스로 기부하는 것으로 「사회복지공동모금회법」에 의한 불우이웃돕기 모금이 있고, 월드비전과 굿네이버스 등에 기부하는 것을 포함한다.

3) 기업복지

민간재원에서 중요한 사회복지 재원의 하나는 기업복지이다. 기업복지는 고용주가 피고용자들에게 제공하는 것으로써 기업연금(퇴직금), 자녀교육비, 여성근로자를 위한 출산휴가, 장학금, 주택지원 등이 포함된다. 기업복지는 피고용자들의 직장 만족도와 충성심을 높여 양질의 노동력을 확보하고, 노동생산성을 높이는 데 도움이 된다. 이를 위해 사용되는 비용에 대해서는 국가가 조세감면의 혜택을 주고 있다(양정하 외, 2020).

즉, 기업복지는 고용주가 노동자에게 제공하는 복지사업이 해당되고, 기업이 복지재단 등의 단체를 구성해 사회복지를 실천하는 경우도 포함된다. 대표적으로 삼성복지재단, 파라다이스복지재단, 현대아산재단 등이 있다.

4) 가족 내 이전과 가족 간 이전

가족 내 이전이나 가족 간 이전은 비공식적 부문에서 제공하는 재원이라 할 수 있다. 비공식적 부문에서는 일정한 형식을 갖추지 않은 비조직적 형태인 가족, 이웃 등이 해당된다. 비공식적 부문은 사회복지를 국가의 책임이 아닌 개인의 책임으로 인식될 때 사회에서 그 비중이 커졌다. 예를 들어, 노인복지나 아동복지에 대한 재정은 자녀나 부모 등 가족이 제공하는 재원으로 충당되는 경우가 아직도 많다(노병일, 2019).

즉, 가족은 사회복지 대상자에게 필요한 재원 마련의 역할을 수행할 수 있고, 가족 간 서로에게 돌봄을 제공하는 주요자원이 될 가능성이 매우 높다.

5) 수익사업

수익사업은 이용료와 비슷한 개념이다. 민간 비영리 사회복지기관에서 수익사업은 설립목적과 기능상 적절한 일은 아니다. 수익사업은 본질적으로 민간 사회복지기관에서 재원으로 활용하지 않는다. 하지만 국가보조금이나 민간재원만으로 기관의 운영이 어려워 수익사업을 병행하는 경향이 있다. 각국은 민간 비영리 사회복지기관에서 수익사업을 적절한 범위에서 허용하고 있다. 우리나라 역시 「사회복지사업법」에서 사회복지법인 등에서 일정한 범위 내에 수익사업을 할 수 있도록 규정하고 있다(김기원, 2020).

즉, 사회복지 영역에서 수익사업은 프로그램 이용료, 판매료 등이 해당되나 특정 개인의 수익이 아닌 사회복지시설 운영에 필요한 예산에 사용될 수 있다. 한편, 우리나라의 경우 노인장기요양시설의 이용료를 수익사업의 수익으로 보는 경향이 있다.

이 밖에 민간부문의 재원에 회비와 모금도 포함할 수 있다.

연습문제

1. 정책분석을 과정분석, 산물분석, 성과분석으로 구분할 때, 이에 관한 설명으로 옳은 것은?

① 과정분석은 정책의 운영과 관련된다.
② 산물분석은 정책의 계획과 관련된다.
③ 성과분석은 정책의 행정과 관련된다.
④ 정책분석틀을 할당, 급여, 재정, 전달체계로 구분하는 것은 산물분석에 적합하다.
⑤ 세 가지 분석 중 조사방법론의 이론적 지식에 가장 밀접하게 연관된 것은 과정분석이다.

2. 길버트(Gilbert)와 스펙트(Specht) 등의 사회복지정책 분석에 관한 설명으로 <u>옳지 않은</u> 것은?

① 과정분석은 정책형성에 영향을 미치는 사회정치적·기술적·방법적 변수를 중심으로 분석하는 접근방법이다.
② 산물분석은 정책선택에 관련된 여러 가지 쟁점을 분석하는 접근방법이다.
③ 성과분석은 실행된 정책이 낳은 결과를 기술하고 분석하는 접근방법이다.
④ 산물분석은 할당, 급여, 전달체계, 재정 차원으로 구분하여 분석한다.
⑤ 과정분석은 연구자의 주관을 배재해야 한다.

3. 사회복지제도의 공공재원으로 옳은 것을 모두 고른 것은?

ㄱ. 국민건강보험의 본인부담금	ㄴ. 국민건강보험의 보험료
ㄷ. 사업주가 부담하는 퇴직급여	ㄹ. 국민건강보험에 지원되는 국민건강증진기금

① ㄱ, ㄴ, ㄷ ② ㄱ, ㄷ ③ ㄴ, ㄹ ④ ㄹ ⑤ ㄱ, ㄴ, ㄷ, ㄹ

4. 사회복지서비스 공급 주체로서 지방정부에 대한 설명으로 <u>옳지 않은</u> 것은?

① 지역주민의 욕구에 신속하게 대응할 수 있다.
② 지속성과 안정성을 보장할 수 있다.
③ 재정자립도에 따라 지역 간 격차가 심화될 수 있다.
④ 지역주민들의 정책결정과정 참여가 용이하다.
⑤ 대규모의 재정과 행정능력을 필요로 하는 사업을 진행하기는 어렵다.

〈정답 및 해설〉

1. 정답 : ④

해설 :

① 과정분석은 사회복지정책의 형성과정을 분석하는 것으로 다양한 집단의 관계 및 상호작용이 어떻게 정책형성에 영향을 미치는지 등을 분석하는 데 초점을 둔다. 과정분석은 정책의 계획과 관련된 문제들을 다룬다.

② 산물분석은 정책의 운영(행정)과 관련된 문제들을 다룬다.

③, ⑤ 성과분석은 정책 프로그램이 실행된 결과나 영향을 평가하는 것이며 다른 두 가지 분석 유형보다 더 객관적이고 체계적인 분석을 요구한다. 이런 점을 고려할 때 세 가지 분석 중 조사방법론의 이론적 지식에 가장 밀접하게 연관된 것은 성과분석에 해당한다고 볼 수 있다. 성과분석은 정책에 관한 조사연구와 관련된 문제들을 다룬다.

2. 정답 : ⑤

해설 : 연구자의 주관을 배재해야 하는 것은 정책결과에 대한 객관적이고 체계적인 해석에 관한 것으로 성과분석에 해당한다. 과정분석은 사회복지정책 형성의 역동성을 중심으로 하여 분석하는 접근이다. 정책의 계획과 관련된 각종 정보와 다양한 정치조직, 정부기관, 기타 조직들 간의 관계 및 상호작용이 정책형성에 어떻게 영향을 미치는가를 분석하는 것에 가장 큰 관심을 기울인다. 과정분석은 수많은 정치적 행위자의 의도에 초점을 가지는데, 이들 중에는 특정 정책에 의하여 긍정적으로나 부정적으로 영향을 미치기 쉬운 사람들을 대표하는 공무원, 전문가 집단, 매스미디어, 특별한 이익집단 등이 포함된다.

3. 정답 : ③

해설 : ㄱ, ㄷ은 민간재원에 해당한다.

4. 정답 : ②

해설 : 지방정부는 중앙정부에 비해 프로그램의 지속성과 안정성을 보장하기 어렵다.

해결문제

우리나라는 심각한 저출산 상황에 대한 대응 및 양육에 따른 부모의 경제적 부담을 덜고 영아기 돌봄을 지원하기 위해 2023년부터 부모급여를 신설하기로 하였다. 여기서 부모급여는 소득과 무관하게 아이를 낳기만 하면 무조건 현금을 주는 급여이다. 이에 관하여 2022년 10월 7일 국회입법조사처에서는 부모급여 신설이 기존 육아휴직 수급자에 대해 중복급여의 문제가 있다는 지적이 있었다. 이러한 입법조사처의 입장을 바탕으로 길버트와 스펙트(Gilbert & Specht)가 제시한 3P분석방법을 적용해 이 정책을 분석해 보고 문제에 대한 해결방안을 제시해 보자.

토론문제

2019년 '제주특별자치도 학교 교복 지원 조례' 제정을 위해 추진하였다. 이 조례 추진 중 제주지역은 중 · 고등학교 신입생 무상 교복 지원 방식 문제를 두고 의견이 엇갈렸다. 제주도교육청은 보편적 교육복지 실현, 학생들 간 위화감 방지, 교육비 부담 경감을 고려한다면 현물 지원이 바람직하다는 입장이었다. 반면, 학생복협회 관계자는 학생과 학부모 선택권 침해, 업체의 매장 운영 필요성이 없어지는 것을 생각한다면 현금 지원 방식이 바람직하다고 주장이 있었다. 두 지원 방식 모두 양면성을 지니고 있는 이러한 상황에서 무상 교복 추진을 위한 지원 방식으로 현물 지원과 현금 지원 중 어떤 방식이 적합할지 찬반 토론을 해 보자.

CHAPTER 09

사회복지정책의 평가

1 사회복지정책 평가의 개념 및 목적

1. 사회복지정책 평가의 개념

사회복지정책 평가는 사회복지정책의 과정 중에서 매우 의미 있는 과정을 말한다. 사회복지정책 평가는 본래의 정책목표를 얼마나 잘 달성하였는지를 알려 주는 동시에 평가된 내용은 정책과정에 다시 영향을 주는 기초가 되기 때문이다(양정하 외, 2020).

사회복지정책 평가는 사회복지정책 과정 중 마지막 단계로 사회복지정책 과정이 잘 수행되었고, 정책의 목적수립, 정책계획, 실행방법, 대상자 등과 함께 목적달성 여부를 판단하는 과정이다. 또한, 사회복지정책 평가 자체의 평가도 중요한 평가요인이다.

즉, 사회복지정책 평가는 정책이 목표하는 의도의 결과와 과정 전체를 평가하여 사회복지정책의 책임성 확보 및 정책발전에 기여하는 활동이다. 또한, 사회복지정책 평가는 정책에 기여하기 위한 수단으로써 명시적으로나 묵시적인 기준에 비교하여 정책의 집행 전체에 대한 사정을 의미한다.

2. 사회복지정책 평가의 필요성

사회복지정책의 집행과정 측면에서 볼 때 정책의 효과성 증진을 위해서 필요하며, 사회복지정책에 대한 책임성 확보와 정책에 대한 연구에 필요한 자료를 확보하기 위해 그 필요성이 있다. 구체적인 사회복지정책 평가 필요성을 제시해 보면 다음과 같다(김종상 외, 2020).

1) 정책에 대해 평가

정책평가는 정책이 추구하려는 목적을 어느 정도 달성하였는지를 파악하고, 해당 정책을 실시할 경우에 혜택을 받도록 되어 있는 사람들이 실제로 혜택을 받고 있는 정도를 파악하기 위해 정책평가가 필요하다.

2) 사회복지정책에 대해 평가

첫째, 사회복지정책을 결정하는 데 필요한 정보를 얻기 위해서 사회복지정책 평가가 필요하다. 둘째, 사회복지정책을 잘 실시하거나 또는 더 관리하기 위해서 사회복지정책 평가가 필요하다. 예를 들어 사회복지정책 평가를 거쳐서 나타나는 정보를 토대로 해서 사회복지정책을 더 나은 방식으로 실시할 수 있다.

3) 책임성의 확보

사회복지정책 평가를 통하여 얻어지는 자료는 사회복지정책 프로그램의 목표를 어느 정도 달성했는지를 파악할 수 있게 하며 정책에 대한 책임소재를 밝혀 낼 수 있다. 즉, 사회복지정책에 대한 책임을 따져 보는 근거를 얻거나 또는 사회복지정책이 정당한지를 따져 보는 근거를 얻기 위해서 정책평가가 필요하다.

4) 연구의 기초

정책평가를 통해 제시되는 자료를 기초로 기존 정책이론을 수정 혹은 강화할 수 있으며, 이러한 자료를 바탕으로 새로운 이론 개발도 가능하게 된다. 또한, 정책문제를 해결하기 위한 정책을 결정하는 데 필요한 정보를 얻을 수 있다.

3. 사회복지정책 평가의 목적

정책평가의 목적은 정책평가 결과 얻게 된 정책 관련 정보의 활용에 있다. 즉, 정책결정이나 집행과정에서 그 효과성과 능률성을 제고하기 위한 환류메커니즘의 활용과 아울러 정책결정자나 집행자들이 지위를 유지하고 자원을 동원하려는 메커니즘의 활용이라는 양면적인 목적이 있다. 또한 지식의 축적으로 관심의 대상이 되고 있는 정책이나 프로그램의 평가를 통하여 사회현상에 관한 새로운 지식이 추가되어 결과적으로 지식의 축적이 가능해지며, 학문발전에도 기여할 수 있다(김기원, 2020).

즉, 사회복지정책 평가는 집행된 정책의 효과를 판단하기 위한 목적이 있다. 또한, 사회복지정책의 수행과정을 평가하여 정의로운 사회복지정책 과정을 도모하고, 정책 수행에 소요되는 효과적인 비용 산출을 위한 목적이 있다.

2 사회복지정책 평가절차

사회복지정책 평가의 수행절차는 일반적으로 정책 평가목표 설정, 평가범위 설정, 프로그램의 내용 파악, 평가 설계서 작성, 자료수집 및 분석, 보고서 작성 및 제출이라는 과정을 거치면서 이루어진다.

1. 평가목표 설정

사회복지정책의 평가를 위해서 제일 처음 해야 할 일은 평가목표를 설정하는 일이다. 평가의 목표가 어디에 있느냐에 따라 정책평가자가 결정되고 기준 및 평가의 범위가 뚜렷해진다. 따라서 정책평가의 목표를 뚜렷이 하는 것은 정책평가의 방향을 결정해 주는 나침반의 역할을 한다(양승일, 2019).

2. 평가범위 설정

사회복지정책 평가범위 설정은 정책평가 전 과정을 평가하거나 특정 부분이나 특정 정책을 할 것인가를 결정하는 것을 말한다. 이외에도 평가시점, 평가기간, 평가지역, 평가 대상 등의 범위를 설정한다.

3. 정책 프로그램 내용 파악

사회복지정책 평가의 목표와 범위가 확정되면 정책평가를 받을 사회복지정책 프로그램의 내용을 파악하여야 한다. 즉, 정책평가의 대상이 되는 정책 프로그램의 목표와 관련 이해단체 등에 관한 법적 내용과 정책 결정과정 및 집행과정 등에 관한 전반적인 정보를 수집하여야 한다. 또한 그에 적절한 자료수집과 분석방법을 사용한다(홍봉수 외, 2019).

4. 평가 설계

평가목표를 달성하기 위해 평가기준을 선정하고 나면 사회복지정책의 영향을 과학적으로 밝혀 내기 위한 계획을 세워야 한다. 이 단계에서는 사회복지정책 프로그램이 영향을 받거나, 그 정책 프로그램이 영향을 미치는 과정에 관한 인과모형을 형성하게 되는데, 이러한 인과모형은 우선 어떠한 결과가 나타났으며, 그 결과가 바람직한 것인가, 그리고 그러한 결과를 초래하는 데 영향을 미친 요인이 무엇인가 등을 규명하기 위한 분석틀로서의 의미를 가진다(양정하 외, 2020).

즉, 사회복지정책 평가방법의 설계는 정책 내용과 관련된 이론이나 모델에 바탕을 두면서 평가방법 틀을 설계하는 과정을 의미한다.

5. 자료수집 및 분석

사회복지정책 평가 설계가 끝나면 평가에 필요한 자료를 수집하여야 한다. 자료란 평가보고서에 직·간접적으로 사용되는 모든 정보를 말하는데, 직접조사를 통하여 수집되는 1차적 자료와 기존 자료에서 가져오는 2차 자료로 나눌 수 있다. 일반적으로 많이 쓰이는 1차적 자료는 관찰법과 면접법 및 설문지를 통한 질문지법 등이 있으며, 이들 가운데 어떤 방법을 사용하여 자료를 수집할 것인지는 비용과 조사목적에 따라 각 자료수집법의 장·단점을 고려하여 결정하여야 한다. 또한, 2차적 자료는 정부문서, 각종 통계자료, 다른 평가보고서 등이 있다(염일열·이승현, 2020).

6. 보고서 작성 및 제출

사회복지정책 평가 보고서는 수집된 자료를 분석하여 해석한 후 이를 평가보고서의 형태로 작성하여 의뢰기관에 제출한다. 평가보고서를 작성할 때 유의할 점은 평가의 긍정적 측면과 부정적 측면을 동등하게 취급하며 읽는 사람을 염두에 두고 내용을 쉽고 간결하게 쓴다(양승일, 2019).

즉, 사회복지정책 보고서는 사회복지정책을 평가한 후 그에 따른 정책보고서 작성과 기록을 통해 다음 정책 실행에 이전 정책평가 결과 보고서를 활용할 수 있다.

3 사회복지정책 평가기준과 영향 요인

1. 사회복지정책 평가기준

사회복지정책의 평가는 기본적인 평가기준을 만족시켜야 한다. 사회복지정책 평가의 기준은 시대와 사회적 상황, 역사적 상황에 따라 달라질 수 있으나, 사회복지정책 평가의 일반적인 기준이 되는 효과성, 효율성, 적합성, 형평성, 반응성, 실현 가능성, 합법성, 창의성, 시의성, 연관성에 대해 살펴보겠다.

1) 효과성

효과성은 사회복지정책의 목표를 달성한 정도를 가리키며, 사회복지정책에서는 목표와 비교하여 사회복지서비스를 얼마나 실시하였는지 평가하는 데 주목한다(원석조, 2021).

즉, 효과성은 사회복지정책이 의도한 목적과 관련하여 물리적 또는 행태적 변화들의 결과를 식별하고 측정하여 목적에 근접한 정도를 판정하는 기준을 의미한다.

2) 효율성

효율성은 투입 대비 산출이 가장 크게 나오는 것을 가리킨다. 사회복지정책에서 효율성을 평가기준으로 삼을 경우, 제한된 자원을 가지고 사회복지서비스를 얼마나 실시하였는지를 평가하는 데 주목한다(손병덕, 2020).

즉, 효율성은 사회복지정책의 결과에 이르기까지 소요된 자원이 어느 정도 소요되었는지를 판단하는 기준을 의미한다. 결국, 효율성은 최소 자원의 투입으로 최대 산출을 만들어 내기 위한 기준이다.

3) 적합성

적합성은 프로그램의 목표와 유형이 사회정책적인 입장에서 볼 때 바람직한 것이냐 하는 것을 검토하는 기준이다. 달리 말하면 정책가치가 정치, 사회적 맥락에서 필요한 것인지의 판단기준으로 이는 사회문제를 야기하는 욕구, 가치, 기회 등을 충족시키는 정도를 말한다(염일열·이승현, 2020).

즉, 적합성은 사회복지정책이 사회문제와 사회적 욕구 해소에 얼마나 적합한 정책으로 기여했는지를 판단하는 기준을 의미한다. 한편, 적합성은 적정성과 유사한 면이 있지만, 가치를 적용하냐에 따라 차별이 있을 수 있어 적합성은 사회복지정책 시행과 결과에 이르기까지 실제 가치기준을 적합하게 적용하는 것을 판단하는 기준을 의미한다.

4) 형평성

형평성은 사회계층들 사이에 불평등이 줄어드는 정도를 가리킨다. 사회복지정책에서의 형평성은 소득 수준이 낮은 계층(또는 지역)에게는 혜택을 더 많이 제공하고 소득 수준이 높은 계층(또는 지역)에게는 혜택을 더 적게 제공함으로써 전체적으로 삶이 평등한 상태가 되게 하는 것을 말한다. 이를 통하여 정책에 재분배적인 성격을 지니게 한다(엄태영, 2020).[1)]

즉, 형평성은 사회계층의 격차를 줄여 나아가는 정도를 반영하여 어느 정도의 재분배가 되었는가를 판정하는 기준을 의미한다.

5) 반응성

반응성은 특정한 정책대안이나 정책결과가 특정한 집단이 요구하는 것이나 좋아하는 것이나 특정한 집단의 가치 등을 반영하는 정도를 가리킨다(원석조, 2021). 반응성은 사회복지정책의 목표, 설계, 집행 등을 서로 연계하여 적용할 필요가 있다. 즉, 사회복지정책 프로그램의 이용자나 고객들의 필요와 소망을 충족시키고 있는지의 반응 여부를 검토하는 기준으로 사회복지정책 대상자의 반응의 정도를 판단하는 기준을 의미한다.

6) 실현 가능성

실현 가능성은 정책을 현실적으로 실현할 수 있는 정도를 가리킨다. 실현 가능성은 구성 내용에 따라 기술적 실현 가능성, 재정적(경제적) 실현 가능성, 행정적 실현 가능성, 법적·윤리적 실현 가능성, 정치적 실현 가능성, 시간적 실현 가능성

---

1) 재분배의 대표적인 예로 사회보험료와 조세정책이 있다. 즉, 소득이 높을수록 건강보험료의 부담은 많지만, 그 혜택은 동일하고, 소득이나 재산이 많을수록 더 높은 세금을 징수하는 누진세 등이 있다.

으로 구분할 수 있다(이윤식, 2018).

즉, 실현 가능성은 사회복지정책 실행에 있어 재정, 사회환경 등을 고려하였을 때 실현이 가능한가를 판단하는 기준을 의미한다.

7) 합법성

합법성은 사회의 변화와 관련해 마땅히 따라야 할 가치를 실현하는 정도를 가리키며, 법적·윤리적 실현 가능성에 포함된다고 볼 수도 있다(박진화, 2019).

즉, 합법성은 얼마나 성문법과 불문법을 고려한 법적·윤리적인 면을 반영하였는지를 판정하는 기준을 의미한다.

8) 창의성

창의성은 새로운 정책대안을 찾아내서 문제를 해결할 수 있는 능력을 향상시키는 정도를 가리킨다(김정진, 2019).

즉, 창의성은 사회복지정책 실행에 있어 새로운 정책을 얼마나 창의적으로 반영하는지를 판정하는 기준을 의미한다.

9) 시의성

시의성은 정책이나 정책대안이 당시의 시대적 상황에 적절한 정도를 가리킨다(김영미 외, 2022).

즉, 시의성은 사회복지정책 실행에 있어 그 시대의 상황 및 요구에 얼마나 시의적절하게 반영되었을지를 판정하는 기준을 의미한다.

10) 연관성

연관성은 국가의 발전목표 등과 체계적으로 관련되고 서로 조화를 유지하는 정도를 가리킨다(김영미 외, 2022).

즉, 연관성은 거시적 체계인 국가나 지역사회 체계들과 미시적 체계인 가족과 또래집단의 조화가 어느 정도 연관성이 있는지를 판정하는 기준을 의미한다.

2. 사회복지정책 평가의 영향 요인

사회복지정책 평가에 영향을 미치는 요인으로는 인적 요인, 기술적 요인, 제도적 요인, 정책 자체 요인, 시간적 요인을 들 수 있다(염일열·이승현, 2021).

1) 인적 요인

사회복지정책의 평가에 영향을 미치는 인적 요인이란 정책평가 활동에 작용하는 정책가들의 영향력을 의미한다. 정책평가에 영향을 미치는 인적 요인은 정책평가자, 정책담당자, 클라이언트, 주민·일반 국민 등이다.

즉, 사회복지정책에 영향을 미치는 정책가들과 관련된 사람들을 포함하는 인적 요인이 사회복지정책 평가에 영향을 미치는 요인이다.

2) 기술적 요인

정확한 사회복지정책 평가를 위해서는 적절한 분석기법의 개발이 선행되어야 하며, 평가목적에 부합하는 자료의 수집과 설계 등의 기술적인 요인이 있다.

즉, 사회복지정책 프로그램을 평가하는 데 있어 과학적인 분석기법이 요구되기 때문에 그에 따른 세부적 분석기법, 평가기술 등과 같은 기술적 요인이 사회복지 평가에 영향을 미치는 요인이다.

3) 제도적 요인

사회복지정책 평가에 있어 좋은 결과를 위해 평가결과가 피드백되어 행정적인 지지가 있어야 하고, 실제 사용될 수 있는 법적 장치나 제도가 마련되어야 한다.

즉, 사회복지정책 평가에 있어 법적 제도적 장치 마련 여부와 같은 제도적 요인이 사회복지평가에 영향을 미치는 요인이다.

4) 정책 자체 요인

사회복지정책 평가가 잘 이루어지기 위해서는 정책 자체의 목표가 분명하고 수단에 대해 명확하게 제시되어 있어야 하고, 그 내용이 측정 가능하여야 하며, 정책 자체에 이러한 요소들이 갖추어져 있지 않다면 평가가 어렵다.

즉, 사회복지정책의 목적과 방법, 자료수집 방법, 분석결과에 대한 논의, 결론 및 제안 등과 같은 사회복지정책 그 자체가 사회복지평가에 영향을 미치는 요인이다.

5) 시간적 요인

충분한 시간적 여유가 없이 이루어지는 사회복지정책 평가의 경우는 내용이 부정확하며 실패할 가능성이 많고 시간적 여유가 많을 때는 피드백의 시점을 놓치는 경우가 있을 수 있다.

즉, 사회복지정책이 소용되는 시기, 기간 등과 같은 시간적 요인과 함께 사회복지 평가 그 자체에 소요되는 시기와 기간 등이 반영하는 시간적 요인도 사회복지평가에 영향을 미치는 요인이다.

4 사회복지정책 평가유형과 평가방법

1. 사회복지정책 범위에 따른 평가유형

사회복지정책 범위에 따른 평가유형은 평가범위와 평가내용에 의해 정책문제 평가, 정책의제 평가, 정책설계 평가, 정책결정 평가, 정책집행 평가, 정책영향 평가, 정책가능성 평가, 정책평가에 대한 평가로 구분하여 여덟 가지로 정리할 수 있다. 이와 같은 사회복지정책 평가유형의 범위와 내용은 〈표 9-1〉로 제시하였다.

〈표 9-1〉 사회복지정책의 평가유형

평가유형	평가범위	평가내용
정책문제 평가	정책문제 이슈화	문제의 내용, 대상집단의 특성, 문제의 인지도, 문제의 심각성
정책의제 평가	정책꾼들에 의하여 논의되는 사회복지문제	반응성, 사회적 형평, 공정성
정책설계 평가	정책에 대한 전반적인 사항	정책의 능률성, 효과성, 사회의 형평, 공정성, 반응성, 정치적 실현 가능성 및 기술적 실현 가능성
정책결정 평가	정책결정 내용과 결정과정에 대한 평가	능률성, 효과성, 사회적 형평, 공정성, 반응성, 합법성
정책집행 평가	계획된 정책집행의 시행 여부 평가	정책집행의 일관성, 공정성, 반응성, 능률성, 효과성, 사회적 형평
정책영향 평가	정책의 효과에 대한 평가	효과성(목적달성도), 능률성, 클라이언트의 만족도, 사회적 효과성, 사회적 형평
정책가능성 평가	정책평가의 가능성 결정 평가	비용효과성, 정치적 제약점, 방법론적 제약점
정책평가에 대한 평가	정책평가의 평가 후 평가	올바른 평가기준 여부, 방법론상 문제점 여부, 분석과 해석상의 타당성 및 신뢰성

출처 : 박경일(2020). 사회복지정책론. 재구성.

2. 주체에 따른 평가

1) 자체평가

자체평가는 정책담당자가 직접 자신들의 활동 전반에 대해 실시하는 평가로써, 정보가 다양하고 비용이 절약되며 일관성을 유지할 수 있다는 장점이 있다. 하지만, 정책실패에 대해 책임을 회피할 가능성이 있다는 단점이 있으며 공정성 확보의 어려움이 있다는 단점이 있다(이정서, 2022).

즉, 자체평가는 정책담당자 스스로 행하는 평가로 평가비용을 절약하고 장기적이지만, 공정성 확보의 어려움이 존재한다.

2) 내부평가

내부평가는 기관 내부의 책임자나 동료에 의해 실시되는 평가로써 내부평가 역시 객관성의 측면에서 한계가 나타날 수 있다(염일열·이승현, 2020).

즉, 내부평가는 자체평가와 유사하지만, 사회복지정책과 프로그램을 시행하는 기관 내부에서 평가하는 방법이다. 내부평가는 평가결과의 활용이 기관 내부에서 반영이 용이하지만, 내부평가 역시 평가의 공정성 유지에 한계가 있다.

3) 외부평가

외부평가는 외부의 평가자에 의해서 이루어지는 평가로써, 자체평가나 내부평가에 비해 공정성과 일관성의 측면에서 장점이 있다(양승일, 2019). 하지만, 내부의 인사가 아닌 외부의 인사에 의해 평가가 이루어지기 때문에 프로그램에 대해 자세히 알지 못하는 경우가 나타날 수 있다. 때문에 적절한 평가가 어려운 경우도 발생할 수 있다. 또한, 높은 비용이 발생하고, 비일관성이 나타날 수 있다는 단점이 있다(이정서, 2022).

즉, 외부평가는 평가의 공정성 유지가 잘 되지만, 외부에 의한 평가로 평가과정에서 업무파악이 늦을 수 있고, 많은 비용이 발생할 수 있으며, 평가결과를 즉각적으로 활용하기에는 한계가 있을 수 있다.

3. 기간에 따른 평가

정책평가 기간을 기준으로 평가유형을 구분하면 크게 네 가지로 분류할 수 있다(박경일, 2020).

1) 사전평가

사전평가는 정책이나 프로그램을 실행하기 전에 수행하는 평가로서 평가결과를 가지고 새로운 대안적 정책, 프로그램을 실시, 기존의 정책을 변경할 것인가의 여부를 판단하는 평가이다(임정문 외, 2020).

즉, 사전평가는 정량적 분석방법의 하나로 프로그램 실행 전의 평가이다.

2) 형성평가

형성평가는 과정평가라고도 한다. 정책집행의 관리와 전략의 수정·보완의 목적으로 정책집행 과정에서 이루어진다.

형성평가는 사회복지정책을 집행하는 과정에서 이루어지는 평가이다. 정책목표가 제대로 달성될 수 있도록 프로그램이 실행되고 있는지, 단계별 과정별 전략과 하위목표가 적절하게 진행되고 있는지 등을 판단한다(임정문 외, 2020).

형성평가 방법인 모니터링(monitoring)은 정책에 대상집단에 대한 프로그램의 커버리지(coverage)와 바이어스(bias)를 살펴야 한다. 커버리지는 어떤 정책 프로그램에 대한 대상집단의 충족도(만족도)를 말하고 바이어스는 지정된 대상집단의

각 하위집단의 참여가 다를 수 있다는 것을 말한다(박경일, 2020).[2)]

즉, 형성평가는 사회복지정책이 시행되는 기간 중간에 평가를 시행하는 평가방법이다.

3) 사후평가

사후평가는 정책의 실시 후에 당초 목표로 하였던 결과나 영향을 평가하는 것이다. 평가결과에 따라 정책을 변경하거나 지속 혹은 종결 여부를 결정하기도 한다(임정문 외, 2020).

즉, 사후평가는 주로 사회복지정책 실행을 모두 마친 후에 실시하는 평가를 의미하지만, 총괄평가와는 그 성격이 다르다.

4) 총괄평가

총괄평가는 정책집행 후 정책이 사회에 미친 영향(정책효과)을 추정하는 판단활동으로 정책영향평가라고도 한다.

즉, 총괄평가는 모든 사회복지정책이 끝난 시기에 실시하는 총괄적인 의미가 포함된 평가방법이다.

4. 양적평가와 질적평가

사회복지정책의 평가방법 중 양적평가와 질적평가가 있지만, 대부분의 정책평가에서는 평가의 수월성과 외부자의 객관적 시각을 반영하는 양적평가에 더 많이 의존하고 있는 경향이 크다. 양적평가와 질적평가를 좀 더 자세히 살펴보면 다음과 같다(염일열·이승현, 2020).

---

2) 커버리지가 낮다는 것은 대상의 정책 프로그램에 대한 욕구가 충족되지 않았다는 것이고, 커버리지가 높다는 것은 부적절한 수급자가 많다는 것으로 정책의 설계가 잘못되었음을 의미한다.

1) 양적평가

양적평가는 설문조사와 구조화된 설문지를 이용하여 숫자, 비율 등 강성자료(hard data)를 수집하며, 평가를 위해 수집되는 자료가 주로 계량화되고 실험조사와 같은 설계를 통해 객관적 자료가 연역적 방법으로 분석되는 것을 강조하는 것을 말한다.

즉, 양적평가는 설문조사, 서베이조사 등이 대표적이고, 많은 수의 대상자와 많은 양을 대상으로 할 경우 유용하게 사용되는 장점이 큰 평가방법이지만, 구체적인 내용을 평가하기에는 한계가 있다는 단점이 있다.

2) 질적평가

질적평가는 수량화되지 않은 자료를 수집하여 귀납적으로 자료를 분석하는데 의미를 두는 것을 말한다. 예를 들어 참여관찰, 인터뷰 등을 통해 수량화할 수 없는 연성자료(soft data)에 기초한 경험의 본질적 의미를 해석하는 것이 해당된다.

즉, 질적평가는 인터뷰, 상담, 관찰 등이 대표적이고, 많은 양을 대상으로 하는 양적평가에서 판단할 수 없는 세밀하고 자세한 사항을 평가할 수 있다는 장점이 있는 평가방법이다.

5. 정량평가와 정성평가

1) 정량평가

정량평가는 양적평가와 유사할 수 있지만, 양적 기준과 수치로 표시된 기준 등을 적용하기 때문에 답이 명확하게 존재하고 점수가 객관적으로 매겨져 사회복지정책을 평가하는 방법이다. 예를 들면 수학능력시험, 공무원시험, 교원임용고시, 서류전형 등이 해당된다.

2) 정성평가

정성평가는 내용, 가치, 전문성 등 수치화되지 않은 정보들을 중심으로 평가자가 평가하는 주관적인 평가방법이다. 또한, 정량평가에서 판단할 수 없는 평가대상의 구체적인 사항을 평가하는 데 유용한 방법이다. 이러한 이유 때문에 정성평가는 평가자에 따라 각기 다른 판단과 의견이 반영될 수 있고, 평가자의 주관적 판단의 의존으로 그 결과가 모호할 수 있다는 단점이 있다. 예를 들면, 대학입시의 학생부종합전형 평가에서 학생의 동아리활동이나 전공 분야 활동 내용에 대한 평가, 사회복지정책 관련자의 의지와 각오, 면접 등에서 주로 사용된다.

3) 정량평가와 정성평가의 병행

정량평가와 정성평가는 각각 단독적으로 실시되기보다 이 두 가지 평가가 동시에 병행되어 실시되는 것을 의미한다.

예를 들면, 사회복지정책을 시행하는 인적 자원을 선발할 때 서류전형인 정량평가와 면접인 정성평가를 동시에 실시할 가능성이 매우 높고, 사회복지시설평가에서 수치로 나타내 서류로 실적을 판단할 수 있는 정량평가와 사회복지시설 종사자의 전문성이나 의지를 판단하는 면접과정과 같은 정성평가를 동시에 실시하는 것이 해당된다.

6. 경제성평가

경제성평가는 앞서 사회복지정책 평가의 기준에서 제시했던 효율성 기준과 매우 유사하다. 경제성평가는 경우에 따라 효율성평가라고도 한다.

즉, 경제성평가는 사회복지정책의 목표달성인 결과에 소요된 자원인 예산, 인력, 시간 등에 어느 정도의 경제적인 비용이 소요되었는지를 판단하는 기준을 의미한다.

사회복지정책 수행에 있어 대표적인 경제성평가 방법으로는 비용-효과분석과 비용-편익분석이 있다.

1) 비용-효과분석

비용-효과분석은 주어진 목적이나 성과를 달성하는 데 사용된 서로 다른 비용을 비교하는 것을 말한다. 비용-효과분석 방법은 각 정책의 비용과 편익을 금전으로 반드시 바꾸어 따져 보지 않아도 된다(김영호 외, 2019).

비용-효과분석의 가장 큰 특징은 정책 수행에 소요된 비용을 정책 수행 결과에서 나타나는 결과 내용을 분석하는 것이 대표적이다.

즉, 비용-효과분석은 사회복지정책의 효과를 얻기 위해 가장 적은 비용이 소요되는 것을 평가하는 분석방법이고, 사회복지정책 수행에 있어 일정한 소요비용을 전제하여 그 비용에서 최대한 효과를 달성하였는지를 평가하여 대안을 선택하기에 적합한 분석방법이다.

2) 비용-편익분석

비용은 사회복지정책 실행에 소요되는 예산과 금액을 의미하고, 편익은 사회복지정책 수행과정에서 발생되는 산출물의 경제적 가치를 계량화하여 모두 화폐 단위로 환산하는 것을 의미한다. 이는 비용에 따른 효과를 판단하는 비용-효과분석과는 달리 비용-편익분석은 정책 수행에 있어 소요되는 비용과 편익까지 고려하여 분석한 경제성평가 방법이다.

비용-편익분석은 정책을 실행하는 데 들어가는 직접적, 간접적 비용과 이런 정책이 가져오는 직접적, 간접적 편익을 서로 관련시켜 따져 보는 것을 말한다. 외적 능률평가법으로써의 비용-편익분석 평가방법의 핵심은 문제의 정책이나 사업에 투입된 비용을 초과하는 편익이 발생되었는지의 여부를 검토하는 것이다. 그러므로 특정한 사회복지정책에 투입된 모든 비용을 측정하고, 그 정책으로 인해 얻어진 모든 편익을 찾아낸 다음 이들을 공통의 척도로 환원해 산출한다(고수현 외, 2016).

즉, 비용–편익분석은 사회복지정책 수행에 있어 소요되는 비용과 편익을 화폐 단위로 계량화하여 각 정책의 경제성을 비교할 수 있는 분석방법이다. 실제로 비용–편익분석은 여러 정책 중 비용이 비슷하면 편익이 가장 큰 정책을 선택할 수 있고, 편익이 비슷하면 가장 적은 비용이 소요되는 정책을 선택하는 평가에 유용하다.

연습문제

1. 사회복지정책 평가가 필요한 이유를 모두 고른 것은?

ㄱ. 문제해결을 위한 정책결정에 필요한 정보를 얻을 수 있다.
ㄴ. 기존 정책의 개선에 필요한 정보를 얻을 수 있다.
ㄷ. 정책 정당성 근거를 확보하기 위한 것이다.
ㄹ. 정책평가는 사회복지정책 이론의 형성에 기여한다.

① ㄱ, ㄴ, ㄷ　　② ㄱ, ㄴ, ㄹ
③ ㄱ, ㄷ, ㄹ　　④ ㄴ, ㄷ, ㄹ
⑤ ㄱ, ㄴ, ㄷ, ㄹ

2. 정책평가에 관한 설명으로 옳지 않은 것은?
① 정책평가는 정책효과성 제고에 기여할 수 있다.
② 평가지표 선택에서 정책목표보다 측정 용이성을 우선한다.
③ 정책평가는 정책활동의 책임성을 높인다.
④ 산출과 영향에 대한 평가방법으로 양적 · 질적평가를 병행할 수 있다.
⑤ 평가결과의 활용도를 높이는 기제를 마련하는 것이 바람직하다.

3. 정책평가의 기준과 그에 대한 설명이 옳지 않은 것은?
① 효율성 – 투입한 것에 대해서 산출이 크게 나오는 것
② 형평성 – 사회계층 사이에 불평등이 줄어드는 정도
③ 반응성 – 특정 집단이 요구하는 것이나 가치를 반영하는 정도
④ 적정성 – 사회의 변화와 관련해 마땅히 따라야 할 가치를 실현하는 정도
⑤ 시의성 – 시대적 상황에 적절한 정도

4. 사회복지정책 평가유형에 관한 설명으로 옳지 않은 것은?
① 형성평가는 과정평가라고도 한다. 정책집행의 수정 · 보완이 목적이다.
② 경제적 평가는 목표달성 결과에 소요된 비용 소요를 판단하는 평가이다.
③ 총괄평가는 정책이 집행되고 난 후 정책이 사회에 미친 영향을 평가하는 것이다.
④ 비용–효과분석은 정책 실행에 소요되는 직접적, 간접적 편익을 분석한다.
⑤ 질적평가는 수량화되지 않은 자료를 깊이 있고 자세하게 파악할 수 있다.

〈정답 및 해설〉

1. 정답 : ⑤

해설 : 모두 옳은 내용이다. 정책평가는 정책의 집행결과가 애초에 계획 또는 설정했던 의도와 결과를 얼마나 효과적으로 달성했는가를 측정하는 활동으로 처음 의도를 실현하였는가, 처음 사회문제가 되었던 문제해결에 기여하였는가, 집행의 결과로 어떤 파급효과와 부차적 효과를 야기했는가 등을 체계적으로 조사 · 분석 · 판단하는 활동이다.

2. 정답 : ②

해설 : 평가지표를 선택하는 데 있어서 측정의 용이성보다는 정책의 목표에 우선해야 한다.

3. 정답 : ④

해설 : 적정성이란 정책이나 정책대안이 문제의 해결과 관련되는 정도를 말한다. 사회의 변화와 관련해 마땅히 따라야 할 가치를 실현하는 정도는 합법성에 대한 설명이다.

4. 정답 : ④

해설 : 비용–편익분석은 정책 실행에 소요되는 직접적, 간접적 편익을 서로 관련시켜 따져 보는 것을 말한다.

해결문제

감사원은 2021년 7월 '저출산 · 고령화 대책'에 대한 정책평가 감사 보고서를 발간하였다. 그 결과, 국토교통부가 신혼부부를 위해 공급한 공공임대주택의 경우 공급물량 대비 계약물량이 51% 수준에 머무는 등 제대로 된 정책효과를 거두지 못하고 있는 것으로 나타났다. 신혼부부 임대주택 정책의 경우 연평균 1만 7,000채가 공급되었지만, 실제 계약물량은 절반을 조금 넘는 8,700채 수준에 머물렀다. 이는 작은 주거면적(36㎡ 이하)과 신혼부부 생활지역을 고려하지 못한 입지 등이 주요 원인으로 나타났다. 이러한 결과는 양적 공급목표 채우기에 급급하면서 실제 이용자들의 외면을 받은 셈이다. 이와 같은 신혼부부 임대주택 정책에 대해 정책평가 주요 기준 중 반응성과 실현 가능성을 적용하였을 때 이 정책의 문제점은 무엇이었는가 평가해 보자.

토론문제

2022년 현재 전 세계적으로 탄소중립이 가속화되고 있는 가운데 원자력발전이 탄소중립 실현을 위해 반드시 필요한 산업인지에 대한 갑론을박이 있다. 한편에선 원자력발전의 경우 운영비용이 저렴하여 경제적이고 오염물질이 거의 배출되지 않아 환경 친화적이라고 보는 장점을 제시하는 견해가 있다. 반대로 태양광 등 재생에너지에 대한 발전단가가 계속해서 낮춰지고 있어 원자력발전은 당장 현 시대의 편리함을 위해서 미래세대에 엄청난 책임을 전가하는 문제임을 지적하는 탈원자력발전으로 향해야한다는 입장이 있다.

양측의 입장이 대립되는 가운데 탈원전 정책에 대해 비용–효과평가법과 비용–편익평가법을 통하여 해당 정책을 분석하고 찬반을 나누어 토론해 보자.

PART 04

복지국가와 사회복지정책

Social Welfare Policy

CHAPTER 10

사회복지정책과 복지국가

1 복지국가의 개념

1. 복지국가의 배경

오늘날의 복지국가라는 개념은 19세기 말에서 20세기 초 사이에 서구 자본주의 국가에서 사회보험제도의 확립을 계기로 태동하기 시작하였다. 복지국가의 용어를 최초로 사용한 사람은 영국 켄터베리 대주교인 윌리엄 템플(William Temple, 1941)로 그의 저서 『시민과 기독교인』이라는 팸플릿 책자에서 사용하였다. 당시 템플 신부는 나치 독일에 대해 전쟁국가와 무력국가로 호칭하면서 영국에 대해서는 복지국가로 명명하여 규정한 데서 시작하였다(정현경, 2022 재인용). 그 후 1942년 영국의 베버리지 보고서가 발표된 후 사회보장과 완전고용을 국가의 책임으로 두면서 복지국가의 용어가 주목되었다(문수열 외, 2020).

복지국가라는 용어는 영국에서만 나타난 것이 아니라 스웨덴을 비롯한 유럽의 여러 나라에서 나타났고, 시장경제의 대표 격인 미국에서조차 미약하게나마 복지국가를 지향하였다. 복지국가의 기본 사상은 다양하다. 프랑스 혁명으로부터 자유·평등·박애의 개념이 도출되었다면 벤담(Bentham)의 공리주의 철학으로부터 최대 다수의 최대 행복이라는 개념이 제공되었다. 또한, 비스마르크(Bismarck)와 베버리지(Beveridge)로부터 사회보험과 사회보장의 개념을 얻었다. 페이비언 사회주의자들로부터는 국가의 기본적 서비스에 대한 국유의 원리가 나왔고, 토니(Tawney, 1880)가 제시하였던 사회적 평등의 원리가 적용되었다고 볼 수 있다. 또한, 케인즈는 경기순환을 통제하여 대량실업을 막기 위한 경제이론을 제공하였다. 이외에도 많은 철학자, 사상가, 종교 지도자, 사회개혁가 등이 복지국가 건설을 주장하였다(안병영 외, 2018).

정리해 보면, 복지국가라는 용어는 템플 대주교의 첫 사용 이후 베버리지 보고서에 등장하였고, 근대 공산주의의 몰락으로 진보성향이 강한 국가에서 복지정책을 강화하면서 복지국가라는 용어가 등장하게 되었다. 또한, 복지국가라는 용어는 각국에서 사회복지정책이 발달함과 동시에 자연스럽게 사용 빈도가 확대되기 시작하였다.

2. 복지국가의 정의

복지국가의 개념을 정의한 학자로는 윌렌스키(Wilensky), 티트머스(Titmuss), 미쉬라(Mishra) 등이 있다.

윌렌스키(Wilensky, 1975)에 의하면 복지국가는 자선이 아니라 정치적 권리로서 시민에게 보장된 모든 시민의 최저한의 소득, 영양, 보건, 주택 및 교육 등을 정부가 보호하는 국가의 형태라고 하였다(박경일, 2020 재인용).

티트머스(Titmuss, 1976)는 복지국가를 사적인 시장에서는 제공될 수 없는 특별한 서비스를 모든 시민에게 제공하는 국가라고 하였다(오세영, 2021 재인용).

미쉬라(Mishra, 1990)는 복지국가를 국민 최저수준의 삶을 보장하도록 정부책임을 제도화한 국가라고 하였다(오세영, 2021 재인용).

양정하 외(2020)는 복지국가의 개념을 세 가지로 제시하였다. 첫째, 사회서비스와 시민의 복지를 위해 정부가 제공하는 모든 사회경제적 서비스를 의미하고, 둘째, 국가가 이전까지 부자만의 특권이었던 자유를 모든 이에게 부여하고 가난의 공포로부터 해방시키며, 셋째, 이전 국가와는 다른 새로운 핵심적 기능을 가진 국가라고 하였다.

즉, 복지국가는 자본주의가 적용되면서 국민의 최저생활수준을 보장하기 위해 제도적 장치를 마련해 놓은 국가를 복지국가라 정리할 수 있다. 또한, 국민의 인간다운 생활을 위해 국가가 적극적으로 복지혜택을 부여하고, 국민에게 복지서비스 제공을 위한 재정과 복지급여 마련을 위해 노력 하는 국가를 복지국가에 포함할 수 있다.

2 복지국가의 특징 및 목적

1. 복지국가의 특징

복지국가는 정치제도로써의 민주주의, 국민최저수준의 보장, 완전고용의 실현, 혼합경제, 소득의 분배와 재분배에 의한 평등화, 복지가 국가정책의 일차적인 목표 등 여섯 가지의 특징이 있는 것으로 정리할 수 있다(박주현, 2021; 양정하 외, 2020).

1) 정치제도로써의 민주주의

국민의 물질적 생활은 보장하지만, 개인의 기본권을 인정하지 않는 전체주의 국가를 복지국가라고 할 수 없다. 만약 억압적이고 자유권과 선거권을 비롯한 정치권 등을 박탈한 채 국민에게 물질적 보장이 이루어진다면 참된 복지 상태라 볼 수 없다. 복지국가의 성립과정을 볼 때도 선거권 확대를 통한 민주주의 신장이 복지국가 수립에 기여했다. 권위주의 국가와 공산주의 국가에서 복지를 제공한다고 하더라도 그러한 국가를 복지국가라고 부르지 않는 것은 바로 자유권과 정치권을 핵심으로 하는 민주주의가 그러한 국가에서 부정되고 있기 때문이다. 복지국가의 성립과정을 볼 때도 선거권 확대를 통한 민주주의 신장은 일련의 복지개혁을 통한 복지국가 수립에 결정적으로 이바지했다고 할 수 있다.

2) 국민최저수준의 보장

1942년 베버리지 보고서에서 강조한 이 개념은 복지국가의 책임 범위를 규정하는 매우 중요한 기준이다. 복지국가가 모든 국민의 삶과 안전을 위해 적어도 국민최저수준을 보장한다고 하는 것은 복지국가의 책임 범위뿐만 아니라 특정 빈곤층만 대상으로 하던 과거와는 구별하는 기준이 된다는 의의를 지닌다.

3) 완전고용의 실현

완전고용은 빈곤의 제거라는 사회정책의 목표달성을 위해서도 필수적이며 사회보장의 충실을 위해서도 필수적 정책이다. 1970년대까지 선진 각국은 낮은 실업률을 유지하면서 완전고용을 유지하려고 노력해 왔다.

4) 혼합경제

혼합경제는 완전고용의 증대와 높은 수준의 사회복지서비스 실시, 소득재분배를 특징으로 한다. 공공부문과 민간부문 또는 독점과 경쟁이라는 혼합된 제도하에서 빈곤은 현저히 감소되고 완전고용이 실현되며 재정과 금융은 정책적 혼합을 이루면서 고도의 경제성장이 가능해진다.

5) 소득의 분배와 재분배에 의한 평등화

제2차 세계대전 이후 선진국에서는 누진세제를 비롯한 다양한 재분배정책에 의해 심각한 불평등이 크게 완화되었다.

6) 복지가 국가정책의 일차적인 목표

복지국가를 지향하는 국가들은 일반적으로 모든 국민의 복지실현을 운영원칙으로 하며 정책의 목표는 복지를 우선으로 한다.

이와 같이 여섯 가지 복지국가 특징들을 정리해 보면, 복지국가는 민주주의를 통해 정치적 권리를 확보하여 국민들의 복지에 관한 국가보장과 국가책임을 전제로 한다. 즉, 복지국가는 국가가 국민들의 복지를 책임진다는 점에서 복지국가의 특징과 그 의의를 찾을 수 있다.

2. 복지국가의 목적

1) 브릭스의 복지국가 목적

브릭스(Briggs, 1961)는 복지국가의 목적을 다음과 같이 제시하였다(박경일, 2020 재인용).

첫째, 실업, 이혼, 노령과 같은 자신을 지탱할 수 없는 사회적 상황이 발생했을 때, 그들의 경제적 안정을 유지하도록 도와준다.

둘째, 개인과 가족들에게 시장가치와는 상관없이 최저한의 소득을 보장해 줌으로써 적어도 사람들이 최저수준의 물질적 충족을 보장해 준다.

셋째, 모든 사람들이 그들의 지위나 계층에 상관없이 어느 정도 합의된 사회서비스를 최고 수준으로 이용할 수 있도록 해 준다. 즉, 사람들에게 그 사회에서 필수적인 재화와 서비스를 보장해 준다.

2) 길버트와 테럴의 복지국가 목적

길버트와 테럴(Gilbert & Terell, 2014)은 복지국가의 목적을 세 가지로 제시하였다(노병일, 2019 재인용).

첫째, 경제적으로 보장해 주고자 함에 목적을 둔다. 얻지 못하게 된 소득을 국가가 대신 확보해 줌으로써 일반적인 생활위험으로부터 시민을 보호하고자 하였다.

둘째, 물질적으로 충분하게 해 주고자 함에 목적을 둔다. 이는 국가가 기본적 수준에서 사회적으로 보호해야 한다는 주장이다.

셋째, 기본 서비스를 제공하고자 함에 목적을 둔다. 이는 국가가 기본적으로 중요한 물품과 서비스를 이용할 수 있게 해 주고자 한다는 주장이다.

3) 원석조의 복지국가 목적

원석조(2021)가 제시한 복지국가의 목적은 다음과 같다.

첫째, 개인과 가족에게 노동이나 재산의 시장가치에 관계없이 최저소득을 보장하는 것이다.

둘째, 개인과 가족이 사회적 위험을 극복할 수 있도록 함으로써 비보장의 범위를 줄이는 것이다.

셋째, 모든 시민이 지위와 계급과는 무관하게 합의된 사회서비스를 향유하게 최선의 기준을 제공하는 것이다.

복지국가의 목적을 정리해 보면, 국가는 모든 시민이 최소한의 소득을 보장받을 수 있도록 경제적으로 도움을 주고, 위기상황 시 도움을 주며, 사회적으로 합의된 서비스를 제공받을 수 있도록 도움을 주기 위한 목적이 있다.

3 복지국가의 분류

복지국가의 유형을 분류해 살펴보는 것은 각 국가의 상황에 적절한 사회복지정책을 발전시키기 위해 어떤 과정과 노력이 필요함을 판단하는 데 필요할 수 있다. 또한, 문화적·지리적으로 유사한 국가에 있는 나라의 복지국가 분류방법을 참고하여 더 발전되고 적합한 사회복지정책을 만들어 국민들의 삶의 질 향상에 기여할 수 있는 밑거름이 될 수 있다.

복지국가를 분류하는 방법은 복지국가의 성격에 따라 분류하는 방법이 가장 일반적이다. 복지국가의 분류는 윌렌스키, 티트머스, 퍼니스와 틸튼, 미쉬라, 에스핑-앤더슨의 학자 순으로 복지국가 성격으로 분류해 살펴보겠다.

1. 윌렌스키의 분류

윌렌스키(Wilensky, 1975)는 사회보장비가 국민총생산 중에 차지하는 비율을 복지국가의 기준으로 설정하고 그것이 15% 이상인 국가는 복지선진국, 10~14%는 복지중진국, 5~9%는 복지후진국이라 정의하였다(박경일, 2020 재인용).

1) 복지선진국가

윌렌스키(1975)는 22개국의 선정된 복지국가 중에서 사회복지정책 예산 지출비용이 국민총생산액 중에서 15% 이상인 국가를 복지선진국가라고 규정하였다.

2) 복지중진국가

윌렌스키(1975)의 복지중진국가는 국민총생산액(GNP) 중에서 사회복지비가 차지하는 비율이 10% 이상 15% 미만인 국가를 말한다.

3) 복지후진국가

윌렌스키(1975)는 복지후진국가란 국민총생산액 중에서 사회복지비가 차지하는 비율이 10% 미만인 국가를 이렇게 지칭하여 분류하였다.

이와 같은 윌렌스키의 복지국가 분류방법은 최초의 복지국가 분류 시도방법이라는 점에 의의가 있다. 또한, 각국의 복지예산을 15% 이상, 10% 이상, 10% 미만으로 구분하여 선진복지국가, 복지중진국가, 복지후진국가로 분류한 것은 매우 분명한 분류방법을 제시하였다는 점에서 긍정적인 면이 있을 수 있다, 하지만, 복지국가 구분을 복지예산에 따른 수치화에 의해 결정 짓는 것은 너무나 단순하고, 무리한 분류방법이라는 비판이 있다.

2. 티트머스의 분류

티트머스(Titmuss, 1979)는 복지국가를 잔여적 복지국가와 제도적 복지국가 유형으로 나누어 제시하였다.

잔여적 복지국가와 제도적 복지국가 유형에 대해 살펴보면 다음과 같다(노병일, 2019 재인용).

1) 잔여적 복지국가

잔여적 복지국가의 경우 국가는 가족이나 시장이 실패할 때에만 책임을 가지고 있다. 즉, 잔여적 복지국가는 국가가 취약한 집단이나 가치 있는 집단에게만 관여한다는 것이다.

2) 제도적 복지국가

제도적 복지국가는 다음과 같은 특징을 가지고 있다.

① 전체 인구층을 대상으로 한다.
② 보편주의적 성격을 지닌다.
③ 복지에 대해 제도적으로 관여한다.

즉, 티트머스의 복지국가를 정리해 보면, 잔여적 복지국가는 국가가 모든 집단에 개입하는 것이 아니라 도움을 필요로 하는 집단에만 개입하는 것이고, 제도적 복지국가는 모든 집단을 복지 대상으로 보고 제도적으로 관여하는 것이라고 볼 수 있다.

3. 퍼니스와 틸튼의 분류

퍼니스와 틸튼(Furniss & Tilton, 1977)은 복지국가의 유형을 적극적 국가(positive state), 사회보장국가(social security state), 사회복지국가(social welfare state)로 분류하고 있다(박경일, 2020 재인용).

1) 적극적 국가

적극적 국가는 가장 중요한 정책목표를 지속적인 경제성장으로 삼고 이를 위해 정부와 자본이 공생관계를 유지하는 것을 최선으로 여긴다. 따라서 사회정책은 경제성장정책의 한계 내에서만 그 존재가 인정된다. 적극적 국가는 자유방임주의와 개인주의를 바탕으로 한 자유경제시장에서 선호되는 사람, 즉 무한경쟁에서 살아남을 수 있는 사회적 강자들이 가장 큰 혜택을 받는다. 적극적 국가의 대표적인 국가는 미국을 들 수 있다.

2) 사회보장국가

사회보장국가는 사회정책을 통해 국민 누구에게나 최저수준을 보장하려고 하는데 이는 사유재산체계가 국민 모두의 생활안정을 약속해 줄 수 없기 때문에 국가가 그 빈자리를 메워야 한다는 인식을 바탕으로 한다. 이를 위해 사회는 사회보험만으로 부족하기 때문에 사회부조나 보편적 서비스의 제공과 같은 다른 방법을 채택하게 된다. 그러나 국가의 책임 못지않게 개인의 복지향상에 필요한 개인의 동기, 기회 그리고 책임의 중요성도 동시에 인식된다. 사회보장국가의 대표적인 국가는 영국을 들 수 있다.

3) 사회복지국가

사회복지국가는 경제정책이 사회정책의 구속을 받게 된다. 이는 사회복지국가가 평등과 사회통합의 실현을 그 목표로 삼기 때문인데 철저한 민주주의와 사회평등주의를 지향한다는 점에서 사회보장국가와 차별성을 갖기도 한다. 따라서 사회복지국가에서는 평등과 국민화합의 실현을 위해 정부와 노조가 긴밀히 협조하고 상대적 취약계층의 협조관계를 강화한다. 사회복지국가의 대표적인 국가는 스웨덴을 들 수 있다.

퍼니스와 틸튼의 복지국가 분류를 정리하면, 적극적 국가는 경제성장을 주된 목표로 삼으며 복지를 실천하는 국가를 의미하고, 사회보장국가는 국가의 책임과 개인의 책임 모두의 중요성을 강조한 국가를 의미하며, 사회복지국가는 사회적 평등과 사회적화합을 중시하면서 가장 복지정책이 발달한 국가를 의미한다.

4. 미쉬라의 분류

미쉬라(Mishra, 1984)는 복지국가의 유형을 경제와 관련해 복지에 대한 국가 책임의 사상과 현실적 제도와의 관련을 통하여 구분하였다. 미쉬라는 복지국가를 분화적(differentiated) 복지국가와 통합적(corporate or integrated) 복지국가로 분류하였다(양정하 외, 2020 재인용).

1) 분화적 복지국가

분화적 복지국가의 특성은 경제상황에 나쁜 영향을 줄 것으로 예상되는 정책은 제한하기 때문에 사회복지정책은 잔여적 특성을 지닌다. 또한, 이와 같은 국가 내 정책은 이익집단의 이익추구 과정에서 형성되기 때문에 복지정책은 일관성을 지니지 못하여 분화되고 단편화되는 경향이 나타난다. 분화적 복지국가의 예로는 미국, 영국 등을 들 수 있다. 즉, 분화적 복지국가는 경제와 복지정책이 서로 연관된 것이 아니라 따로 구분된 분화적 의미가 담겨 있다.

2) 통합적 복지국가

통합적 복지국가는 경제와 복지가 연계된 것으로 인식하고 있어 사회복지와 경제를 구분하지 않고 상호의존적이며 보완적인 관계로 이해한다. 특히, 완전고용정책과 포괄적 사회복지정책을 통해 시장체계를 유지하면서 지속적으로 기능할 수 있도록 한다고 보고 있다. 통합적 복지국가의 예시로는 스웨덴, 독일, 네덜란드 등이 있다.

미쉬라의 복지국가를 정리하면, 분화적 복지국가는 경제와 별개로 사회복지정책이 시행되는 것으로 경제와 복지가 서로 분화되어 제공되는 경향이 큰 국가를 의미한다. 반면, 통합적 복지국가는 사회복지 영역이 경제·산업·공공 영역과 밀접하게 관련된다고 보는 것을 의미한다.

5. 에스핑-앤더슨의 분류

복지국가의 분류와 관련해 가장 체계적인 것 중의 하나는 에스핑-앤더슨이 제시한 유형이다. 에스핑-앤더슨(Esping-Andersen, 1990)은 개인의 복지가 시장에 의존하지 않고도 충족될 수 있는 이른바 탈상품화의 정도, 국가와 사회계층의 형태, 시장 및 가족과의 관계 등 세 가지 기준을 가지고 복지국가를 자유주의적 복지국가(liberal welfare state), 조합주의적 복지국가(conservative corporatist welfare state), 사회민주주의적 복지국가(social democratic welfare state)로 구분하였다(박주현, 2021 재인용).

1) 자유주의적 복지국가

자유주의적 복지국가는 자산조사를 거치는 급여가 주요 방법이다. 따라서 자유적 복지국가에서 급여의 대상은 국가에 의존하는 저소득 계층인 경우가 많다. 그리고 자유적 복지국가에서는 전통적인 근로 윤리를 강조하기 때문에 복지 영역은 크게 나아지지 않고 있다. 그러므로 자유주의적 복지국가에서는 급여를 받을 수 있는 자격은 엄격하고, 급여를 받는 것에 오명이 따라붙는 경우가 많으며, 일반적으로 급여의 양은 많지 않은 결과를 보여 주고 있다(노병일, 2019).

자유주의적 복지국가는 노동시장에서 적절한 소득을 획득하지 못하는 사람을 대상으로 국민최저수준의 복지급여를 제공한다. 노동력의 탈상품화 정도가 매우 미약하고 사회복지는 노동력을 약화시킨다는 관념이 널리 퍼져 있다(양정하 외, 2020).

즉, 자유주의적 복지국가는 자산조사를 토대로 대상자를 선별하여 그들에게 공공부조 형태로 최저수준의 생활을 보장하는 국가이면서 자유라는 가치를 실현할 수 있는 자본주의를 상징하는 복지국가 형태이다. 대표적인 나라는 미국, 영국, 캐나다, 호주 등을 들 수 있다.

2) 조합주의적 복지국가

조합주의[1]적 복지국가는 가족이 중심적 역할을 하고, 국가와 시장은 주변적 역할을 추구한다. 탈상품화[2] 문제를 중요시하지 않으나, 노동력의 상품화 정도는 너그러우면서 사회복지정책은 시민의 권리로 인식한다. 직업별로 다양한 복지서비스를 강조하면서 가족 연대의 근거가 되고 있다(박경일, 2020). 조합주의적 복지국가는 주로 서유럽 국가를 중심으로 나타나는데, 사회보험이 강조되면서 직업별·계층별로 사회적 지위에 따라 서로 다른 종류의 복지서비스가 제공될 가능성이 높다. 가족의 돌봄과 가족의 부양을 강조해 여성의 사회진출에 대해 적극적이

---

1) 조합주의는 코포라티즘(Corporatism)과 관련이 매우 크다. 코프라티즘은 노조와 사용자가 대등한 관계에서 주요 현안을 협상하고, 나아가 정부와 노사 간의 현안인 임금과 복지 등의 문제를 삼자(정부, 노조, 사용자)가 협동하여 결정하는 삼자협동주의(Tripartism)을 포함한다(박경일, 2020).

2) 탈상품화는 국민의 노동활동이 시장자본주의처럼 상품화하는 것을 벗어나 국가가 국민의 노동활동을 확보해 주는 것을 의미하기 때문에 탈상품화란 용어를 사용한다.

않아 국가는 가족의 특성을 지원하고, 보완적 역할을 한다. 또한, 직무경험을 쌓을 수 있도록 직업교육을 적극 지원한다.

즉, 조합주의적 복지국가는 보수주의적 성향이 강해 가족의 역할을 중요시한 가족화가 높기 때문에 가족수당과 가족복지정책이 발달된 국가라는 특징을 확인할 수 있다. 대표적인 나라는 이탈리아, 프랑스, 독일 등을 들 수 있다.

3) 사회민주주의적 복지국가

사회민주주의적 복지국가에서는 보편주의 원칙과 사회권을 통한 탈상품화와 탈가족화[3] 효과가 가장 커서 새로운 중간층에게까지 확대된다. 이러한 국가들을 사회민주주의적이라 부르는 것은 사회민주주의 세력이 사회복지의 확대에 중추적 역할을 하기 때문이다. 이러한 국가에서는 최소한의 생활수준의 보장을 넘어서 가능한 한 최대한의 수준에서의 평등을 추구한다. 따라서 복지급여의 수준은 새로운 중간층이 원하는 수준에 이를 정도로 높다(문수열 외, 2020).

사회민주주의 복지국가는 가족의 역할인 돌봄과 보호를 국가 중심적으로 하는 탈가족화 정도가 매우 높고, 국가가 국민의 노동활동을 제공하는 탈상품화 정도가 매우 높다(박경일, 2020).

즉, 사회민주주의 복지국가는 탈상품화와 탈가족화를 기반으로 모든 국민의 사회적·경제적 활동을 보장하여 국민의 사회적 역할과 생활수준 향상을 위한 사회복지정책을 추구하는 특징이 있다. 대표적인 나라는 스웨덴, 덴마크, 핀란드, 노르웨이 등을 들 수 있다.

에스핑-앤더슨의 복지국가 분류를 정리하여 다음 〈표 10-1〉로 제시하였다.

---

3) 탈가족화는 가족의 돌봄과 보호를 가족이 제공하는 것보다 국가가 돌봄과 보호의 서비스를 제공하는 것을 강조하기 때문에 탈가족화란 용어를 사용한다.

〈표 10-1〉 에스핑-앤더슨의 복지국가 분류

복지국가 유형	자유적 복지국가	조합적 복지국가	사회민주적 복지국가
복지정책	• 시장의 효율성 강조 • 공적부조 중시, 선별주의 • 소극적 국가 역할	• 사회복지 급여는 사회적 지위에 따라 결정 • 사회보험이 주요 프로그램 • 국가의 적극적 역할을 인정하나 재분배 효과 적음	• 최대한의 평등 추구 • 노동과 복지의 결합 • 보편주의에 기초한 적극적 복지국가
해당 국가	미국, 캐나다, 호주	독일, 프랑스, 이탈리아, 네덜란드	덴마크, 스웨덴, 핀란드, 노르웨이

출처 : 양승일(2019). 사회복지정책론. 재구성.

4 복지국가 발달과 복지국가 위기

1. 복지국가의 발달

복지국가의 발달은 다음의 네 가지 요소와 관련이 크다(오세영, 2021).

① 복지혜택의 포괄성 : 전 국민의 전 생애 과정에서 당면하는 다양한 욕구와 사회적 위험에 대해 국가가 얼마나 많은 종류의 복지제도를 통해 보호할 수 있는가?

② 복지혜택 적용범위의 보편성 : 다양한 욕구를 충족하고 각종 사회적 위험으로부터 보호하기 위한 각각의 복지혜택의 적용범위는 어디까지인가?

③ 복지혜택의 적절성 : 각각의 복지혜택은 소득이 중단되더라도 생활을 유지할 수 있을 정도의 적절한 수준으로 제공되는가?

④ 복지혜택의 재분배 : 전체 복지혜택의 결과가 가져오는 소득재분배 효과는 어느 정도인가?

복지국가의 발전기에 있어 각국은 그 정도의 차이는 있지만 이러한 기준들을 중심으로 제도개혁 실시 사례가 많다. 복지국가 발전의 수준이 높은 경우는 국가가 많은 종류의 복지제도를 수립하여 가능한 한 많은 종류의 삶의 위험을 포괄적으로 보호하고, 가능한 한 많은 사람을 그 대상으로 하며, 소득중단 상황이 초래되더라도 취업 상태에서의 생활에 필적할 수 있을 정도로 적절한 혜택을 제공하려고 노력한 바가 있다.

2. 복지국가의 위기

1) 복지국가 위기의 배경

일반적으로 복지국가 위기의 배경으로써 다음의 여섯 가지를 제시할 수 있다(박경일, 2020).

첫째, 경제성장에 유해하다는 점이다. 이는 사람을 나태하게 하여 자본축적을 저해한다.

둘째, 노동자의 교섭력을 강하게 하여 국제수지에 악영향을 준다는 점이다. 이는 임금인상, 물가인상을 가져온다.

셋째, 정부개입과 혼합경제는 시장기구의 우수한 기능을 망가뜨린다. 이는 경쟁기능이나 투자요인을 저해한다.

넷째, 관료주의화와 전체주의를 초래한다.

다섯째, 도덕적 타락과 허무적인 생활을 야기한다. 이는 약물남용이나 미혼모의 증대 등의 결과를 가져온다.

여섯째, 사이비 민주주의를 야기한다. 이는 국가독점 자본주의의 분장형태이다.

2) 복지국가 위기의 내용

복지국가 위기의 내용은 정부 위기 문제, 재정 위기 문제, 정당성 위기 문제, 사회·문화적 위기 문제로 정리할 수 있다. 이 네 가지 문제 내용을 살펴보면 다음과 같다(박주현, 2021).

(1) 정부 위기 문제

복지국가의 황금기에 대규모로 팽창한 정부는 그 자체가 거대한 관료기구가 됨으로써 유연성과 효율성을 상실하고 말았다. 또한, 복지서비스에 대한 정부의 독점성은 경쟁원리의 부재로 합리성과 효율성을 추구할 수 있는 내부 혹은 외부의 자극이 부재한 상태에서 계속해서 관료조직을 비대하게 만들었다. 이러한 비효율성과 경직성은 적재적소에 적정량의 재원을 투입하는 것을 어렵게 만들었고, 서비스 영역에 따라 과잉 및 과소 문제를 야기시켰으며, 정부의 지출에 비하여 효과는 상대적으로 미흡한 문제점을 노출시켰다.

(2) 재정 위기 문제

프랑스를 제외한 대부분의 복지국가들은 심각한 부채를 안고 있었고, 대표적인 복지국가로 불리던 영국은 재무잔고가 심각한 상황에 있었다. 주목할 점은 대부분의 복지국가들에서 이러한 재정 적자 누적의 원인으로 국방비와 함께 과잉 팽창한 사회복지비를 제시하였다는 점이다. 하지만, 복지국가의 정치구조는 복지지출의 삭감을 통한 재정의 적자해소를 어렵게 했다. 정치적으로 복지혜택 감소에 대한 국민들의 저항이 있었으며, 선거 민주주의는 이러한 상황에서 취약성을 드러내곤 하였다. 또한, 경제적으로 침체국면에 들었기 때문에 세수입 증대를 통한 균형재정도 어려운 입장이었다. 결국 많은 국가들은 사회복지 예산마련을 위해 적자 재정을 편성했으며, 이는 재정 위기의 악순환 고리를 만들었다.

(3) 정당성 위기 문제

복지국가는 그 정당성 부여의 원천이 상실됨으로써 정당성 위기가 초래되었다. 이 정당성 위기는 재정 위기와 함께 지적되는 복지국가의 대표적 위기다. 이 정당성 위기는 복지국가가 의회주의와 복지정책을 통해 자본주의 폐해를 해소하고, 사회적 정의를 달성할 수 있다는 믿음의 상실을 의미한다. 이러한 정당성 위기는 복지국가에 대한 여론의 악화, 사민당과 노동당 등 좌파 정당에 대한 지지감소, 그리고 조세에 대한 저항으로 나타났다.

(4) 사회·문화적 위기 문제

사회·문화적 위기로써 사회통합의 이완현상이 시작되었다. 이는 복지국가의 중요한 전제인 사회적 연대가 파괴되는 것을 의미한다. 사회통합의 이완현상은 크게 아노미(혼돈 상태)와 이기주의가 확대되는 것으로 규범적 불안정과 사회적 유대의 약화가 증가하는 것으로 설명된다.

복지국가 위기 내용을 요약해 보면, 복지국가를 유지하기 위해 과도한 복지재정 소요로 인한 국가재정 적자와 같은 불균형으로 복지국가 위기가 나타날 수 있다. 또한, 특정 복지 대상자에게 사용되는 국가정책과 재정이 다수 국민들의 불만족을 야기시킬 가능성이 높고, 다수 국민들의 조세저항이 나타날 가능성이 높아 복지국가의 위기는 나타날 수 있다.

연습문제

1. 복지국가의 특징으로 옳은 것을 모두 고른 것은?

> ㄱ. 정책의 형성과 집행에서 국가의 역할이 중요하다.
> ㄴ. 정치적 민주주의를 복지국가 성립의 수반 조건으로 한다.
> ㄷ. 복지 정책의 일차적 목표를 전 국민 최소한의 생활 보장에 둔다.
> ㄹ. 복지국가는 궁극적으로 '기회의 평등'을 추구한다.

① ㄱ, ㄴ, ㄷ ② ㄱ, ㄷ ③ ㄴ, ㄹ ④ ㄹ ⑤ ㄱ, ㄴ, ㄷ, ㄹ

2. 에스핑-앤더슨(Esping-Anderson)의 복지국가 유형에 관한 설명으로 옳지 않은 것은?

① 자유주의적 복지국가는 시장의 효율성을 강조한다.
② 자유주의적 복지국가는 저소득층에 초점을 맞춘다.
③ 보수주의적 복지국가는 개인책임과 자조의 원리를 강조한다.
④ 보수주의적 복지국가는 사회적 지위에 따라 사회보험 혜택의 차이가 있다.
⑤ 사회민주주의 복지국가는 보편주의적 개입을 통해 가족과 시장을 대체하는 특성을 갖고 있다.

3. 에스핑-앤더슨(Esping-Anderson)의 복지국가 유형 중 '자유주의적 복지국가'에 관한 설명으로 옳지 않은 것은?

① 민간 복지를 보완하는 국가복지
② 사회보험 프로그램의 강조
③ 다차원적인 사회계층체제 발생
④ 시장의 효율성 강조
⑤ 상대적으로 낮은 탈상품화 효과

4. 경제와 복지정책이 서로 통합된 것이 아니라 따로 구분된 의미가 담겨 있는 사례라고 보는 미쉬라(Mishra)의 복지국가의 분류방법은?

① 분화적 복지국가 ② 탈상품화 복지국가 ③ 분리주의 복지국가
④ 자유주의 복지국가 ⑤ 사회민주주의 복지국가

5. 이 복지국가 형태는 자유방임주의와 개인주의를 바탕으로 한 시장경제의 근간에서 지속적으로 경제성장을 정책목표로 삼고 이를 위해 정부와 자본이 공생관계를 유지하는 것을 최선으로 여긴다. 퍼니스와 틸튼의 복지국가 분류방법 중 어디에 해당하는가?

① 자본주의국가　② 자유주의국가　③ 사회보장국가
④ 사회복지국가　⑤ 적극적국가

〈정답 및 해설〉

1. 정답 : ①

해설 : 복지국가란 국민들의 일상생활과 관련하여 발생한 사회문제에 대하여 국가가 개입해서 정부의 예산과 기구를 동원하여 모든 국민이 개인의 안정을 보장받도록 하는 국가를 말한다. 모든 복지국가는 자본주의 경제체제와 함께 발전해 왔으며, 정치적 민주주의를 기반으로 한다.

2. 정답 : ④

해설 : 보수주의적 복지국가에서는 국가가 사회적 지위에 따른 재분배와 평등을 장려하는 복지 급여를 전달하는 것이 아니다.

3. 정답 : ②

해설 : 자유주의적 복지국가에서는 자산조사를 통한 공공부조 프로그램이 상대적으로 중시된다.

4. 정답 : ①

해설 : 분화적 복지국가는 경제와 별개로 사회복지정책이 시행되는 것으로 경제와 복지가 서로 분리되어 제공되는 경향이 큰 국가를 의미한다.

5. 정답 : ⑤

해설 : 퍼니스와 틸튼의 복지국가 분류를 정리하면, 적극적 국가는 경제성장을 주된 목표로 삼으며 복지를 실천하는 국가를 의미하고, 사회보장국가는 국가의 책임과 개인의 책임의 중요성을 동시에 강조한 국가를 의미하며, 사회복지국가는 사회적 평등과 사회적 화합을 중시하면서 가장 복지정책이 발달한 국가를 의미한다.

해결문제

에스핑-앤더슨의 복지국가 분류 중 사회민주주의 복지국가에서 적용된 탈가족화와 탈상품화 관련 정책 중 우리나라에 도입할 만한 사회복지정책 한 개를 제시하고, 그 이유를 설명해 보자.

토론문제

우리나라는 저소득층의 소득 창출을 위해 공공부문에 대한 일자리를 만드는 재정은 점점 확대되어 왔다. 하지만, 일각에서는 공공부문의 일자리 확대는 저질의 일자리 양성과 정부에 많은 재정부담을 줄 수 있다는 문제점이 있음을 지적하면서 공공부문 일자리를 줄이고, 시장형 일자리를 더 확대해야 한다는 주장이 있다. 반면, 공공부문 일자리가 정부의 재정부담이 있을지라도 저소득층의 소득을 향상하는 역할을 담당하기 때문에 결국엔 국가와 사회안정을 가져올 수 있다는 장점이 있어 공공부문의 일자리를 더 확대해야 한다는 주장도 있다. 공공부문의 일자리와 시장형 일자리 중 어떤 일자리 정책이 바람직한지 찬반 토론을 해 보자.

Social Welfare Policy

CHAPTER 11

사회보장과 사회보험

1 사회보장

사회보장은 위험에 대한 책임을 보장하는 것과 관련이 크다. 인류 역사에서 위험에 대한 책임을 지기 위한 보장과정을 보면 개인소유 중심인 자본주의 사회에서는 주로 개인이나 가족, 이웃을 중심으로 위험을 해결하려는 노력이 많았다. 하지만, 다양한 사회적 위험을 유발하는 사회문제가 증가하면서 그 위험을 개인에게만 의존할 수 없게 되었다. 이에 국가와 사회가 국민의 위험과 생활을 보장해야 한다는 사회보장의 중요성이 점점 강조되고 있는 추세이다.

1. 사회보장의 개념

1) 일반적인 사회보장의 개념

사회보장은 사회정책의 핵심이 되는 제도로 빈곤예방, 사회통합, 사회적 불평등 완화, 소득재분배를 목표로 한다. 사회보장은 1880년 독일에서 출발한 사회정책에 기원을 들 수 있고, 사회보장이라는 용어는 1935년 미국의 「사회보장법」을 통해 공식적으로 사용되었다(김주희, 2018).[1)]

우리나라는 「사회보장기본법」에 의해 사회보장을 출산, 양육, 실업, 노령, 장애, 질병, 빈곤 및 사망 등의 사회적 위험으로부터 모든 국민을 보호하고 국민 삶의 질을 향상시키는 데 필요한 소득·서비스를 보장하는 사회보험, 공공부조, 사회서비스를 말한다.

1) 여기에서 제시된 사회보장법은 1934년 미국의 뉴딜(New Deal)정책의 일환으로 제시된 사회보장법(Social Security Act)이다.

2) 다양한 사회보장의 개념

(1) 미국의 사회보장

미국의 사회보장은 국민의 복지증진을 위하여 연방정부가 관장하는 노령급여 제도의 실시와 주정부가 관장하는 노인, 맹인, 요보호 아동, 장애 아동을 위한 복지, 모자복지, 공중보건, 실업보장의 관리 운영을 지원하며 사회보장청의 신설과 재정 조달 및 기타 목적을 추진하기 위한 제도이다(임정문 외, 2020).

(2) 영국의 사회보장

영국의 사회보장은 베버리지(Beveridge, 1942) 보고서에서 잘 나타나 있다. 이 보고서에서는 실업, 질병 또는 부상으로 인하여 수입이 중단된 환경에 대처하고, 노령에 의한 퇴직이나 본인 이외의 자의 사망으로 인한 부양의 상실에 대비하고 나아가서는 출생, 사망 및 결혼 등에 관련된 특별한 지출을 보장하기 위한 소득보장을 위해 사회보장의 의미를 표현하고 있다(김윤재 외, 2020 재인용)

(3) 국제노동기구의 사회보장

국제노동기구(ILO : International Labour Organization)는 사회보장을 "사람들이 여러 가지 위험들로 인해 소득이 일시적으로 중단되었거나, 소득이 영원히 중단되거나, 지출이 크게 증가하여 사람들이 이전의 생활을 하지 못할 경우, 이전의 생활을 유지할 수 있도록 지원하는 국가의 모든 프로그램"이라고 정의하였다(김주희, 2018).

한편, 국제노동기구는 사회보장의 의미를 표준화하려고 시도해 왔다. 사회보장은 다음과 같은 경우에 소득을 제공해 빈곤을 완화·예방하기 위해 보호할 필요가 있는 모든 사람에게 기본적 소득을 보장해 주기 위한 공적 조처를 취하는 것을 말한다(강희갑 외, 2019).

① 일할 능력이 없기 때문에 소득이 없어지거나 줄어드는 경우가 있다.

② 여러 가지 사건이 발생한 탓에 유급 일자리를 찾지 못해서, 소득이 없어지거나 줄어드는 경우가 있다. 여러 가지 사건으로는 질병, 실업, 노령, 산업재해, 가족부양, 아동의 출산, 폐질(invalidity), 가장의 사망이 있다.

(4) 우리나라 사회보장

우리나라의 사회보장의 개념 중 사회보장의 협의적 개념은 사회보험, 공적부조, 사회복지서비스가 포함된다. 또한, 사회보장 관련 제도는 주택환경, 지역개발, 보건의료, 교육, 고용 등이 있다. 사회보장의 광의적 개념은 이상과 같은 협의의 사회보장과 관련 제도를 모두 포함하는 것을 의미한다. 우리나라의 사회보장의 개념 중 광의의 개념, 협의의 개념, 관련 제도를 구분하여 제시하면 〈표 11-1〉과 같다.

〈표 11-1〉 우리나라 사회보장의 개념

사회보장 (광의)	사회보장 (협의)	사회보험 : 공적연금, 건강보험, 산재보험, 고용(실업)보험, 노인장기요양보험
		공적부조 : 생활보호, 의료보호, 재해보호
		사회복지서비스(노인·부녀자·아동·장애인 복지 등)
	관련 제도	주택 및 생활환경, 지역사회개발, 공중보건 및 의료
		영양, 교육, 인구 및 고용대책

출처 : 박주현(2021). 사회복지정책론.

3) 사회보장의 기본 원칙

사회보장의 원칙은 운영 주체, 전달방법과 수단, 수급되는 재화나 서비스, 급여를 받는 수혜자의 성향, 국가의 경제성장 정도에 따라 달리 적용 및 운영되고 있다. 일반적으로 다음의 원칙을 제시할 수 있다(김기원, 2020).

(1) 보편성의 원칙

사회보장의 대상자는 '사회적 위험'과 '가입 대상자 범위'에 있어서 포괄적이고 보편적이어야 한다.

(2) 최저한의 보장과 충분한 원칙

사회보장의 급여 수준을 전 국민의 사회적 최소한의 보장과 노동자와 가족의 소득보장에 충분할 정도로 되어야 한다.

(3) 민주성의 원칙

국가 및 지방자치단체는 사회보장제도의 급여 수준 및 비용 부담에 있어서 형평성을 유지해야 한다.

(4) 공공책임의 원칙

사회보험은 국가의 책임으로 시행하고, 공공부조와 사회서비스는 국가와 지방자치단체의 책임으로 시행하는 것을 원칙으로 한다.

4) 사회보장의 기능

(1) 생존권과 최저생활 보장의 기능

사회보장제도의 가장 기본적인 역할은 국민들의 생존권을 보장하는 것으로 이러한 생존권은 기본적 인권이며 이것을 사회적으로 보장하는 것이 현대국가의 책임이다. 우리나라의 「사회보장기본법」에 의하면 사회보장은 모든 국민이 인간다운 생활을 할 수 있도록 최저생활을 보장하고 국민 개개인이 생활수준을 향상시킬 수 있도록 제도와 여건을 조성하여 그 시행에 있어 균형과 효율의 조화를 기함으로써 복지사회를 실현하는 것을 기본 이념으로 한다고 명시하고 있다(김수정, 2018).

(2) 생활과 경제의 안정 기능

노령, 실업, 질병 등에 의한 소득의 감소를 완화시켜 불황이나 경기후퇴에 따른 소비소유의 저하를 완화시키며, 경기가 좋을 때는 실업수당이나 생활보호 비용의 지출을 감소시켜 경기변동의 안정화에 기여한다(원석조, 2021).

(3) 소득재분배 기능

사회보장의 소득재분배 기능은 여러 가지 과정을 통해서 이루어지고 있다. 예를 들어, 사회보장 급여가 사회보장 기여금에 비례하는 정도와 관련해, 사회보장의 소득재분배 기능을 자주 논의하고 있다(노병일, 2019).

소득재분배는 수직적 분배와 수평적 분배, 세대 간 재분배로 구분할 수 있다. 공공부조는 소득계층 간 수직 재분배를, 가족수당은 수평적 재분배를, 연금은 세대 간 재분배(청년에서 노인세대로)를 목적으로 한다(박주현, 2021).

(4) 사회적 통합 기능

사회보장은 사회적 위험에 노출된 수많은 사람들에게 기본적 생활을 보장함으로써 사회통합 또는 사회적 연대감의 중요한 기제로 작용한다. 특히 사회보장은 자본주의 사회에 내재된 불평등과 계급 간의 대립을 완화시켜 국민의 연대감을 높이는 기능을 한다(조영구 외, 2016).

사회보장의 기능을 요약하여 정리하면, 사회보장은 소득재분배를 통해 불안한 사회적 현상 속에서 개인의 소득과 최저생활을 보장하고 계급 간 대립을 완화하는 사회통합의 기능이 있다.

2. 사회보장제도의 체계

1) 일반적 사회보장제도의 체계

일반적으로 사회보장제도는 사회보험, 공공부조, 사회복지서비스로 구분할 수 있다. 첫째, 사회보험은 국민에게 발생하는 사회적 위험을 보험 상식에 의하여 대처함으로써 국민건강과 소득을 보장하는 것이다. 둘째, 공공부조는 국가 및 지방자치단체의 책임하에 생활유지 능력이 없거나 생활이 어려운 국민의 최저생활을 보장하고 자립을 지원하는 것이다. 셋째, 사회복지서비스는 국가자치단체 및 민간부문의 도움을 필요로 하는 모든 국민에게 상담 직업소개 및 지도, 교육, 재활, 시설이용 등을 제공하여 정상적인 사회생활이 가능하도록 지원하는 것이다(양정하 외, 2020).

즉, 일반적 사회보장제도의 체계는 사회보험, 공공부조, 사회복지서비스를 제공하기 위한 공식적 자원과 비공식적 자원을 활용하여 국민의 사회보장을 지원하는 구조를 가지고 있다.

2) 국가별 사회보장제도의 체계

(1) 영국

영국의 경우 베버리지(Beveridge, 1942) 보고서에 사회보장은 사회보험과 공공부조로 대별했고, 보편주의 수당과 사회보험을 보완하는 민간보험까지 사회보장에 포함시켰다. 그리고 베버리지는 이들 중 사회보험을 가장 중시했고, 공공부조와 민간보험은 사회보험을 보충하는 데 의의가 있다고 보았다(원석조, 2021 재인용).

(2) 미국

미국의 「사회보장법」에서는 일반복지(general welfare)의 증진을 위해 연방정부와 주정부가 노인복지, 장애인복지, 아동복지, 실업보상법 등을 운영하기 위한 사회보장 담당 관청을 운영하는 제도라고 정의하고 있다. 즉, 미국의 사회보장은 일반복지의 증진을 궁극적 목적으로 하는 연방정부 관장 사회보장연금, 주정부 관장 실업보험, 공공부조, 사회복지서비스 및 공중보건 등으로 구성된 제도이다(양정하 외, 2020 재인용).

(3) 국제노동기구

국제노동기구(ILO : International Labour Organization)도 사회보장을 독특하게 분류하고 있다. 1982년에 제정된 사회보장권리조약(제2조 제1항)을 보면, 사회보장 프로그램을 보건의료, 질병급여, 출산급여, 장애급여, 노령급여, 유족급여, 고용재해급여, 실업급여, 가족급여 등 아주 다양하게 분류하고 있다. 그러나 이는 전술한 사회보험과 사회수당을 급여의 종류별로 세분한 것으로 건강보험, 연금, 산재보험, 실업보험과 같은 4대 사회보험과 보편주의 급여인 아동수당과 사실상 같다(임봉호 외, 2018).

2 사회보험

1. 사회보험의 개념 및 체계

1) 사회보험의 개념

우리나라의 「사회보장기본법」에 따르면 사회보험은 국민에게 발생하는 사회적 위험을 보험방식에 의하여 대처함으로써 국민건강과 소득을 보장하는 제도라고 규정하고 있다. 국가법령정보센터(2022)는 사회보험을 국민에게 발생하는 사회적 위험을 보험의 방식으로 대처함으로서 국민의 건강과 소득을 보장하는 제도임을 강조한다. 우리나라의 사회보험제도의 종류는 국민연금제도, 국민건강보험제도, 고용보험제도, 산업재해보상보험제도, 노인장기요양보험제도가 있다.

2) 사회보험의 체계

(1) 사회보험의 대상

사회보험의 적용 대상은 원칙적으로 전 국민이다. 사회보험의 종류와 특성에 따라 국민 중 일부 또는 특수 계층만을 적용 대상으로 하는 경우가 있기도 하나 적용범위는 모든 국민이다(원석조, 2021). 즉, 사회보험의 대상은 대부분 모든 국민이 해당된다.

(2) 사회보험의 급여

피터스(Pieters, 2006)는 사회보험제도에서는 일정기간 동안에 얻은 평균임금이나 평균소득의 일정 비율을 급여로 제공하는 경우가 많다. 일반적으로 연금을 포함한 모든 장기적·단기적 급여의 양은, 관련된 사회적 위험 때문에 소득을 얻지 못하게 되기 전의 소득과 관련되고 있다. 그러나 급여의 양에는 상한선이 있는 경우가 많다. 또한, 어떤 경우에는 최저급여의 양을 정하기도 한다(Social Security Administration, 2015; 노병일, 2019 재인용).

즉, 사회보험의 급여는 사회보험제도에서 국민에게 제공할 수 있는 현금, 현물, 서비스 등을 포함한다.

(3) 보험자와 피보험자

사회보험을 운용하기 위해서는 보험을 운영하는 보험자와 받는 피보험자가 있다. 구체적으로 보험자란 사회보험을 운영하는 조직을 의미한다. 피보험자란 보험에 가입되거나 보험가입에 따른 혜택을 누리는 대상자가 된다.

예를 들면, 우리나라의 경우 국민건강보험제도의 경우 보험자는 국민건강보험공단이고, 피보험자는 국민건강보험에 가입된 국민이 해당된다.

3) 사회보험과 민간보험의 특징

(1) 사회보험과 민간보험의 공통점

레이다(Rejda, 1999)는 사회보험과 민간보험의 공통점을 다음과 같이 정리하였다.

첫째, 위험의 이전과 분산을 기한다. 둘째, 가입 대상, 급여, 재정 등과 관련된 모든 조건들을 특정화하고 규정한다. 셋째, 급여 자격과 총액에 대한 정확한 수학적 계산을 필요로 한다. 넷째, 프로그램의 운영에 필요한 비용을 충당하기에 충분한 보험료와 보험금 지급을 전제로 한다. 다섯째, 사전에 결정된 급여(predetermined benefits)를 제공한다. 여섯째, 가입자의 경제적 보장을 목적으로 한다(원석조, 2021 재인용).

(2) 사회보험과 민간보험의 차이점

사회보험과 민간보험은 공통점이 있지만, 본질적으로 전혀 다른 제도이다. 무엇보다도 사회보험은 영리를 목적으로 하지 않지만, 민간보험은 영리를 목적으로 한다(오세영, 2021). 사회보험과 민간보험의 비교 내용은 〈표 11-2〉에 제시하였다.

〈표 11-2〉 사회보험과 민간보험의 비교

구분	사회보험	민간보험
책임	국가	민간
가입	강제적	자발적
목적	최저소득(생활)보장	개인적 필요에 따른 보장
성격	사회적 타당성에 의한 집단보험	개인적 공평에 의한 개별보험
수급권	급여는 법적으로 결정(법적 권리)	보험금은 계약으로 결정(계약적 권리)
경쟁체제	정부 독점	자유 경쟁
미래의 비용	비용예측 곤란	비용예측 전제
보험사고 대상	인(人)보험	인(人)·물(物)보험
기여금	완전 적립 불필요	완전 적립
급여 수준	균등급여	기여비례
부담	공동부담	개인부담
위험선택관리	불필요	필요
옵션	목적과 결과를 감안 다양한 옵션 부여	목적과 결과를 감안 단일한 옵션 부여
투자	중앙정부의 통제하에 투자	사적 경로를 통한 투자
인플레이션 대책	국가조세권으로 인플레이션 극복	인플레이션 대책 취약

출처 : 박주현(2021). 사회복지정책론.

4) 우리나라의 5대 사회보험

우리나라의 사회보험은 국민연금, 국민건강보험, 고용보험, 산업재해보험, 노인장기요양보험과 같이 다섯 가지가 있어 5대 사회보험이라 한다. 하지만, 우리나라 노동자의 사회보험료는 4대 보험료만 징수한다, 그 이유는 우리나라의 다섯 번째 사회보험인 노인장기요양보험료가 국민건강보험료에 포함되어 징수되기 때문이다. 우리나라의 5대 사회보험의 특징을 정리하면 다음 〈표 11-3〉과 같다.

〈표 11-3〉 우리나라 5대 사회보험의 특징 비교

구분	국민연금	건강보험	고용보험	산업재해보험	노인장기 요양보험
시행연도	1988년	1997년	1995년	1964년	2008년
급여방식	현금급여 소득비례	현물급여 균등급여	현금급여 소득비례	현물-균등급여 현금-소득비례	현물급여 균등급여
보험료 부과단위	사업장, 지역(개인별)	사업장, 지역(세대별)	사업장	사업장	사업장, 지역(세대별)
재정 및 관리	수정 적립방식[2)	부과방식	수정 적립방식	순부과방식	부과방식

출처 : 4대사회보험정보연계센터(2022)의 4대 사회보험 자료 재구성.

2. 사회보험의 종류

1) 국민연금제도

(1) 목적

국민의 노령·장애 또는 사망에 대하여 연금급여를 실시함으로써 국민의 생활 안정과 복지 증진에 이바지하는 것을 목적으로 한다(「국민연금법」 제1조).

즉, 국민연금은 소득활동을 하는 사람이 보험료를 납부한 이후에 나이가 들거나 갑작스런 사고나 질병으로 사망 또는 장애를 입어 소득활동이 중단된 경우 본인 또는 유족에게 연금을 지급하여 안정된 생활을 할 수 있도록 도와주는 소득보장의 목적이 있다.

---

2) 연금의 경우 적립식과 부과식이 대표적이다. 적립식은 연금가입자가 본인이 받을 연금을 사전에 적립하는 방법이다. 부과식은 연금수령자의 연금재정을 현재 소득이 있는 사람들에게 세금처럼 부과하는 방법이다. 수정적립방식은 기본적으로 연금재정을 적립식으로 운영하지만, 실제 연금을 수령할 시기에 수입과 연금지출의 균형을 유지하기 위해 일정금액에 대해 부과식을 적용할 수 있는 조정방식으로 우리나라가 해당된다.

(2) 가입 대상

국내에 거주하는 국민으로서 18세 이상 60세 미만인자는 가입 대상이 된다(제6조). 그러나 타 직역연금을 적용받는 공무원·군인 및 교직원·별정우체국 직원과 그 밖에 대통령령으로 정하는 자는 가입 대상자에서 제외된다(제18조).[3)]

(3) 가입자의 종류

국민연금의 가입자는 사업장가입자·지역가입자·임의가입자 및 임의계속 가입자로 구분한다(제7조). 국민연금에 가입된 사업장의 근로자로서 18세 이상 60세 미만에 해당하면서 국민연금에 가입된 자가 사업장가입자이고, 사업장가입자가 아닌 자는 지역가입자로 분류된다. 하지만 사업장가입자와 지역가입자가 될 수 없는 사람도 60세 이전에 본인의 희망에 의해 신청하면 임의가입자가 될 수 있고, 납부한 보험료가 있는 가입자 또는 가입자였던 자로서 60세에 달한 자가 가입기간이 부족해 연금을 받지 못하거나 기간을 연장해 더 많은 연금을 받기를 원할 경우 65세까지 신청에 의해 임의계속 가입자가 될 수 있다(국민연금공단, 2023).

(4) 급여

국민연금의 종류는 노령연금, 장애연금, 유족연금, 반환일시금과 같이 네 종류로 구분된다(제49조). 그리고 유족연금 또는 반환일시금을 받지 못할 경우 장제보조적·보상적 성격으로 지급하는 급여인 사망일시금이 있다(제80조). 국민연금의 급여의 종류와 그에 따른 수급요건은 다음 〈표 11-4〉와 같다.

---

3) 우리나라는 국민연금과 별개로 「국민연금과 직역연금의 연계에 관한 법률」에 의해 「직역연금법」을 두어 공무원연금, 사립학교교직원연금, 군인연금 및 별정우체국연금을 두고 있다. 보통 '3대 특수연금'으로 호칭하여 군인연금, 공무원연금, 사립학교교직원연금이라 한다.

〈표 11-4〉 국민연금의 급여

연금급여	노령연금	소득활동에 종사하지 못할 경우 지급되는 급여
	장애연금	질병이나 부상으로 신체적·정신적 장애가 발생 시 지급되는 급여
	유족연금	국민연금에 일정기간 가입된 사람 또는 노령연금이나 장애연금을 받던 사람이 사망 시 유족에게 지급되는 급여
일시금급여	반환일시금	60세 도달, 사망, 국적상실 등의 이유로 더 이상 국민연금 가입자 자격을 유지할 수 없고 수급요건을 채우지 못한 경우 보험료에 이자를 더해 지급하는 급여
	사망일시금	가입자(였던 자) 또는 노령연금수급권자, 장애연금수급권자가 사망하였으나 유족이 없어 유족연금 또는 반환일시금을 지급받을 수 없는 경우 더 넓은 범위의 유족에게 지급하는 급여

출처 : 국가법령정보센터(2022). 국민연금의 급여를 재구성.

2) 국민건강보험제도

(1) 목적

국민의 질병·부상에 대한 예방·진단·치료·재활과 출산·사망 및 건강증진에 대하여 보험급여를 실시함으로써 국민보건 향상과 사회보장 증진에 이바지함을 목적으로 한다(「국민건강보험법」 제1조).

즉, 국민건강보험제도는 질병·부상 등 불확실한 위험의 발생으로 인해 청구된 과다한 의료비를 지출하면서 겪게 되는 경제적 어려움을 덜어 주고 국민건강을 향상시키기 위한 사회보장제도이다.

(2) 적용 대상

「국민건강보험법」 제5조 제1항에 따르면 적용 대상(가입자 또는 피부양자)은 원칙적으로 국내에 거주하는 전 국민이다. 국내에 거주하는 국민은 「의료급여법」에 따라 의료급여를 받는 수급권자와 유공자 등 의료보호 대상자는 제외하고 「국민건강보험법」에 따른 건강보험의 가입자 또는 피부양자가 된다.

가입자는 직장가입자와 지역가입자로 구분한다. 직장가입자는 모든 사업장에 고용된 근로자 및 사용자, 공무원 및 교직원이다. 지역가입자는 가입자 중 직장가입자와 그 피부양자를 제외한 자를 말한다(제6조).

(3) 급여

국민건강보험의 급여는 크게 현물급여와 현금급여로 나뉜다. 현물급여는 요양급여와 건강검진이 있다. 현금급여는 요양비, 장애인 보조기기, 본인부담액 상한제, 임신출산진료비가 있다.

특히 국민건강보험의 급여 중 질병·부상·출산 등에 대하여 현물급여로 진찰·검사, 약제·치료재료의 지급, 처치·수술 기타의 치료, 예방·재활, 입원, 간호, 이송이 있다. 또한, 입원환자의 식대도 건강보험의 급여에 해당되나, 식대의 50%만 급여로 제공한다. 국민건강보험의 급여를 요약하여 제시하면 〈표 11-5〉와 같다.

〈표 11-5〉 국민건강보험 급여

구분		수급권자
현물급여	요양급여	• 가입자 및 피부양자
	건강검진	• 가입자 및 피부양자
현금급여	요양비	• 가입자 및 피부양자
	장애인 보조기기	• 가입자 및 피부양자 중 「장애인복지법」에 의해 등록한 장애인
	본인부담액 상한제	• 가입자 및 피부양자
	임신 · 출산 진료비	• 임신·출산 진료비 수급권자 – 임신·출산(유산·사산 포함)이 확인된 건강보험 가입자 또는 피부양자 – 2세 미만인 가입자 또는 피부양자의 법정대리인(출산한 가입자 또는 피부양자가 사망한 경우에 한정)

출처 : 국민건강보험(2023). 건강보험 급여의 종류.

(4) 전달체계

국민건강보험의 전달체계는 3단계로 구분하고 있다. 1차 의료기관은 30병상 미만이고, 2차 의료기관은 30병상 이상 500병상 미만이며, 3차 의료기관은 500병상 이상으로 지정하고 있다. 1차 의료기관은 감기나 호흡기질환 같은 비교적 경증질환의 진료를 목적으로 하고, 2차와 3차 진료기관은 비교적 중증질환에 대한 진료를 목적으로 종합병원이나, 대형 대학병원 등이 해당된다.

3) 산업재해보상보험제도

(1) 목적

근로자의 업무상 재해를 신속하고 공정하게 보상하며, 재해근로자의 재활 및 사회 복귀를 촉진하기 위하여 이에 필요한 보험시설을 설치·운영하고, 재해예방과 그 밖에 근로자의 복지증진을 위한 사업을 시행하여 근로자 보호에 이바지하는 것을 목적으로 한다(「산업재해보상보험법」 제1조).

우리나라의 산업재해보상보험 제도의 특징은 다음과 같다(박주현, 2021).

① 근로자의 업무상 재해에 대하여 사용자에게는 고의·과실의 유무를 불문하는 무과실책임주의[4)]이다.

② 보험 사업에 소요되는 재원인 보험료는 원칙적으로 사업주가 전액 부담한다.

③ 산재보험 급여는 재해발생에 따른 손해 전체를 보상하는 것이 아니라 평균임금을 기초로 하는 정률보상 방식으로 행한다.

④ 자진 신고 및 자진 납부를 원칙으로 한다.

---

4) 무과실책임주의란? 어떤 손해가 발생하였을 때, 고의나 과실의 유무를 가리지 않고 손해를 일으킨 사람에게 그 손해의 배상 책임을 지게 한다는 원칙이다.

⑤ 재해보상과 관련되는 이의신청을 신속히 하기 위하여 심사 및 재심사청구제도를 운영한다.

⑥ 다른 사회보험과는 달리 산재보험은 사업장 중심의 관리가 이루어진다.

(2) 적용 대상

「산업재해보상보험법」 제6조에 따라서 근로자를 사용하는 모든 사업 또는 사업장에 따라서 근로자를 사용하는 모든 사업장에 적용한다. 다만, 사업의 위험률·규모 및 장소 등을 고려하여 대통령령으로 정하는 사업에 대하여는 그 적용이 제외된다.

(3) 급여

「산업재해보상보험법」에 따른 급여는 요양급여, 휴업급여, 장해급여, 유족급여, 상병보상연금, 장의비, 간병급여, 직업재활급여와 같이 8종의 급여가 있다(제36조). 구체적인 산업재해보상보험의 급여는 〈표 11-6〉과 같다.

〈표 11-6〉 산업재해보상보험 급여

종류	지급요건	지급수준
요양급여	업무상의 사유로 부상, 질병	요양비 전액
휴업급여	업무상의 사유로 부상, 질병으로 인한 요양으로 취업 못할 때	평균임금 70%
장해급여	부상, 질병의 치유 이후에 장해	장해등급에 따라
간병급여	요양급여 치유 후 간병 필요시	간병료 지급
유족급여	업무상의 사유로 사망	근로자의 평균임금을 고려
상병보상연금	요양급여 이후에도 치유가 안 될 때	폐질등급에 따라 지급
장의비	업무상의 사유로 사망	평균임금의 120일분 지급
직업재활급여	직업재활이 필요한 장해 급여자	장해정도 및 연령 등을 고려

출처 : 국가법령정보센터(2022). 「산업재해보상보험법」. 재구성.

4) 고용보험

(1) 목적

고용보험의 시행을 통하여 실업의 예방, 고용의 촉진 및 근로자의 직무능력의 개발과 향상을 꾀하고, 국가의 직업지도와 직업소개 기능을 강화하며, 근로자가 실업한 경우에 생활에 필요한 급여를 실시하여 근로자의 생활의 안정과 구직활동을 촉진함으로써 경제·사회 발전에 이바지하는 것을 목적으로 한다(「고용보험법」 제1조).

즉, 고용보험은 근로자의 실업 후 급여 지급만이 아니라 실업의 예방, 고용의 촉진에도 목적이 있어 노동시장 전반에 걸쳐 고용을 장려하기 위한 정책으로 활용하고 있다.

(2) 적용 대상

「고용보험법」의 적용 대상은 근로자를 사용하는 모든 사업 또는 사업장이다. 다만, 산업별 특성 및 규모 등을 고려하여 '대통령령으로 정하는 사업'에 대하여는 그러하지 아니한다(제8조).

(3) 급여

고용보험의 급여는 크게 고용안정·직업능력 개발사업과 실업급여가 있다. 또한, 육아휴직급여와 출산전후(유·사산) 휴가급여도 제공된다.[5] 구체적인 고용보험 급여는 〈표 11-7〉에 제시하였다.

5) 이에 따라 고용보험의 보험료도 구분되는데, 고용안정·직업능력 개발사업 해당 보험료는 사업주가 부담하고, 실업급여 해당 보험료는 사업주와 근로자가 50%씩 부담한다.

〈표 11-7〉 고용보험의 급여

고용안정 · 직업능력 개발사업	피보험자 및 피보험자였던 자, 그 밖에 취업할 의사를 가진 자에 대한 실업의 예방, 취업의 촉진, 고용기회의 확대 등을 지원하기 위해 고용안정·직업능력개발사업을 실시한다.
실업급여 (실업부조)	고용보험 가입 근로자가 실직하여 재취업 활동을 하는 기간에 소정의 급여를 지급함으로써 실업으로 인한 생계불안을 극복하고 생활의 안정을 도와주며 재취업의 기회를 지원해 주는 제도이다. 실업급여는 구직급여와 취업촉진수당이 대표적이고, 이 밖에도 연장급여와 상병급여가 있다.
육아휴직급여	만 8세 이하 또는 초등학교 2학년 이하의 자녀를 가진 근로자가 그 자녀를 양육하기 위해 육아휴직을 30일 이상 부여받고 육아휴직 시작일로부터 3개월까지는 통상임금의 100%(월 최대 250만 원), 4~6개월은 통상임금의 100%(월 최대 200만 원), 7개월 이상부터는 통상임금의 80%(월 최대 160만 원)를 지급한다.
출산전후(유 · 사산) 휴가급여	출산한 여성근로자의 근로의무를 면제하고 임금상실 없이 휴식을 보장받도록 하는 제도이다. 임신 중 여성에게 출산 전과 출산 후를 통하여 90일(다태아일 경우 120일)의 출산전후휴가를 주어야 하며, 미숙아일 경우 휴가기간이 100일로 늘어났다. 휴가기간의 배경은 출산 후 45일(다태아일 경우 60일) 이상이 확보되도록 부여하여야 한다.

출처 : 고용노동부(2025). 고용보험제도의 급여.

5) 노인장기요양보험제도

(1) 목적

고령이나 노인성 질병 등의 사유로 일상생활을 혼자서 수행하기 어려운 노인등에게 제공하는 신체활동 또는 가사활동 지원 등의 장기요양 급여에 관한 사항을 규정하여 노후의 건강증진 및 생활안정을 도모하고 그 가족의 부담을 덜어 줌으로써 국민의 삶의 질을 향상하도록 함을 목적으로 한다(「노인장기요양보험법」 제1조).

즉, 노인장기요양보험제도는 초고령화 시대에 노인의 돌봄과 요양을 사회보험으로 대비하고, 그 가족의 경제적·심리적 부담을 덜어 주기 위한 목적이 있다.

(2) 급여 대상

노인장기요양인정을 신청할 수 있는 자는 다음과 같은 자격을 갖추어야 한다. 65세 이상의 노인 또는 65세 미만의 자로서 치매·뇌혈관성질환 등 대통령령으로 정하는 노인성 질병을 가진 자를 의미한다. 노인장기요양보험의 급여 대상이 되려면 노인장기요양등급을 판정받아야 한다. 구체적인 노인장기요양 등급판정 기준은 다음 〈표 11-8〉과 같다.

〈표 11-8〉 노인장기요양보험 등급판정 기준

장기요양 등급	심신의 기능 상태
1등급	심신의 기능 상태 장애로 일상생활에서 전적으로 다른 사람의 도움이 필요한 자로서 장기요양인정 점수가 95점 이상인 자
2등급	심신의 기능 상태 장애로 일상생활에서 상당부분 다른 사람의 도움이 필요한 자로서 장기요양인정 점수가 75점 이상 95점 미만인 자
3등급	심신의 기능 상태 장애로 일상생활에서 부분적으로 다른 사람의 도움이 필요한 자로서 장기요양인정 점수가 60점 이상 75점 미만인 자
4등급	심신의 기능 상태 장애로 일상생활에서 일정부분 다른 사람의 도움이 필요한 자로서 장기요야인정 점수가 51점 이상 60점 미만인 자
5등급	치매환자로서(「노인장기요양보험법」 시행령 제2조에 따른 노인성 질병으로 한정) 장기요양인정 점수가 45점 이상 51점 미만인 자
인지지원등급	치매환자로서(「노인장기요양보험법」 시행령 제2조에 따른 노인성 질병으로 한정) 장기요양인정 점수가 45점 미만인 자

출처 : 국민건강보험(2023). 노인장기요양보험 등급.

(3) 급여

노인장기요양보험의 급여는 크게 시설급여, 재가급여, 특별현금급여가 있다. 구체적인 노인장기요양보험 급여는 〈표 11-9〉와 같다.

〈표 11-9〉 노인장기요양보험 급여

구분	급여	내용
현물	방문요양급여	가입자 또는 피부양자가 질병이나 부상으로 거동이 불편한 경우 등 보건복지부령으로 정하는 사유에 해당하는 경우에는 가입자 또는 피부양자를 직접 방문하여 요양급여를 실시한다. 그 종류는 방문요양, 방문목욕, 방문간호가 있다.
	요양급여	가입자와 피부양자의 질병, 부상, 출산 등에 대하여 진찰·검사, 약제·치료재료의 지급, 처치·수술 및 그 밖의 치료, 예방·재활, 입원, 간호, 이송 등에 따라 요양급여를 실시한다.
	건강검진	가입자와 피부양자에 대하여 질병의 조기 발견과 그에 따른 요양급여를 하기 위하여 건강검진을 실시한다. 그 종류는 일반건강검진, 암검진, 영유아건강검진이 있다.
현금	요양비, 장제비, 본인부담액보상 등	

출처 : 국민건강보험(2023). 노인장기요양보험 급여.

① 시설급여

시설급여의 경우 장기요양기관에 장기간 입소한 수급자에게 신체활동 지원 및 심신기능의 유지·향상을 위한 교육·훈련 등을 제공하는 것이다.

② 재가급여

재가급여의 경우 방문급여, 주·야간보호, 단기보호, 기타재가급여가 있다. 그 내용을 살펴보면 다음과 같다.

첫째, 방문급여란 요양원이 수급자의 가정에 방문해 신체 및 가사활동을 지원하는 방문요양, 요양원이 장비를 이용해 수급자의 가정 등에 방문해 목욕을 제공하는 방문목욕, 요양원이 의사, 한의사 등의 지시서에 따라 수급자의 가정 등에 방문해 간호, 상담 등을 제공하는 방문간호가 있다.

둘째, 주·야간보호란 수급자를 하루 중 일정한 시간 동안 장기요양기관에 보호하여 신체활동 지원 및 심신기능의 유지·향상을 위한 교육·훈련 등을 제공하는 장기요양급여이다.

셋째, 단기보호란 수급자를 보건복지부령으로 정하는 범위 안에서 일정기간 동안 장기요양기관에 보호하여 신체활동 지원 및 심신기능의 유지·향상을 위한 교육·훈련 등을 제공하는 장기요양급여이다.

넷째, 기타재가급여란 수급자의 일상생활·신체활동 지원 및 인지기능의 유지·향상에 필요한 용구를 제공하거나 가정을 방문하여 재활에 관한 지원 등을 제공하는 장기요양급여로써 대통령령으로 정하는 것이다.

③ 특별현금급여

특별현금급여는 「노인장기요양보험법」 제24조에 따라 지급하는 가족요양비, 제25조에 따라 지급하는 특례요양비, 제26조에 따라 지급하는 요양병원간병비가 있다. 하지만 특례요양비와 요양병원간병비는 현재 시행되지 않고 있다.

연습문제

1. 다음 중 사회보험과 거리가 먼 것은?
① 국민연금
② 국민건강보험
③ 산업재해보상보험
④ 노인장기요양보험
⑤ 국민기초생활보장법

2. 사회보험과 민간보험에 관한 설명으로 옳지 않은 것은?
① 사회보험과 민간보험은 급여 제공 시 자산조사에 근거하지 않는다.
② 민간보험은 위험분산을 하지 않는다.
③ 사회보험의 급여는 법률로 정해지며, 민간보험의 급여는 계약에 의해 정해진다.
④ 민간보험은 재원을 보험료로 충당한다.
⑤ 사회보험은 강제가입을 원칙으로 한다.

3. 사회보장의 기능으로 옳지 않은 것은?
① 생존권과 최저생활 보장
② 생활과 경제의 안정
③ 소득의 재분배
④ 사회적 통합
⑤ 인간의 욕구 증대

4. 우리나라의 3대 특수연금에 해당된 것만 고른 것은?

가. 기초연금	나. 공무원연금	다. 군인연금	라. 사립학교교직원연금

① 가-나-다 ② 가-나-라 ③ 나-다-라
④ 다-라-가 ⑤ 라-가-다

5. 우리나라 국민연금의 재정관리 방식은?
① 조세방식 ② 사회보험방식 ③ 적립식
④ 부과식 ⑤ 수정적립방식

〈정답 및 해설〉

1. 정답 : ⑤

해설 : 사회보험은 ①, ②, ③, ④이다. 그 외에도 고용보험이 있다. ⑤의 국민기초생활보장은 보험의 원리가 아니라 국가의 세금으로 하는 공공부조이다.

2. 정답 : ②

해설 : ①, ③, ④, ⑤ 사회보험과 민간보험에 대한 설명은 옳은 것이다. ②번 민간보험은 위험분산을 한다.

3. 정답 : ⑤

해설 : 사회보장의 대표적인 기능은 생존권과 최저생활 보장, 생활과 경제의 안정, 소득의 재분배, 사회적 통합 등이 있다.

4. 정답 : ③

해설 : 우리나라는 국민연금과 별개로 3대 특수연금인 군인연금, 공무원연금, 사립학교 교직원연금이 있다.

5. 정답 : ⑤

해설 : 연금은 적립식과 부과식이 대표적이다. 적립식은 연금가입자가 본인이 받을 연금을 사전에 적립하는 방법이고, 부과식은 연금수령자의 연금재정을 현재 소득이 있는 사람들에게 세금처럼 부과하는 방법이다. 수정적립방식은 기본적으로 연금재정을 적립식으로 운영하지만, 실제 연금을 수령할 시기에 수입과 연금지출의 균형을 유지하기 위해 일정금액에 대해 부과식을 적용할 수 있는 조정방식으로 우리나라가 해당된다.

해결문제

2022년 11월 24일 노동인권센터 'ㅇㅇ지역 청소년 배달노동자 실태조사'에 따르면 청소년이 근무하는 ㅇㅇ지역 배달대행업체는 12곳이며, 각 업체당 185명의 청소년이 있는 것으로 추정된다. 그러나 사업주가 계약 절차를 거치지 않거나 구두계약을 하는 등 법을 제대로 지키지 않는 경우가 많았고, 청소년은 계약서를 쓰는 경우 근로계약서인지 업무 위탁이나 오토바이 임대 계약서인지 구분하지 못한 경우도 있다. 특히, 청소년 배달노동자 2명 중 1명은 사고를 경험했고, 대부분은 근로계약서를 미작성했거나, 산재보험 미가입으로 인해 최소한의 권리도 보호받지 못하는 상황이다. 이러한 상황에서 청소년 배달노동자의 사회보장이 적용가능한 정책은 무엇이 있는지 제시해 보자.

토론문제

우리나라 국회에서는 2024년부터 국민건강보험을 기금화하여 국회의 통제를 받도록 하는 내용의 「국민건강증진법」 개정안'이 발의되었다. 현행 국민건강보험료는 국민건강보험공단의 일반 회계로 운영되고 있고, 보건복지부의 관리만을 받아왔는데, 다른 4대 사회보험 재정은 모두 기금으로 재정을 운영하고 있다. 지금까지 일반 회계로 운영한 결과 국회와 재정 당국의 통제가 이루어지지 않고, 급격한 고령화와 저출산으로 인해 지출증가 속도가 가속화되는 등 건보재정 위기가 우려되어 기금화하자는 의견이 있는 것이다. 반면, 기금화할 경우 국회와 재정 당국이 건강보험을 통제하면서 현재도 잘 지켜지지 않는 당사자(보험자, 가입자, 공급자) 간 자치 원칙이 더 훼손될 수 있다는 의견도 있다. 2024년부터 시행할 건강보험 재정 운영에 있어 기금화가 적절한지 적절하지 않은지 찬반 토론을 해 보자.

Social Welfare Policy

CHAPTER 12

사회복지정책과 공공부조

1 빈곤

전통적 사회에서 빈곤문제는 궁핍한 자에게 상호부조나 자선사업 등으로 해결하려는 노력이 있었지만, 현대사회에서는 빈곤문제가 빈곤한 사람들을 구제하는 사업이라는 단순함에서 벗어나 우리 사회 전체에 영향을 미치는 분야임이 인식되어 그에 따른 다양한 사회복지정책이 요구되고 있기 때문에 빈곤정책의 중요성이 확인된다.

1. 빈곤의 개념과 유형

1) 빈곤의 개념

빈곤은 어느 사회나 어느 시대를 막론하고 존재해 왔고, 현재도 존재하고 있는 중대한 사회문제 중의 하나이다. 빈곤이 오늘날까지도 중요한 사회적 이슈임에도 불구하고 그 개념은 명확하게 정의되지 못한 경향이 있다. 그 이유는 빈곤의 개념이 시대에 따라, 사회에 따라, 그리고 개인의 가치관에 따라 다르게 정의될 수 있기 때문일 것이다.

즉, 빈곤은 개인이나 집단에서 물질적 필요에 대하여 부족을 느끼는 것을 의미한다. 또한, 빈곤은 가족이 일상생활을 유지하기 위하여 필요한 의식주의 결핍뿐만 아니라 기타 사회적 조건을 충족시킬 수 없는 자원의 결핍 상태라고 정의할 수 있다.

빈곤은 객관적인 개념이면서 주관적인 개념일 수 있다. 어떤 사람은 객관적인 상황으로는 가난하지 않은데도 그들 자신이 가난하다고 느끼는 경우가 있기 때문이다. 이러한 빈곤의 개념과 관련된 쟁점들을 종합해 보자면 다음과 같이 세 가지로 제시할 수 있다(이근홍, 2021).

① 절대적 빈곤은 객관적으로 결정한 최저한도보다 적게 가지는 것
② 상대적 빈곤은 주어진 사회의 다른 사람들보다 적게 가지는 것
③ 주관적 빈곤은 자신이 충분히 가지고 있지 않다고 느끼는 것

2) 빈곤의 유형

(1) 절대적 빈곤

절대적 빈곤은 사람이 생활하는 데 필요한 최소한의 의식주라는 기본적인 관점에서 최저생계비(빈곤선)를 정하고, 그 금액 이하의 소득인 사람들을 빈곤한 상태라고 여기는 것이다(사회복지교육연구센터, 2022).

즉, 절대적 빈곤은 국가와 시대를 막론하고 모든 사회가 빈곤하다고 인정되는 것을 의미한다. 우리나라의 경우 개인과 가족의 일차적 욕구인 의식주를 해결하지 못한 상태이면서 그 사회의 최저생계비 이하의 상태를 절대적 빈곤이라 할 수 있다.

(2) 상대적 빈곤

상대적 빈곤은 특정 사회의 전반적인 생활수준을 반영하여 상대적 박탈과 불평등의 개념을 반영한 빈곤 측정 개념이고, 상대적 빈곤은 한 사회의 평균적인 소득수준에 비교하여 빈곤을 규정하기도 한다(강용구 외, 2020). 대체로 복지국가가 발달할수록 상대적 빈곤이 강조되는 경향이 있다.

즉, 상대적 빈곤이란 특정 사회의 생활수준을 상대와 비교하여 빈곤하다는 것을 측정하는 것을 의미한다.

(3) 주관적 빈곤

네덜란드 라이덴(Leyden) 대학의 학자들에 의해 개발된 라이덴(Leyden) 방식에 의하면, 주관적 빈곤 개념에 바탕을 두고 있는데, 주관적 빈곤이란? 사회의 일반적인 생활수준과 관계없이 본인 스스로 빈곤하다고 느끼는 상태를 뜻한다고 보

고하였다(임정문 외, 2020).

주관적 빈곤은 자신이 충분히 갖고 있지 않다고 느끼는 것을 말한다. 이는 제3자의 판단에 의해 어떤 객관적인 수준이 정해지는 것이 아니라 개인의 주관적인 판단 수준에서 결정된다(김경우, 2016).

즉, 주관적 빈곤이란 빈곤의 수준을 스스로의 기준에 의해 정하는 것을 의미한다. 예를 들면, 어떤 개인의 자산이 100억이든 10억이든 본인 스스로 빈곤하다고 느끼면 그것은 주관적 빈곤이라 할 수 있다.

2. 빈곤의 측정

1) 빈곤 측정방법

빈곤을 측정하기 위해서는 어떤 기준이 있어야 하는데 이를 흔히 빈곤선이라고 한다. 우리나라의 「국민기초생활보장법」 제2조 제7항에 따르면, 최저생계비는 "국민이 건강하고 문화적인 생활을 유지하기 위해 필요한 최소한의 비용"으로 동법 제20조 제4항에 따라 보건복지부장관이 계측하는 금액이라고 정의하고 있다.

이렇듯 빈곤을 벗어나기 위한 최소한의 비용을 측정하기 위해 각국은 빈민을 대상으로 하는 사회보장제도의 운영을 위해 빈곤을 측정하는 방법을 사용하고 있다. 그 가운데 가장 대표적인 빈곤 측정방식을 살펴보면 오샨스키 방식, 예산기준 방식, 여론·합의 방식이 있다.

(1) 오샨스키(Orshansky) 방식

오샨스키 방식은 반물량 방식이라고도 하는데, 이는 최저생계비 개념에 입각하여 빈곤을 측정하는 방법이다. 먼저 영양학적 기준을 충족시키는 데 필요한 최저한의 비용인 객관적인 식품비(이론적 식품비)를 계산한다. 그런 다음 가구의 실질적인 생활비 분석을 통해 엥겔계수(식료품비/총소득)를 구한다. 마지막으로 엥겔계수를 이론적 식품비에 적용하여 전체 생계비를 계산한다. 모든 항목의 생계비를 조사하지 않고, 반물량 방식인 엥겔계수로 생계비를 추정한다는 점이 특징이다.

실제로 오샨스키 방식은 최소한의 식품 마켓 바스켓(market basket)을 구성하여 산출한 저소득층의 최저식품비의 3배로 빈곤선을 정한다. 그는 이렇게 함으로써 빈곤의 사회적 차원과 생물학적 차원을 절충시킬 수 있었다. 오샨스키 빈곤선은 1963년에 미국에서 적용한 이후로 매년 인플레를 감안하여 인상되었다. 다시 말해 오샨스키 빈곤선의 장점은 명확하고 계산하기 쉬우며 수정하기도 쉽지만 빈곤선 적용 이후 생활수준 및 소비 및 지출 패턴의 변화, 생활양식의 다양성을 반영하기 어렵다는 단점을 가지고 있다(원석조, 2021).

즉, 오샨스키 방식은 오샨스키(Orshansky)라는 학자에 의해 실시된 방법으로 전체 물량을 적용하지 않고, 식품비와 생계비와 같은 일부 물량만 적용하는 방법이다. 예를 들면, 1인당 소비하는 식료품 가격의 3배 이하의 소득이 있을 경우 빈곤함을 나타내는 반물량 방법을 적용한 빈곤 측정방법이다.

(2) 라운트리(Rowntree) 방식

라운트리 방식은 전물량 방식이라고도 하는데 이는 빈곤자의 소비지출 마켓 바스켓을 구성한 다음 이를 합산하여 빈곤선을 정하는 방법을 말한다. 이를 위해서는 먼저 소비지출 유형을 위한 가계기준을 정하고 식료품·의료·교통·주택·난방 등 표준적인 소비를 위해 얼마가 지출되어야 하는지를 엄밀하게 조사해야 한다. 라운트리 방식을 기본으로 하여 생활에 필수적인 품목의 최저수준을 정하고, 이를 화폐가치로 환산해 빈곤선을 구하는 방법이기 때문에 전물량 방식이라고 한다(노기남 외, 2021).

즉, 라운트리 방식은 식품비와 생계비와 같은 일부 물량만 적용하여 측정하는 오샨스키 방식과는 달리 식품, 의료, 주택, 교육 등 인간생활에 필요한 소비지출 유형 전체 물량을 적용해 생활에 필요한 최저지출수준에 도달하지 못한 경제적 상태의 빈곤을 측정하는 방법이다.

(3) 여론·합의 방식

빈곤을 정의하고 측정하는 것을 전문가 집단에게 위임하는 것이 아니라 일반인의 여론에 따라 만드는 것이다. 여론조사를 실시해서 그 사회에 있는 사람들이 반드시 필요하다고 보는 것을 파악하고 있다. 그러고 나서 이런 필수품을 가질 수 없는 사람은 빈곤상태에 있다고 보고 있다(노병일, 2019).

즉, 여론·합의 방식은 여론조사를 통해 한 사회의 필수품을 파악하고, 그 필수품의 소유 유무에 따라 빈곤을 측정하는 방법이다.

2 공공부조

공공부조라는 용어는 1981년 최초로 덴마크에서 등장하였고, 그 후 각 나라로 확산되기 시작하였다. 하지만 공공부조라는 용어는 각 나라마다 조금씩 다른 의미와 범위로 사용되고 있다. 영국은 국가부조라 하면서 국가의 책임을 강조하고, 프랑스는 사회부조라 하면서 사회정책 전반을 다루며, 우리나라를 포함한 미국과 일본은 공공부조라 하여 사회보험과 그 범위를 구분하는 의미로 용어를 사용하고 있다.

1. 공공부조의 개념

1) 의미

공공부조라는 용어는 1995년 우리나라에 「사회보장기본법」이 제정되면서 공식적으로 사용되기 시작하였다(국가기록원, 2022). 「사회보장기본법」에 의하면 공공부조는 국가와 지방자치단체가 생활유지 능력이 없거나 생활이 어려운 국민의 최저생활을 보장하고 자립을 지원하는 제도이다.

공공부조는 빈곤한 개인이나 가족에게 제공되는 현금급여, 의료부조, 사회서비스 등을 말한다. 또한 공공부조는 빈민만을 대상으로 하기 때문에 공공부조의 적용 대상이 되기 위해서는 정부가 정한 소득 및 재산의 기준을 충족시켜야 하며,

이를 위해 자산조사를 받아야 한다(원석조, 2021).

즉, 공공부조는 일상적인 사회활동 능력이 없는 국민에게 최저생활을 제공하기 위한 국가의 사회복지정책이라 정의할 수 있다. 공공부조는 사회보험과 함께 사회보장에서 큰 주축을 이루고 있으며, 일부 국민을 대상으로 한 선별적 복지의 대표적 사례로 최저생활 보장에 목표를 두고 있다. 또한 공공부조는 자산조사를 거쳐 그 대상을 선정하기 때문에 그 대상자에게 빈민이라는 낙인이 있을 수 있다. 반면 전체 국민을 대상으로 하는 보편적 복지라 할 수 있는 사회보험과는 차이가 있다.

2. 공공부조의 기본 원리(Principles)

공공부조의 철학적·이념적 가치가 적용된 제도의 존재 이유와 목적이 포함된 기본 원리는 다음과 같이 여섯 가지로 정리할 수 있다.

1) 국가책임의 원리

국가는 생활이 어려운 국민의 생존권을 보장할 의무가 있으며, 공공부조는 이러한 국가책임의 실현 수단이다.

2) 인간 존엄성 보장의 원리

모든 국민은 인간다운 삶을 누릴 권리를 가지며, 공공부조는 인간 존엄의 실질적 보장을 위한 장치이다.

3) 최저생활 보장의 원리

공공부조는 국민이 최저한의 인간다운 삶을 유지할 수 있도록 필요한 급여를 제공해야 한다.

4) 사회연대의 원리

공공부조는 사회 전체가 빈곤·실업 등 위험을 공동으로 분담한다는 연대적 책임의 구현이다. 이는 사회국가의 헌법적 정신에 바탕한다.

5) 형평과 평등의 원리

모든 국민은 공공부조의 혜택을 차별 없이 받을 권리가 있으며, 특히 사회적 약자를 배려하는 형평성을 추구해야 한다.

6) 자립 지원의 원리

공공부조는 단순한 지원을 넘어 수급자의 근로, 교육 등을 통해 자립을 촉진해야 한다.

〈표 12-1〉 공공부조의 원리

	원리	내용	법적 근거
1	국가책임의 원리	국가는 국민의 생존권을 보장할 책임이 있음	헌법 제34조 제1항, 국민기초생활보장법 제1조
2	인간 존엄성 보장의 원리	인간으로서의 존엄한 삶을 실현해야 함	헌법 제10조
3	최저생활 보장의 원리	인간다운 최저생활을 보장하는 것이 공공부조의 핵심 목적	국민기초생활보장법 제2조 제1호
4	사회연대의 원리	사회적 위험과 빈곤을 공동체가 분담하는 공적 책임 구현	헌법 제34조 제1·5항, 국민기초생활보장법 제1조
5	형평과 평등의 원리	차별 없는 복지, 사회적 약자를 위한 형평 보장	헌법 제11조, 국민기초생활보장법 제5조
6	자립 지원의 원리	수급자의 근로·자활 지원을 통해 자립을 유도	국민기초생활보장법 제2조 제2호

3. 공공부조의 원칙(Operational Principles)

공공부조의 원칙은 제도나 정책을 실제로 운영하기 위한 적용기준 또는 실행지침으로 정책이 어떻게 집행되어야 하는지, 대상자 선정, 절차 등의 실천기준을 제공한다. 이러한 공공부조의 원칙은 다음 일곱 가지로 정리할 수 있다.

1) 신청주의 원칙

공공부조는 수급권자와 그의 부양의무자, 친족, 기타 관계인 수급자의 자발적인 신청에 의해 개시되며, 예외적으로 직권 신청도 가능하다.

2) 보충성 원칙

본인 및 가족의 자조 노력이 우선되고, 최저 한도의 생활유지가 어려운 경우 최종적으로 국가가 개입하여 부족한 부분만 공공부조가 보완한다.

3) 필요즉응 원칙

수급자의 연령, 건강, 가족상황 등 개별 사정에 따라 실제의 필요에 상응하도록 적정 급여가 제공되어야 한다.

4) 세대 단위 원칙

급여 산정과 지원은 원칙적으로 세대(가구) 단위로 이루어진다. 다만, 필요하다고 인정되는 경우에는 개인 단위로 할 수 있다.

5) 현금급여 원칙

원칙적으로 현물보다 현금으로 급여를 지급하여 수급자의 선택권과 자율성을 보장한다.

6) 거택보호 원칙

시설 보호보다는 가능한 한 가정 내 보호를 우선한다.

7) 급여 적정성 원칙

수급자의 상황에 따라 과도하거나 부족하지 않은 적절한 수준의 급여가 지급되어야 한다.

〈표 12-2〉 공공부조의 원칙

	원칙	내용	법적 근거
1	신청주의 원칙	급여는 수급자의 신청으로 개시됨	국민기초생활보장법 제21조
2	보충성 원칙	자조·부양의무 우선, 부족한 부분만 국가 지원	국민기초생활보장법 제6조
3	필요즉응 원칙	수급자의 상황에 따라 급여가 조정됨	보건복지부 급여지침(2024년 판)
4	세대 단위 원칙	급여 산정은 세대(가구) 단위로 함	국민기초생활보장법 제2조 제3호
5	현금급여 원칙	가능한 경우 현금으로 지급하여 자율성 보장	국민기초생활보장법 시행령 및 보건복지부 급여지침(2024년 판, 문서상 '현금부조의 원칙' 명시)
6	거택보호 원칙	가능한 한 가정 내 보호를 우선	보건복지부 「국민기초생활보장사업 안내」(2024년 판)
7	급여 적정성 원칙	과부족 없는 적정한 급여 제공	국민기초생활보장법 제12~16조

4. 공공부조와 사회보험

사회보험이 수급자의 기여에 의한 예방적 성격의 생활보장정책이라면, 공공부조는 스스로 보험료를 납부할 능력이 없는 빈민의 최저생활수준을 보장하기 위한 사후적인 성격의 생활보장정책이다. 따라서 공공부조는 수급자의 기여에 관계없이 급여를 제공하기 때문에 일반적으로 수급 대상자의 자산조사가 수반된다(정무성 외, 2019).

또한, 사회보험은 모든 국민을 대상으로 하므로 재정의 예측이 비교적 쉽지만, 공공부조의 경우 빈곤계층의 수와 수요를 정확하게 파악하는 것이 어려우므로 재정의 예측이 어렵다는 점에서 차이가 있을 수 있다(박경일, 2020).

하지만, 공공부조는 선별주의에 따라 소수의 빈곤층에게 개입하기 때문에 수급자격을 획득하는 과정에서 자신이 빈민임을 사회적으로 증명해야 한다.

사회보험과 공공부조는 국민의 사회보장을 위해 만들어졌지만, 구체적인 목적, 이념, 대상 등에서 차이가 발생한다. 사회보험과 공공부조의 차이점을 〈표 12-3〉에 제시하였다.

〈표 12-3〉 공공부조와 사회보험의 차이

구 분	공공부조	사회보험
목 적	빈곤구제, 사후적	빈곤예방, 사전적
이 념	선택주의	보편주의
대 상	소수의 빈곤계층	전체 국민
재정충당	정부 일반조세	가입자의 보험료
소득조사	반드시 필요	불필요
재정 예측성	곤란함	가능함

출처 : 양승일(2019). 사회복지정책론. 재구성.

3 대표적인 공공부조제도

우리나라의 공공부조제도 중 국민기초생활보장제도, 의료급여제도, 기초연금제도, 긴급복지제도가 가장 대표적이다. 각각의 공공부조제도를 자세히 살펴보면 다음과 같다.

1. 국민기초생활보장제도

1) 국민기초생활보장제도의 목적

국민기초생활보장제도는 생활이 어려운 사람에게 필요한 급여를 실시하여 이들의 최저생활을 보장하고 자활을 돕는 것을 목적으로 한다(「국민기초생활보장법」 제1조). 공공부조제도는 헌법에 규정되어 있는 국민의 생존권 보장을 위해 구체적이면서 최후의 보루로 기능을 담당하는 것이 가장 대표적인 목적이다. 또한, 현재 공공부조가 필요한 사람일지라도 급여 대상자의 자활과 자립이 가능할 수 있도록 돕는 것도 공공부조의 목적이다.

2) 국민기초생활보장제도의 대상자

국민기초생활보장제도의 수급자 선정기준은 부양의무자가 없거나, 부양의무자가 있어도 부양능력이 없어 부양을 받을 수 없는 사람으로서 소득인정액이 급여 종류별 선정기준 이하인 사람이다. 다만, 국민기초생활보장제도의 급여 중 생계급여, 주거급여, 교육급여는 부양의무자 기준이 미적용된다(보건복지부, 2022).

3) 국민기초생활보장제도 급여

국민기초생활보장제도의 급여는 「국민기초생활보장법」에 따라 생계급여, 주거급여, 교육급여, 의료급여, 해산급여, 장제급여, 자활급여가 있다. 그 내용은 다음과 같다.

(1) 생계급여

생계급여는 수급자에게 의복, 음식물 및 연료비와 그 밖에 필요한 금품을 지급하여 그 생계를 유지하게 하는 것으로 한다.

2025년 우리나라의 국민기초생활보장제도의 생계급여는 〈표 12-4〉와 같다.

〈표 12-4〉 국민기초생활보장제도의 생계급여

구분	1인 가구	2인 가구	3인 가구	4인 가구	5인 가구	6인 가구	7인 가구
금액 (원/월)	765,444	1,258,451	1,608,113	1,951,287	2,274,621	2,580,738	2,876,297

출처 : 관악구청(2025). 2025 국민기초생활보장제도 생계급여.

(2) 주거급여

주거급여는 수급자에게 주거 안정에 필요한 임차료, 수선유지·수선비, 그 밖의 수급품을 지급하는 것으로 한다. 주거급여는 「국민기초생활보장법」에서 신설된 급여이다.

(3) 교육급여

교육급여는 수급자에게 입학금, 수업료, 학용품비, 그 밖의 수급품을 지급하는 것으로 하되, 학교의 종류·범위 등에 관하여 필요한 사항은 대통령령으로 정한다.

(4) 의료급여

의료급여는 수급자에게 건강한 생활을 유지하는 데 필요한 각종 검사 및 치료 등을 지급하는 것으로 한다.

(5) 해산급여

해산급여는 생계급여, 주거급여, 의료급여 중 하나 이상의 급여를 받는 수급자에게 조산, 분산 전과 분만 후의 필요한 조치와 보호에 대한 급여를 행하는 것으로 한다.

(6) 장제급여

장제급여는 생계급여, 주거급여, 의료급여 중 하나 이상의 급여를 받는 수급자가 사망한 경우 사체의 검안·운반·화장 또는 매장, 그 밖의 장제조치를 행하는 것으로 하며 장제급여는 보건복지부령이 정하는 바에 따라 실제로 장제를 실시하는 사람에게 장제에 필요한 비용을 지급함으로써 행한다.

(7) 자활급여

자활급여는 수급자의 자활을 돕기 위하여 다음의 급여를 행하는 것으로 한다. 자활에 필요한 금품의 지급 또는 대여, 자활에 필요한 근로능력의 향상 및 기능습득의 지원 등 자활조성을 위한 각종 지원이다.

2. 의료급여제도

의료급여제도는 「의료급여법」에 근거하여 다음과 같이 정리할 수 있다.

1) 의료급여제도의 목적

의료급여는 「국민기초생활보장법」에 의한 수급자 등 일정 수준 이하의 저소득층을 대상으로 그들의 자력으로 의료문제를 해결할 수 없는 경우에 국가재정으로 의료 혜택을 주는 공공부조제도로써 건강보험과 함께 국민의 의료보장정책의 중요한 수단이 된다.

「의료급여법」 제1조는 "생활이 어려운 사람에게 의료급여를 지원함으로써 국민보건의 향상과 사회복지의 증진에 이바지함을 목적으로 한다."고 규정하고 있다.

2) 의료급여제도의 수급권자

의료수급권자는 1종과 2종으로 구분된다. 1종 의료수급권자는 노동능력이 없는 기초생활수급자, 국가유공자, 중증질환등록자 등이 해당된다. 2종 의료수급권자는 국민기초생활보장 대상자 중 1종 수급 대상이 아닌 가구를 포함한다(보건복지부, 2022).

의료급여제도의 수급권자는 다음과 같다.

① 「국민기초생활보장법」에 따른 의료급여 수급자
② 「재해구호법」에 따른 이재민으로서 보건복지부장관이 의료급여가 필요하다고 인정한 사람
③ 「의사상자 등 예우 및 지원에 관한 법률」에 따라 의료급여를 받는 사람
④ 「입양특례법」에 따라 국내 입양된 18세 미만의 아동
⑤ 「독립유공자예우에 관한 법률」, 「국가유공자 등 예우 및 지원에 관한 법률」, 「보훈보상대상자 지원에 관한 법률」의 적용을 받고 있는 사람과 그 가족으로

서 국가보훈처장이 의료급여가 필요하다고 추천한 사람 중에서 보건복지부 장관이 의료급여가 필요하다고 인정한 사람

⑥「무형문화재 보전 및 진흥에 관한 법률」에 따라 지정된 국가무형문화재의 보유자(명예보유자를 포함한다)와 그 가족으로서 문화재청장이 의료급여가 필요 하다고 추천한 사람 중에서 보건복지부장관이 의료급여가 필요하다고 인정한 사람

⑦「북한이탈주민의 보호 및 정착지원에 관한 법률」의 적용을 받고 있는 사람과 그 가족으로서 보건복지부장관이 의료급여가 필요하다고 인정한 사람

⑧「5·18 민주화운동 관련자 보상 등에 관한 법률」 제8조에 따라 보상금 등을 받은 사람과 그 가족으로서 보건복지부장관이 의료급여가 필요하다고 인정한 사람

⑨「노숙인 등의 복지 및 자립지원에 관한 법률」에 따른 노숙인 등으로서 보건복지부장관이 의료급여가 필요하다고 인정한 사람

⑩ 생활유지 능력이 없거나 생활이 어려운 사람으로서 대통령령으로 정하는 사람

우리나라의 의료급여 수급권자를 1종과 2종으로 구분해 내용을 요약하여 제시하면 〈표 12-5〉와 같다.

〈표 12-5〉 의료수급권자 구분

구분	대상
1종 수급권자	• 국민기초생활보장 수급자 : 근로무능력가구, 산정특례 등록한 결핵질환자, 희귀난치성질환 등록자, 중증질환(암환자, 중증화상환자만 해당) 등록자, 시설수급자 • 타법 적용자 : 이재민, 의상자 및 의사자의 유족, 입양아동(18세 미만), 국가유공자, 국가무형문화재의 보유자, 북한이탈주민, 5·18 민주화운동 관련자, 노숙인 • 행려환자
2종 수급권자	• 국민기초생활보장 대상자 중 1종 수급 대상이 아닌 가구

출처 : 보건복지부(2022). 2022년 의료급여사업안내.

3) 의료급여제도의 내용

(1) 의료급여제도의 급여

의료급여 수급권자의 질병·부상·출산 등에 대한 의료 내용은 다음과 같다. 진찰·검사, 약제·치료재료의 지급, 처치·수술과 그 밖의 치료, 예방·재활, 입원, 간호, 그 밖의 의료목적 달성을 위한 조치 등이다.

급여비용은 대통령령으로 정하는 바에 따라 그 전부 또는 일부를 법 제25조에 따른 의료급여기금 설치 및 조성에 따른 의료급여기금에서 부담하되, 나머지는 본인이 부담한다.

(2) 의료급여제도의 전달

의료급여 전달기관은 「의료법」 및 「약사법」 등에서 정하는 의료기관 및 약국 등을 말한다. 의료급여 전달기관은 1차 의료기관(의원급). 2차 의료기관(병원, 종합병원급). 3차 의료기관(상급종합병원급, 대학병원)으로 구분한다.

3. 기초연금제도

기초연금제도는 「기초연금법」에 근거해 다음과 같이 정리할 수 있다.

1) 기초연금의 개요

기초연금제도는 노인에게 연금을 지급하여 안정적인 소득기반을 제공하고 노인의 안정적인 생활을 지원하여 복지를 증진하는 것을 목적으로 한다(「기초연금법」 제1조).

기초연금은 소득하위 70%에 해당하는 노인에게 매달 일정금액을 지원하는 제도로 2008년 시행되었던 기초노령연금이 개정되어 2014년부터 기초연금이라는 명칭으로 시행되었다.

2) 기초연금의 수급 대상

우선적으로 국민연금을 받지 않는 무연금자, 국민연금 급여액이 월 46만 1,250원 이하인 자, 국민연금의 유족연금이나 장애연금을 받고 있는 자, 국민기초생활보장 수급권자, 장애인연금을 받고 있는 자 등이 해당된다.

이상의 항목에 해당되지 않는 경우 소득하위 70%를 소득인정액으로 산정하는데, 2023년 기준 단독가구는 202만 원, 부부가구는 323만 2,000원 이하의 소득인정액이 되어야 한다. 소득인정액은 소득평가액과 재산의 소득환산액을 합산하여 결정한다. 소득평가액은 근로소득과 기타소득(사업소득, 재산소득 등)에서 공제금액을 제외하고 환산한다.

근로소득의 경우 월정액으로 급여를 받는 소득으로 기본공제 108만 원과 30%가 추가 공제된다. 예를 들면, 월급이 200만 원일 때 기본공제 108만 원과 30%를 추가 공제하면 64만 4,000원이 근로소득에 대한 소득평가액이다(200만 원 - 108만 원 = 92만 원 × 0.7 = 64만 4,000원). 기타소득은 사업에서 얻는 소득, 임대소득, 이자소득과 연금소득의 합 등을 포함하여 환산한다.

3) 기초연금제도의 산정

2025년 보건복지부에서 발표한 「기초연금 지급대상자 선정기준액, 기준연금액 및 소득인정액 산정 세부기준에 관한 고시」에 따르면 국민연금을 받지 않는 무연금자, 국민연금 급여액이 월 51만 3,760원 이하인 자, 국민연금의 유족연금이나 장애연금을 받고 있는 자, 국민기초생활보장 수급권자, 장애인연금을 받고 있는 자 등은 기준 지급금액으로 산정된다. 즉, 이 대상자는 기준금액의 최대 금액(2025년 34만 2,510원)을 받을 수 있다. 다만, 소득평가에 따라 다를 수 있다.

이상과 같은 경우에 해당하지 않는 사람들의 기초연금액은 「소득재분배급여(A급여)에 따른 산식」 또는 「국민연금 급여액」등을 고려하여 산정된다. 소득재분배급여(A급여)는 국민연금 급여액 중 기초연금적 성격을 가진 부분으로 개인별 기초연금액을 결정하는 기준이 되는 급여를 말한다. 국민연금 급여액에 따른 기초연금액은 '기초연금액 = 기준연금액의 250% – 국민연금 급여액'으로 계산하여 산정한다.

국민연금 급여액에 따른 기초연금 산정액은 〈표 12-6〉에 제시하였다.[1)]

〈표 12-6〉 국민연금 급여액에 따른 기초연금 산정액

구분	기준연금액의 10%	기준연금액의 50%	기준연금액의 100%	기준연금액의 150%	기준연금액의 200%	기준연금액의 250%
2025년 (1~12월)	34,250원	171,250원	342,510원	513,750원	685,020원	856,270원

출처 : 보건복지부 기초연금(2025). 기초연금산정기준액.

4. 긴급복지제도

1) 긴급복지제도의 목적

긴급복지제도는 생계곤란 등의 위기상황에 처하여 도움이 필요한 사람을 신속하게 지원함을 원칙으로 위기상황에서 벗어나 건강하고 인간다운 생활을 하게 함을 목적으로 시행되고 있다(「긴급복지지원법」 제1조).

2) 긴급복지제도의 급여

긴급복지제도는 급여라는 용어보다 지원이란 용어를 사용한다. 지원 내용은 금전과 현물을 지원하면서 위기상황급여로 생계, 의료, 주거, 복지시설 이용에 따른 지원이 있고, 부가급여로 교육과 그 밖의 지원 등이 있다. 긴급복지제도의 지원 내용을 요약하여 정리하면 〈표 12-7〉과 같다.

1) 2025년 기초연금 지급액은 단독가구가 월 최대 34만 2,510원이고, 부부가구는 54만 8,000원인데, 소비자물가변동률을 반영하여 2024년보다 2.3% 인상된 금액이 적용되었다. 기초연금은 2014년 도입 당시 월 20만 원에서 매년 단계적으로 인상되는 추세이다.

〈표 12-7〉 긴급복지제도 지원 내용

<table>
<tr><th colspan="3">종류</th><th>지원 내용</th><th>최대 횟수</th></tr>
<tr><td rowspan="6">금전·현물 지원</td><td rowspan="4">위기 상황 급여</td><td>생계</td><td>식료품비, 의복비 등 생계유지비</td><td>6회</td></tr>
<tr><td>의료</td><td>각종 검사, 치료 등 의료서비스</td><td>2회</td></tr>
<tr><td>주거</td><td>국가·지자체 소유 임시거소 제공 또는 해당하는 비용 제공</td><td>12회</td></tr>
<tr><td>복지시설 이용</td><td>사회복지시설 입소 또는 이용서비스 제공</td><td>6회</td></tr>
<tr><td rowspan="2">부가 급여</td><td>교육</td><td>초·중·고 중 수업료, 입학금 비용 지원</td><td>2회(4회)</td></tr>
<tr><td>그 밖의 지원</td><td>연료비나 그 밖에 필요한 비용 또는 현물 지원</td><td>1회
(연료비 6회)</td></tr>
<tr><td colspan="3">민간기관·단체 연계지원 등</td><td>사회복지공동모금회법, 대한적십자사 등 민간의 긴급지원프로그램과 연계, 상담 등 지원</td><td>제한 없음</td></tr>
</table>

출처 : 보건복지부(2025). 「2025년 긴급복지지원사업 안내」를 참고하여 재구성.

연습문제

1. 다음은 무엇에 관한 설명인가?

> 국가 및 지방자치단체의 책임하에 생활유지 능력이 없거나 생활이 어려운 국민의 최저생활을 보장하고 자립을 지원하는 제도이다.

① 사회보험 ② 공공부조 ③ 사회서비스
④ 경제보호 ⑤ 돌봄 서비스

2. 국민기초생활보장제도의 내용으로 옳지 않은 것은?
① 절대적 빈곤정책을 추구한다.
② 최저보장 수준과 기준 중위소득을 정의했다.
③ 급여의 종류별로 보건복지부장관 또는 소관 중앙행정기관의 장이 급여의 기준을 정하도록 했다.
④ 보건복지부장관 또는 소관 중앙행정기관의 장은 급여의 종류별 수급자 선정기준 및 최저보장 수준을 결정하도록 한다.
⑤ 기준 중위소득과 소득인정액의 산정방식을 법률에 명시하고 있다.

3. 공공부조의 원리와 가장 거리가 먼 것은?
① 생존권 보장 ② 국가책임 ③ 최저생활
④ 무차별 평등 ⑤ 지속적 부조

4. 국민기초생활보장제도의 급여와 거리가 먼 것은?
① 생계급여 ② 장제급여 ③ 해산급여
④ 의료급여 ⑤ 가족급여

〈정답 및 해설〉

1. 정답 : ②

해설 : 공공부조의 특성을 정리하면 다음과 같다.

- 국가 및 지방자치단체의 책임하에 생활유지 능력이 없거나 생활이 어려운 국민의 최저생활을 보장하고 자립을 지원하는 제도이다.
- 공공부조와 관련해서 의료급여, 「국민기초생활보장법」이 적용되고 있다.

2. 정답 : ①

해설 : 기초생활보장제도를 효과적이고 효율적인 맞춤형 빈곤정책으로 전환하여 지원대상을 확대하고 일할수록 유리한 급여체계를 마련함으로써 탈수급 유인을 촉진하고 빈곤예방 기능을 강화하고자 한다.

3. 정답 : ⑤

해설 : 공공부조의 대표적 원리는 생존권 보장, 국가책임, 최저생활 보장, 무차별 평등, 보충성, 자립조장이 있다.

4. 정답 : ⑤

해설 : 국민기초생활보장제도의 급여는 생계급여, 주거급여, 교육급여, 의료급여, 해산급여, 장제급여, 자활급여가 있다.

해결문제

2019년 국가인권위원회의 '빈곤 청년 실태조사'에 따르면, 20대 청년 중 1인 가구의 빈곤율은 부모와 같이 사는 또래들보다 높은 것으로 파악되었다. 시장소득 기준 청년 1인 가구의 빈곤율은 17.7%로 부모와 동거하는 청년들 9.3%의 약 2배이다. 하지만 현재 시행하고 있는 국민기초생활보장제도는 가구 단위로 가구 전체의 소득과 재산을 고려해 수급자를 선정하고, 급여를 산정하면서 원칙적으로 '미혼자녀 중 30세 미만인 사람'은 주거지를 달리해도 부모와 동일 보장 가구로 포함하고 있다. 이러한 문제점을 고려하여 현재 시행하고 있는 국민기초생활보장제도의 개선할 점에 대해 생각해 보자.

토론문제

보건복지부(2022)의 보도자료에 따르면, 국민연금 소득대체율을 40%로 유지하고, 노인 70%에게 기초연금 30만 원을 지급하는 기초연금제도를 그대로 둘 경우 2045년 65세 이상 10명 중 3명은 경제적 빈곤에 해당할 것이라고 분석된다. 이에 따라 소득대체율 조정방안으로 노후생활을 보장하기 위해 국민연금 소득대체율 인상이 필요하다는 의견과 기초연금과의 관계를 고려해 소득대체율을 현행대로 유지하거나 축소해야 한다는 의견이 대립되고 있다. 노인 빈곤문제를 완화하기 위해 국민연금제도나 기초연금제도를 개선한다면, 어떤 제도를 시행하는 것이 적합할지 토론해 보자.

참고 문헌

참/고/문/헌

1장

권중돈 · 조학래 · 윤경아 · 이윤화 · 이영미 · 손의성 · 오인근 · 김동기(2020). 사회복지학개론. 서울: 학지사.

김종상 · 임우석 · 장은석 · 송혜자 · 신용식 · 제미자(2020). 사회복지정책론. 경기: 양서원.

류연규(2022). 거꾸로 수업(Flipped Learning)을 위한 사회복지정책론. 서울: 신정.

양정하 · 황인옥 · 신현석 · 유태완 · 윤기혁(2020). 사회복지정책론. 경기: 양서원.

염일열 · 이승현(2020). 사회복지정책론. 경기: 정민사.

오세영(2021). 사회복지정책론. 서울: 신정.

2장

김기원(2020). 사회복지정책론. 서울: 학지사.

김승훈 · 박용권 · 박현식 · 송혜자 · 신덕상(2022). 사회복지정책론. 경기: 양서원.

김윤재 · 금기윤 · 최선 · 노순희(2020). 사회복지정책론. 경기: 정민사.

김종상 · 임우석 · 장은석 · 송혜자 · 신용식 · 제미자(2020). 사회복지정책론. 경기: 양서원.

김주환(2022). 사회복지정책론. 서울: 대왕사.

류연규(2022). 거꾸로 수업(Flipped Learning)을 위한 사회복지정책론. 서울: 신정.

문수열 · 김병 · 박주현(2020). 사회복지정책론. 서울: 창지사.

박경일(2020). 사회복지정책론. 경기: 공동체.

사회복지교육연구센터(2022). 사회복지사 1급 기본이론 사회복지정책론. 경기: 나눔의집.

서보준 · 김우호 · 신옥순 · 이진열 · 조재필(2022). 사회복지정책론. 서울: 지식공동체.

안홍순(2012). 사회복지정책론. 서울 : 신정.

양승일(2019). 사회복지정책론. 경기: 양서원.

양정하 · 황인옥 · 신현석 · 유태완 · 윤기혁(2020). 사회복지정책론. 경기: 양서원.

염일열 · 이승현(2020). 사회복지정책론. 경기: 정민사.

오세영(2021). 사회복지정책론. 서울: 신정.

오정수·류진석(2016). 지역사회복지론. 서울: 학지사.

원석조(2021). 사회복지정책론. 경기: 공동체.

임봉호·김승훈·박용권·박현식·조국행(2018). 사회복지정책론. 경기: 양서원.

조추용·이채식·장우심·임재옥·전영록·박영(2020). 사회복지정책론. 서울: 신정.

홍봉수·조당호·임현진·금기윤·장승전·조웅·배재덕·정문진·성시한·김남식·한성수(2019). 사회복지정책론. 경기: 공동체.

3장

김명근·길귀숙·박종팔(2014). 사회복지개론. 경기: 양서원.

김세원(2022). 사회복지정책론. 경기: 양성원.

김종상·임우석·장은석·송혜자·신용식·제미자(2020). 사회복지정책론. 경기: 양서원.

노기남·이승현·정종화(2021). 사회복지정책론. 서울: 동문사.

박경일(2020). 사회복지정책론. 경기: 공동체.

박병현(2019). 사회복지정책론 이론과 분석. 경기: 정민사.

박상하·노길희·양희택·유정욱·전영숙(2020). 사회복지개론. 경기: 양서원.

심상용·심석순·임종호(2021). 사회복지발달사. 서울: 학지사.

심선경·김윤나·이서영(2018). 사회복지개론. 서울: 신정.

양승일(2019). 사회복지정책론. 경기: 양서원.

염일열·이승현(2020). 사회복지정책론. 경기: 정민사.

유현종(2020). 사회정책론. 경기: 법문사.

윤나라·임소연(2021). 사회복지정책론. 경기: 양성원.

윤도현(2020). 복지국가론. 경기: 정민사.

윤홍식(2015). 사회민주주의의 부상과 역사적 복지국가의 태동: 1870년대~ 1940년대. 한국사회복지학회 학술대회 자료집.

원석조(2021). 사회복지정책론. 경기: 공동체.

이강희·양희택·서대석(2021). 사회복지발달사. 경기: 양서원.

임정문·신미애·원유나·이지복·나직균(2020). 사회복지정책론. 서울: 동문사.

정헌영(2020). 사회복지정책의 이해. 경기: 한국학술정보(주).

조흥식·권기창·이태수·박경수·이용표·엄규숙·박기훈(2020). 사회복지학개론. 서울: 창지사.

조흥식·김상균·최일섭·최성재·김혜란·이봉주·구인회·홍백의·강상경·안상훈(2020). 사회복지개론. 경기: 나남.

한인영·권금주·김경미·김수정·김지혜·김희성·석재은·어윤경·이홍직·정익중·조상미·최명민·현진희(2020). 사회복지개론. 서울: 학지사.

4장

김기원(2020). 사회복지정책론. 서울: 학지사.

김승훈·박용권·박현식·송혜자·신덕상(2022). 사회복지정책론. 경기: 양서원.

김윤재·금기윤·최선·노순희(2020). 사회복지정책론. 경기: 정민사.

류연규(2022). 거꾸로 수업(Flipped Learning)을 위한 사회복지정책론. 서울: 신정.

문수열·김병·박주현(2020). 사회복지정책론. 서울: 창지사.

박경일(2020). 사회복지정책론. 경기: 공동체.

박성석·윤진순·이상원·이순주·이척희(2022). 사회복지정책론. 서울: 박영사.

사회복지교육연구센터(2022). 사회복지사 1급 기본이론 사회복지정책론. 경기: 나눔의집.

양승일(2019). 사회복지정책론. 경기: 양서원.

염일열·이승현(2020). 사회복지정책론. 경기: 정민사.

오세영(2021). 사회복지정책론. 서울: 신정.

원석조(2021). 사회복지정책론. 경기: 공동체.

정연모·임우현·최형임(2022). 사회복지정책론. 서울: 지식공동체.

조추용·이채식·장우심·임재옥·전영록·박영(2020). 사회복지정책론. 서울: 신정.

홍봉수(2020). 사회복지정책론. 경기: 공동체.

5장

강희갑·김극명·김종배·오현숙·정일교(2019). 사회복지정책론. 경기: 양성원.

구재관·김성철·김재원·박경숙·박종팔·이양훈(2015). 사회복지정책론. 경기: 양서원.

김경우(2016). 사회복지정책론. 서울: MJ미디어.

김기원(2020). 사회복지정책론. 서울: 학지사.

김영순·노정호(2017). 복지태도에 있어서의 세대효과. 한국정당학회보, 16권(3호), 109~142.

김영화·박태정·장경은(2020). 사회정의실현을 위한 사회복지정책론. 경기: 공동체.

김태성(2018). 사회복지정책입문. 서울: 청목출판사.

남기민(2015). 사회복지정책론. 서울: 학지사.

노기남·이승현·정종화(2021). 사회복지정책론. 서울: 동문사.

류연규(2022). 거꾸로 수업(Flipped Learning)을 위한 사회복지정책론. 서울: 신정.

박경일(2020). 사회복지정책론. 경기: 공동체.

서보준·김우호·서명환·이진열·백명진(2018). 사회복지정책론. 경기: 공동체.

안홍순(2012). 사회복지정책. 경기: 서현사.

양승일(2019). 사회복지정책론. 경기: 양서원.

염일열·이승현(2020). 사회복지정책론. 경기: 정민사.

원석조(2021). 사회복지정책론. 경기: 양서원.

윤홍식·남찬섭·김교성·주은선(2019). 사회복지정책론. 서울: 사회평론아카데미.

정의룡(2019). 산업구조와 복지국가 발달 관계에 관한 연구: Fuzzy-set 질적 비교 분석을 활용하여. 국제문화기술진흥원, 5권(1호), 27-36.

조영구·이재문·이은모(2016). 사회복지정책론. 서울: 정민사.

홍봉수·조당호·임현진·금기윤·장승전·조웅·배재덕·정문진·성시한·김남식·한성수(2019). 사회복지정책론. 경기: 공동체.

6장

고광신·박찬상·신영일·유숙자·유주희(2017). 사회복지정책론. 서울: 동문사.

김경우(2016). 사회복지정책론. 서울: MJ미디어.

김기원(2020). 사회복지정책론. 서울: 학지사.
김동룡(2014). 우리나라 사회복지정책에서의 복지모순에 관한 연구. 경북대학교 대학원 박사학위논문.
김동훈(2017). 흐름을 관통하는 사회복지정책론. 경기: 공동체.
김영화·박태정·장경은(2020). 사회정의실현을 위한 사회복지정책론. 경기: 공동체.
김진원(2021). 사회복지사1급 족집게 적중요약집. 서울: 가치산책컴퍼니.
류연규(2022). 거꾸로 수업(Flipped Learning)을 위한 사회복지정책론. 서울: 신정.
박경일(2020). 사회복지정책론. 경기: 공동체.
박중보·김귀곤(2022). 지자체장의 정치적 이념성향이 사회복지예산에 미치는 영향. 산업융합연구, 20권(5호), 21-28.
손용근(2022). 사회복지학개론. 서울: 서울고시각.
양승일(2019). 사회복지정책론. 경기: 양서원.
양해림(2018). 마르크스의 인권관. 동서철학연구, 88호, 267-292.
오미옥(2022). 사회복지정책론. 경기: 양서원.
이용석(2018). 사회복지사 1급 적중예상문제. 서울: 시대고시기획.
이정서(2022). 사회복지정책론. 서울: 정민사.
이진숙·임소연(2021). 사회복지정책론. 경기: 양성원.
임정문·나직균·김영숙·나혜숙·안원철·전대성(2016). 사회복지정책론. 서울: 동문사.
정승현(2019). 한국의 '사회주의 변혁' 좌파의 인식과 지향. 한국정치연구, 28권(2호), 61-88.

7장

고병갑(2017). 사회복지사 1급 핵심요약집. 서울: 더드림.
김기원(2020). 사회복지정책론. 서울: 학지사.
김경우(2016). 사회복지정책론. 서울: MJ미디어.
김종상·임우석·장은석·송혜자·신용식·제미자(2020). 사회복지정채론. 경기: 양서원.
김중규(2018). 기필고선행정학. 서울: ㈜에스티유니타스.

김태성(2018). 사회복지정책입문. 서울: 청목출판사.

노기남·이승현·정종화(2021). 사회복지정책론. 서울: 동문사.

노병일(2021). 사회복지정책론. 경기: 공동체.

류연규(2022). 거꾸로 수업(Flipped Learning)을 위한 사회복지정책론. 서울: 신정.

박경일(2020). 사회복지정책론. 경기: 공동체.

양승일(2019). 사회복지정책론. 경기: 양서원.

양정하·황인옥·신현석·유태완·윤기혁(2020). 사회복지정책론. 경기: 양서원.

이정서(2022). 사회복지정책론. 서울: 정민사.

이진숙·임소연(2021). 사회복지정책론. 경기: 양성원.

임정문·신미애·원유나·이지복·나직균(2020). 사회복지정책론. 서울: 동문사.

정영숙·서종수·한상일·이우구·이미영·김영호(2019). 사회복지정책론. 서울: 지식공동체.

최창현·김흥률·왕재선(2018). 정책분석평가와 성과감사. 서울: 윤성사.

8장

강영실(2016). 사회복지정책. 서울: 신정.

강희갑·김극명·김정호·김종배·오현숙·정일교(2019). 사회복지정책론. 경기: 양성원.

김기원(2020). 사회복지정책론. 서울: 학지사.

김병·이인순·이진향·이하예진·정명환·조승석·황은혜(2022). 지역사회복지론. 서울: 창지사.

김영화·박태정·장경은(2020). 사회복지정책론. 경기: 공동체.

김윤재·금기윤·최선·노순희(2020). 사회복지정책론. 경기: 정민사.

김종상·임우석·장은석·송혜자·신용식·제미자(2020). 사회복지정책론. 경기: 양서원.

김태성·송근원(2004). 사회복지정책론. 경기: 나남.

노병일(2021). 사회복지정책론. 경기: 공동체.

노병일(2019). 사회복지정책론. 경기: 공동체.

문수열·김병·박주현(2020). 사회복지정책론. 서울: 창지사.

박경일(2020). 사회복지정책론. 경기: 공동체.

박정희(2018). 사회복지정책론. 경기: 나눔의집.

박진화(2020). 사회복지역사. 경기: 정민사.

양정하·황인옥·신현석·유태완·윤기혁(2020). 사회복지정책론. 경기: 양서원.

엄태영(2020). 지역사회복지론. 서울: 신정.

염일열·이승현(2020). 사회복지정책론. 경기: 정민사.

원석조(2021). 사회복지정책론. 경기: 공동체.

이윤식(2018). 정책평가론. 경기: 대영문화사.

임정문·신미애·원유나·이지복·나직균(2020). 사회복지정책론. 서울: 동문사.

조영구·이재문·이은모(2016). 사회복지정책론. 경기: 정민사.

홍봉수·조당호·임현진·금기윤·장승전·조웅·배재덕·정문진·성시한·김남식·한성수(2019). 사회복지정책론. 경기: 공동체.

국세청(2022). 근로장려세제. https://www.nts.go.kr/nts/cm/cntnts/cntntsView.do?mi=6769&cntntsId=8165. 접근일 2022.12.22.

9장

고수현·강호성·김정현·남연희·박성복·윤종갑·정영주(2016). 사회복지정책론. 경기: 양성원.

김기원(2020). 사회복지정책론. 서울: 학지사.

김영미·양숙자·박선녀·김서연·황윤희·하경해·김명검·박숙경(2022). 사회복지실천론. 서울: 동문사.

김영호·서종수·이미영·이우구·정영숙·한상일(2019). 사회복지정책론. 경기: 공동체.

김정진(2019). 사회복지실천기술론. 서울: 학지사.

김종상·임우석·장은석·송혜자·신용식·제미자(2020). 사회복지정책론. 경기: 양서원.

박경일(2020). 사회복지정책론. 경기: 공동체.

박진화(2019). 사회복지법제론. 경기: 공동체.

손병덕(2020). 사회복지정책론. 서울: 학지사.

양승일(2019). 사회복지정책론. 경기: 양서원.

양정하 · 황인옥 · 신현석 · 유태완 · 윤기혁(2020). 사회복지정책론. 경기: 양서원.

엄태영(2020). 지역사회복지론. 서울: 신정.

염일열 · 이승현(2020). 사회복지정책론. 경기: 정민사.

원석조(2021). 사회복지정책론. 경기: 공동체.

이윤식(2018). 정책평가론. 경기: 대영문화사.

이정서(2022). 사회복지정책론. 경기: 정민사.

임정문 · 신미애 · 원유나 · 이지복 · 나직균(2020). 사회복지정책론. 서울: 동문사.

홍봉수 · 조당호 · 임현진 · 금기윤 · 장승전 · 조웅 · 배재덕 · 정문진 · 성시한 · 김남식 · 한성수(2019). 사회복지정책론. 경기: 공동체.

10장

노병일(2019). 사회복지정책론. 경기: 공동체.

문수열 · 김병 · 이창희 · 정영일 · 박주현(2020). 사회복지의 이해(개정판). 서울: 창지사.

박경일(2020). 사회복지정책론. 경기: 공동체.

박주현(2021). 사회복지정책론. 서울: 어가.

안병영 · 정무권 · 신동면 · 양재진(2018). 복지국가와 사회복지정책. 서울: 다산출판사.

양승일(2019). 사회복지정책론. 경기: 양서원.

양정하 · 황인옥 · 신현석 · 유태완 · 윤기혁(2020). 사회복지정책론. 경기: 양서원.

오세영(2021). 사회복지정책론. 서울: 신정.

원석조(2021). 사회복지정책론. 경기: 양서원.

임정문 · 신미애 · 원유나 · 이지복 · 나직균(2020). 사회복지정책론. 서울: 동문사.

정현경(2022). 에스핑-앤더슨의 복지국가체제를 중심으로 한국형 복지국가의 준거 틀에 관한 연구. 산업진흥연구, 7권(2호), 43-49.

11장

강희갑 · 김극명 · 김정호 · 김종배 · 오현숙 · 정일교(2019). 사회복지정책론. 경기: 양성원.

김기원(2020). 사회복지정책론. 서울: 학지사.

김수정(2018). 사회복지법제론. 서울: 학지사.

김윤재 · 금기윤 · 최선 · 노순희(2020). 사회복지정책론. 경기: 정민사.

김주희(2018). 새로운 사회적 위험에 대한 사회보장 전략에 관한 연구: AHP를 통한 전문가 인식을 중심으로. 부산대학교 대학원 석사학위논문.

노병일(2019). 사회복지정책론. 경기: 공동체.

박주현(2021). 사회복지정책론. 서울: 어가.

양정하 · 황인옥 · 신현석 · 유태완 · 윤기혁(2020). 사회복지정책론. 경기: 양서원.

오세영(2021). 사회복지정책론. 서울: 신정.

원석조(2021). 사회복지정책론. 경기: 공동체.

임봉호 · 김승훈 · 박용권 · 박현식 · 조국행(2018). 사회복지정책론. 경기: 양서원.

임정문 · 신미애 · 원유나 · 이지복 · 나직균(2020). 사회복지정책론. 서울: 동문사.

조영구 · 이재문 · 이은모(2016). 사회복지정책론. 경기: 정민사.

고용노동부(2025). 고용보험제도의 급여. www.moel.go.kr. 접근일 2025.8.7.

국가법령정보센터(2022). www.law.go.kr. 접근일 2022.12.22.

국민건강보험(2023). www.nhis.or.kr. 접근일 2023.1.5.

국민건강보험공단 노인장기요양보험(2023). www.longtermcare.or. 접근일 2023.1.16.

국민연금공단(2023). www.nps.or.kr/jsppage/main.jsp. 접근일 2023.1.16.

4대사회보험정보연계센터(2022). 4대 사회보험. https://www.4insure.or.kr. 접근일 2022.12.22.

12장

강용구 · 정재필 · 김영호(2020). 사회복지학개론. 서울: 지식공동체.

김경우(2016). 사회복지정책론. 서울: MJ미디어.

노기남 · 이승현 · 정종화(2021). 사회복지정책론. 서울: 동문사.

노병일(2019). 사회복지정책론. 경기: 공동체.

박경일(2020). 사회복지정책론. 경기: 공동체.

보건복지부(2025). 2025 국민기초생활보장사업안내.

보건복지부(2025). 2025 의료급여사업안내.

사회복지교육연구센터(2022). 사회복지사 1급 기본이론 사회복지정책론. 경기: 나눔의집.

양승일(2019). 사회복지정책론. 경기: 양서원.

원석조(2021). 사회복지정책론. 경기: 양서원.

이근홍(2021). 노인복지론. 서울: 지식공동체.

임정문·신미애·원유나·이지복·나직균(2020). 사회복지정책론. 서울: 동문사.

정무성·나임순·유용식(2019). 현대사회복지개론. 서울: 신정.

관악구청(2025). 2025 국민기초생활보장제도 생계급여. www.gwanak.go.kr. 접근일 2025.7.8.

국가기록원(2025). www.archives.go.kr. 접근일 2025.7.8.

국가법령정보센터(2025). www.law.go.kr/lsInfoP.do?lsiSeq. 접근일 2025.7.8.

국가법령정보센터(2025). 국민기초생활 보장법. 제1조, 제2조 제1호·제2호·제3호, 제5조, 제6조, 제12조, 제13조, 제14조, 제15조, 제16조, 제21조. www.law.go.kr/lsSc.do?section=&menuId=1&subMenuId=15&tabMenuId=81&eventGubun=060101&query=%ED%97%8C%EB%B2%95#liBgcolor0. 접근일 2025.8.7.

국가법령정보센터(2025). 국민기초생활 보장법 시행령. www.law.go.kr/lsSc.do?section=&menuId=1&subMenuId=15&tabMenuId=81&eventGubun=060101&query=%EA%B5%AD%EB%AF%BC%EA%B8%B0%EC%B4%88%EC%83%9D%ED%99%9C+%EB%B3%B4%EC%9E%A5%EB%B2%95+%EC%8B%9C%ED%96%89%EB%A0%B9#undefined. 접근일 2025.8.7.

국가법령정보센터(2025). 대한민국헌법. 제10조, 제11조, 제34조 제1항과 5항. www.law.go.kr/lsSc.do?section=&menuId=1&subMenuId=15&tabMenuId=81&eventGubun=060101&query=%ED%97%8C%EB%B2%95#liBgcolor0. 접근일 2025.8.7.

보건복지부(2024). 2024년 국민기초생활보장사업 안내. www.mohw.go.kr. 접근일 2025.8.7.

보건복지부(2024). 보건복지부 급여지침. 현금부조의 원칙. www.mohw.go.kr. 접근일 2025.8.7.

보건복지부(2025). 긴급복지지원사업 안내. www.mohw.go.kr. 접근일 2025.7.8.

보건복지부 기초연금(2025). 기초연금산정기준액. basicpension.mohw.go.kr/index.jsp. 접근일 2025.7.8.

저/자/소/개

정성배

현) 조선대학교 행정복지학부 교수

김예경

현) 부산과학기술대학교 사회복지과 교수

김정현

현) 대경대학교 사회복지과 교수

신용식

현) 경동대학교 사회복지학과 교수

이장욱

현) 강동대학교 사회복지학과 교수

장창균

현) 목포과학대학교 복지학부 교수

최정명

현) 혜전대학교 사회복지과 교수

2판

사회복지정책론

초 판 1쇄 발행 2023년 2월 24일
제2판 1쇄 발행 2025년 8월 29일

지 은 이 | 정성배 · 김예경 · 김정현 · 신용식 · 이장욱 · 장창균 · 최정명
펴 낸 이 | 김기섭
편 집 인 | 이윤희
펴 낸 곳 | 창지사 www.changjisa.com
08589 서울시 금천구 가산디지털 1로 83 파트너스타워 1차 9층
전화 (02)719-2211~3
팩스 (02)701-9386
등 록 | 1977년 4월 28일 · 제1-421호

ISBN 978-89-426-1941-2 (93330)

값 21,000원